Build It!

Make Supercool Models with Your Favorite LEGO® Parts

DINOSAURS

Jennifer Kemmeter

GRAPHIC ARTS BOOKS

Contents

Lunchtime on the Green

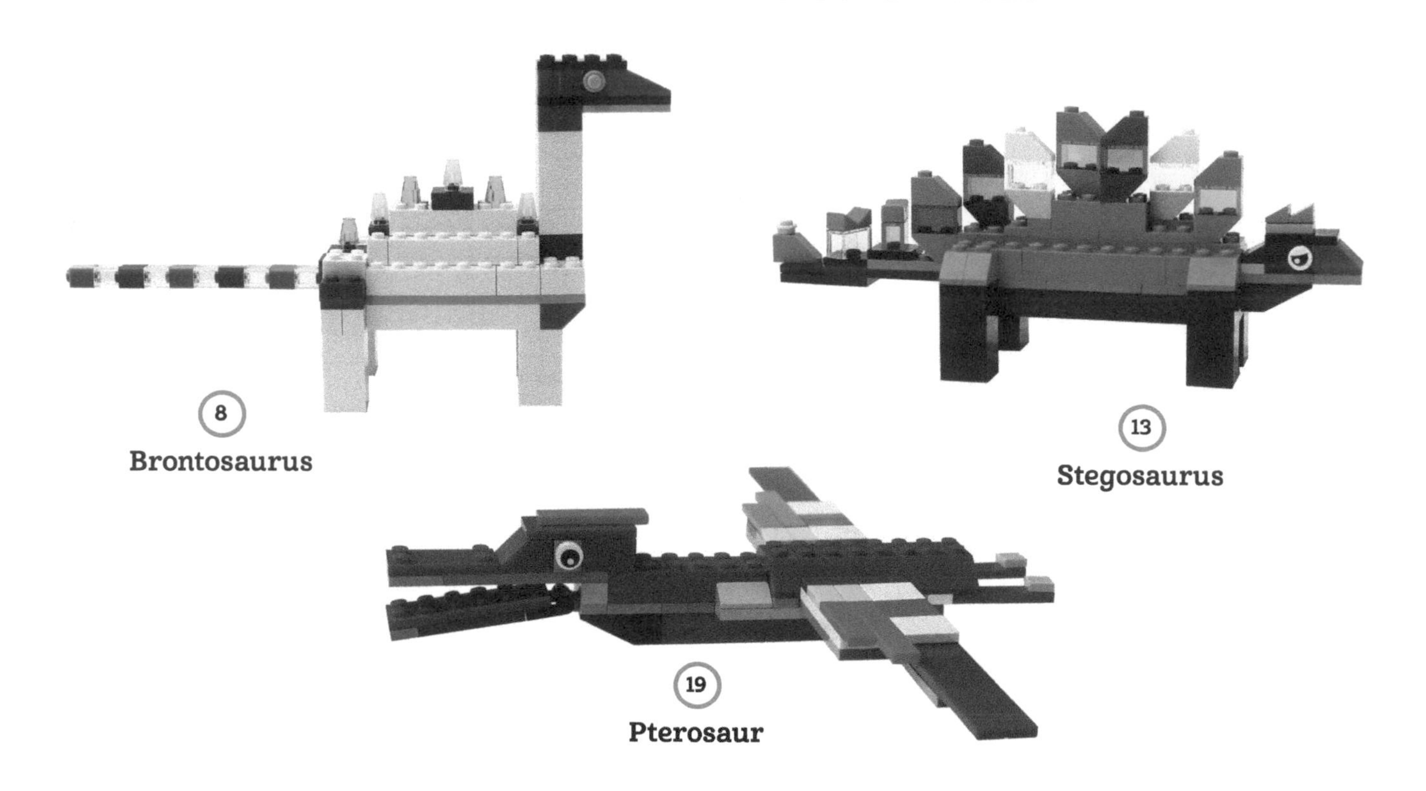

Exploring the River

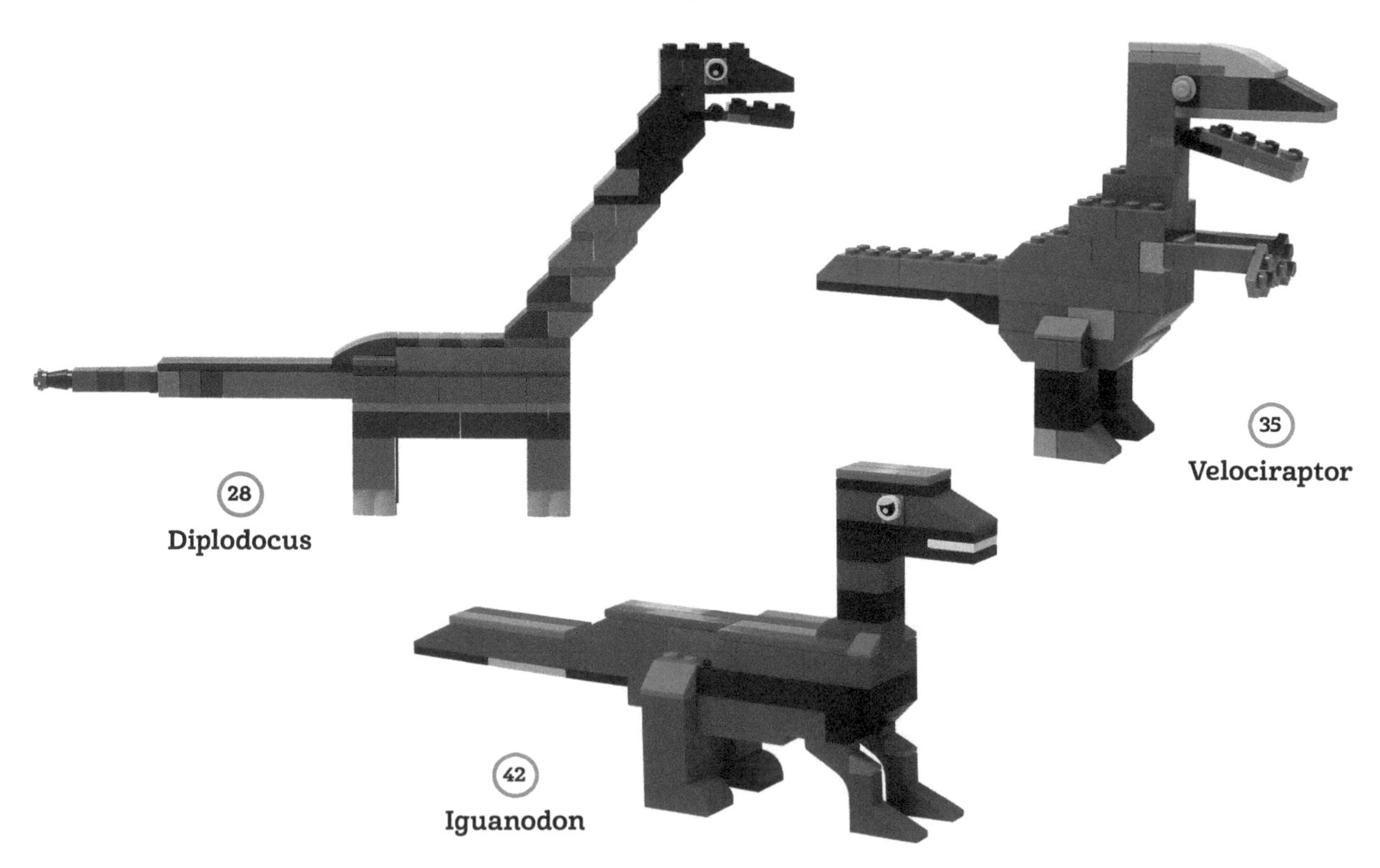

Volcano Run

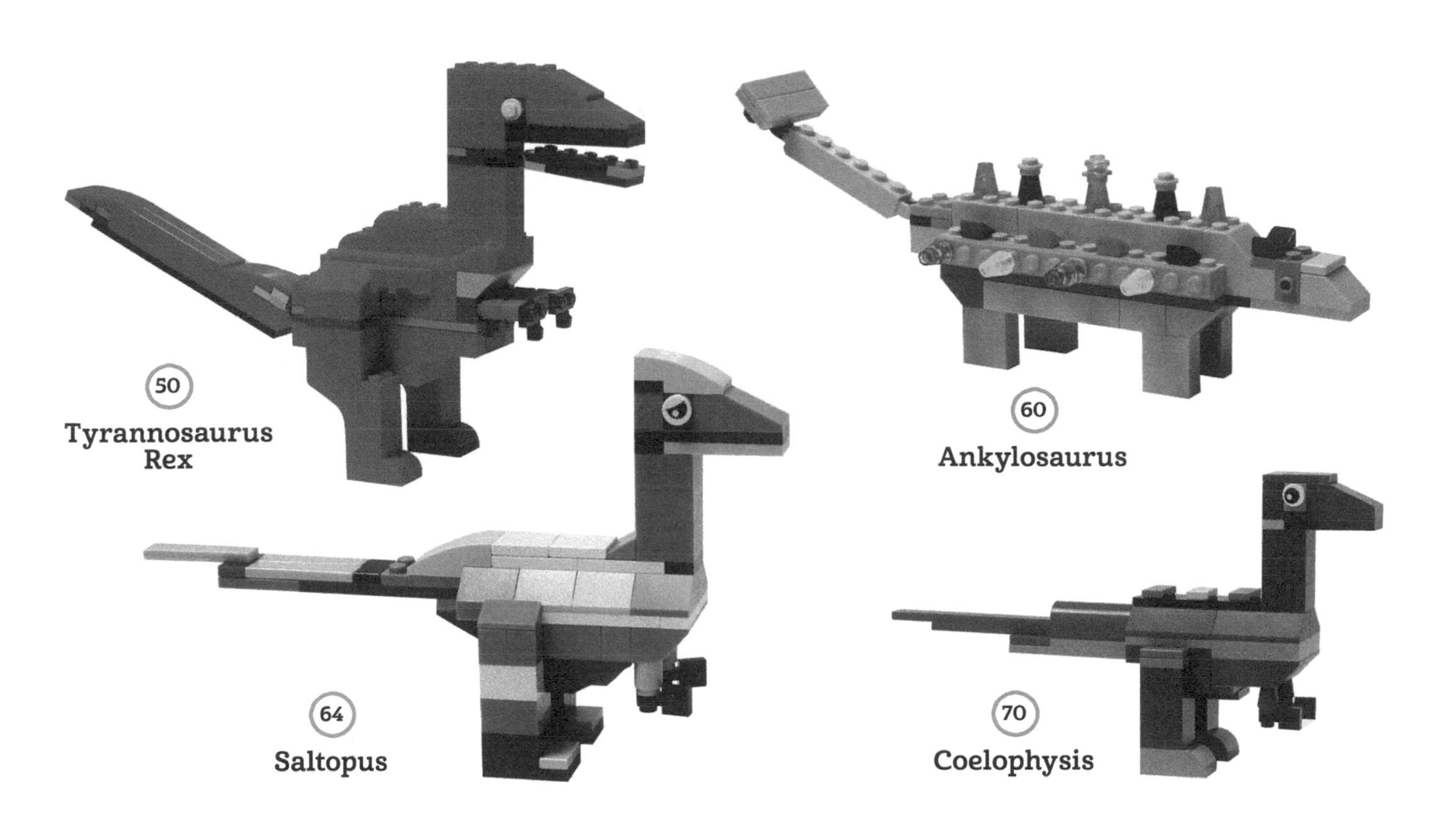

50
Tyrannosaurus Rex
60
Ankylosaurus
64
Saltopus
70
Coelophysis

Baby Dinos

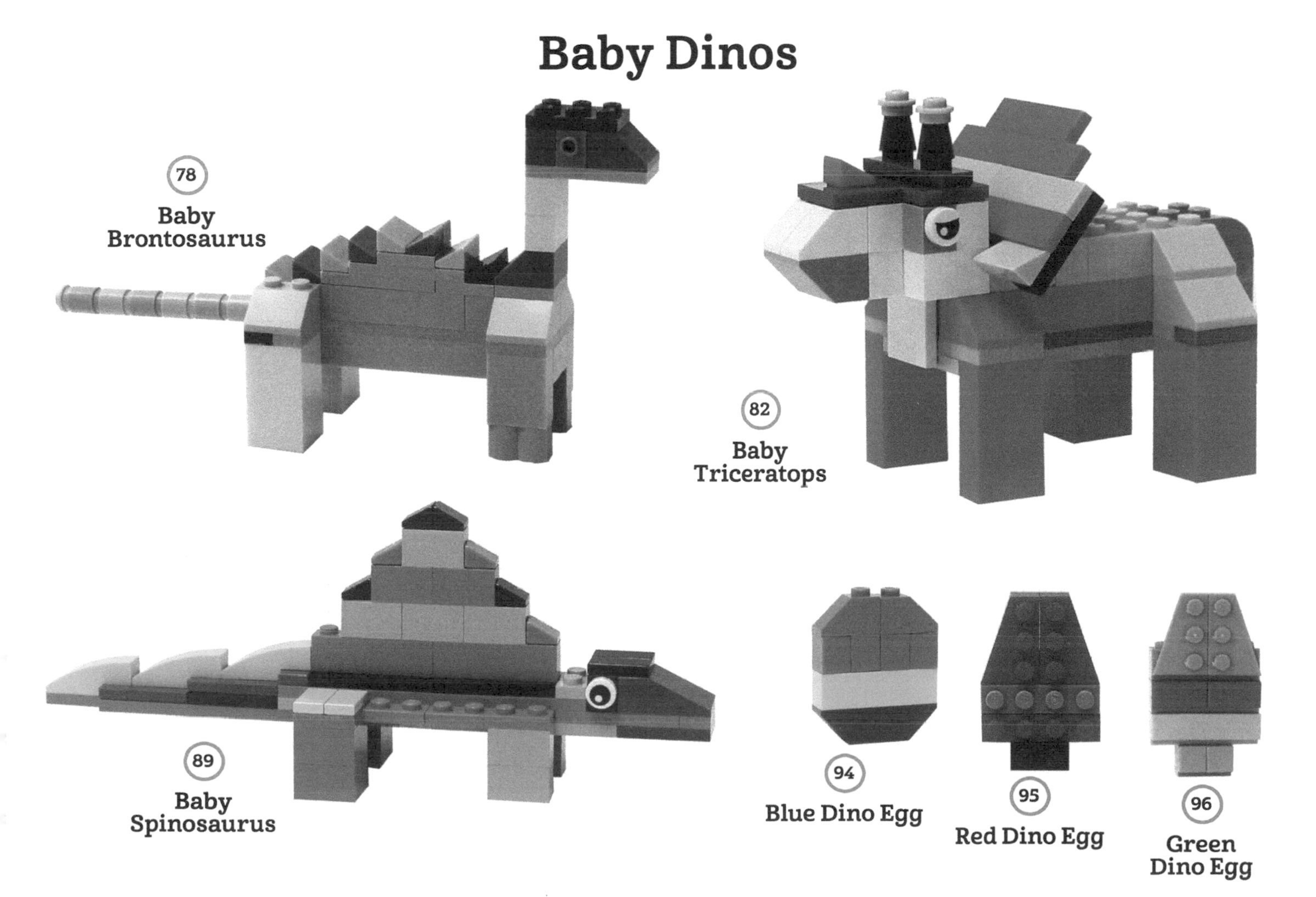

78
Baby Brontosaurus
82
Baby Triceratops
89
Baby Spinosaurus
94
Blue Dino Egg
95
Red Dino Egg
96
Green Dino Egg

How to Use This Book

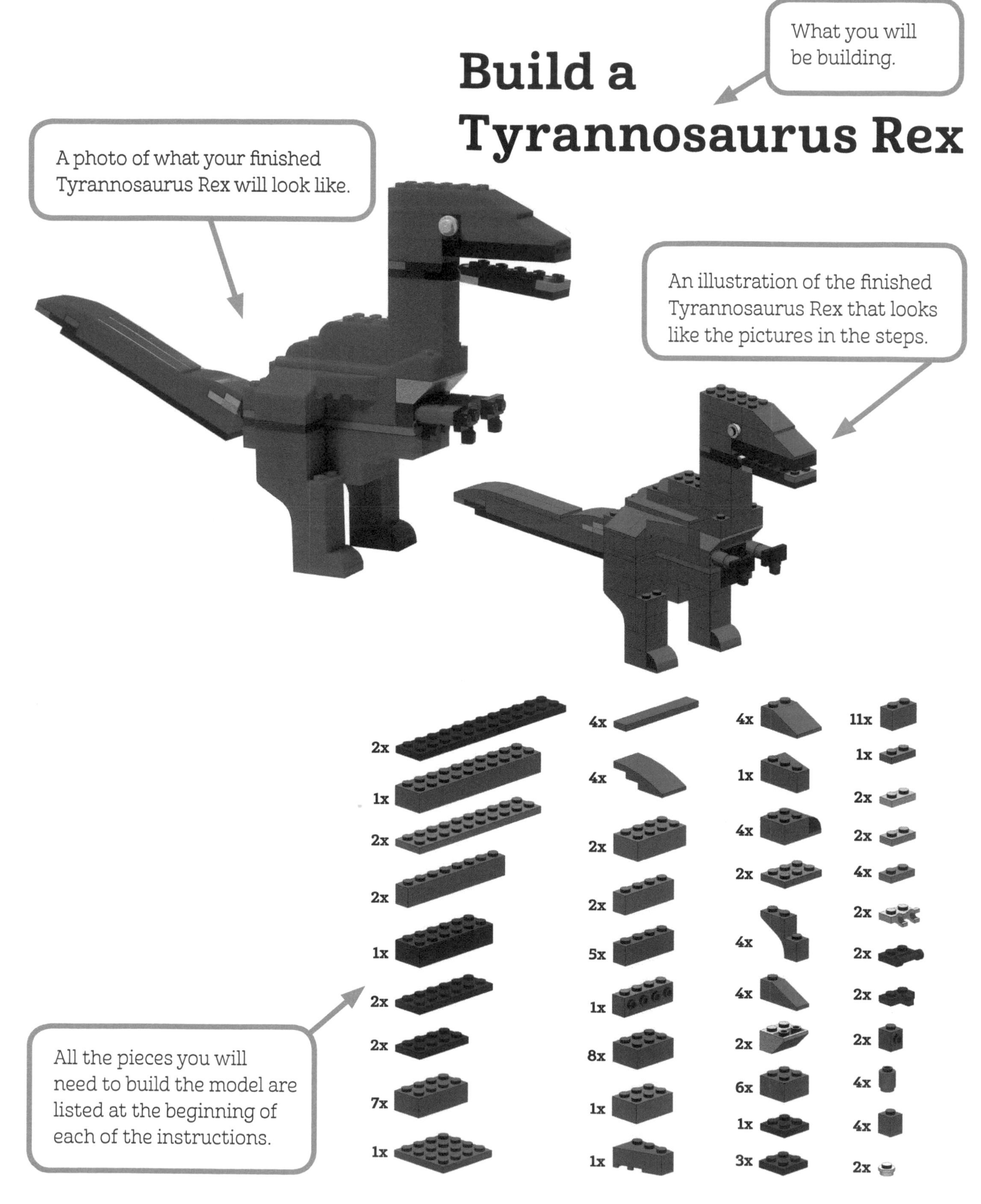

What you will be building.
Build a Tyrannosaurus Rex
A photo of what your finished Tyrannosaurus Rex will look like.
An illustration of the finished Tyrannosaurus Rex that looks like the pictures in the steps.
All the pieces you will need to build the model are listed at the beginning of each of the instructions.
2x
1x
2x
2x
1x
2x
2x
7x
1x
4x
4x
2x
2x
5x
1x
8x
1x
1x
4x
1x
4x
2x
4x
4x
2x
6x
1x
3x
11x
1x
2x
2x
4x
2x
2x
2x
2x
4x
4x
2x

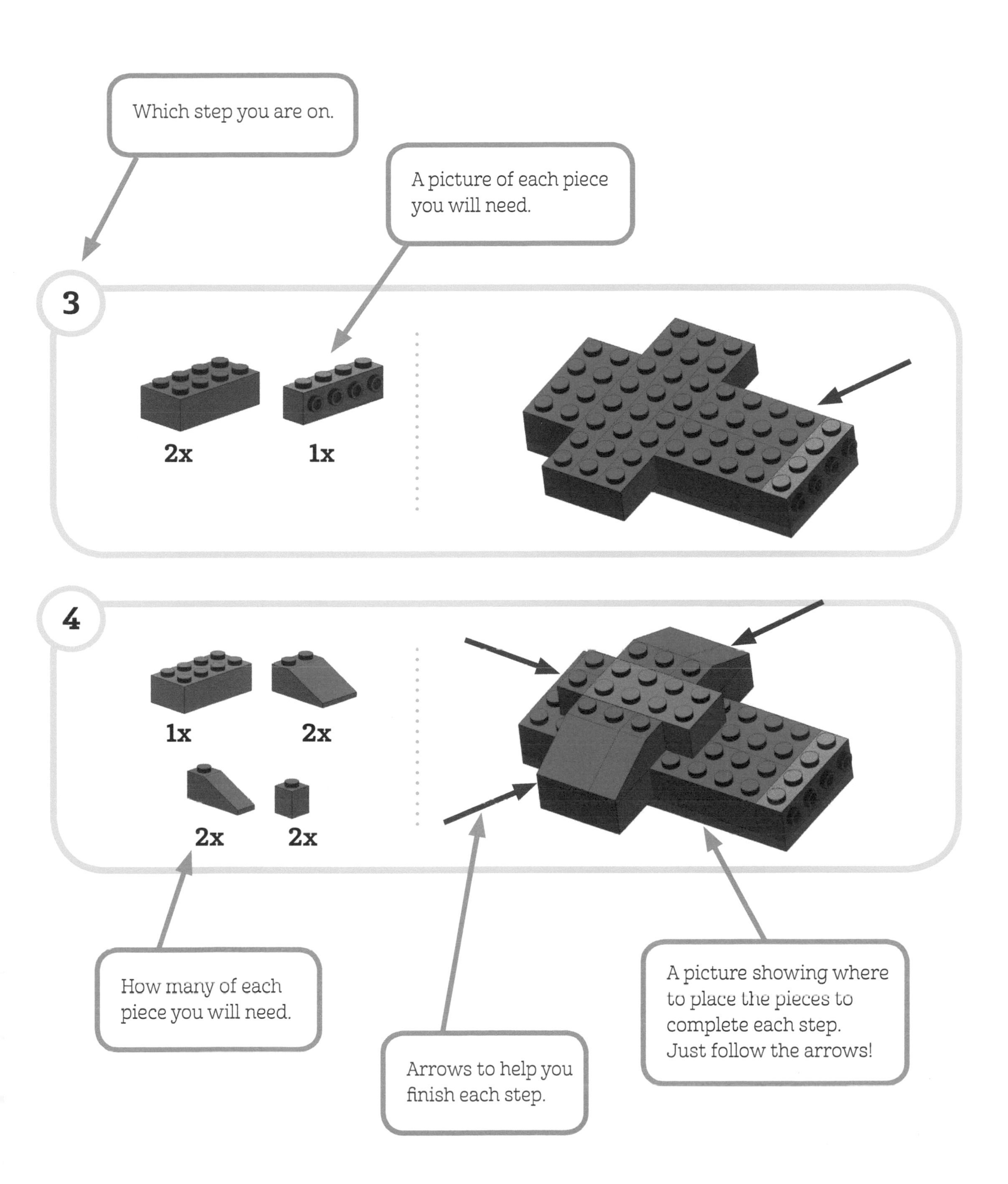
Which step you are on.
A picture of each piece you will need.
3
2x
1x
4
1x
2x
2x
2x
How many of each piece you will need.
Arrows to help you finish each step.
A picture showing where to place the pieces to complete each step. Just follow the arrows!

Lunchtime on the Green

Brontosaurus

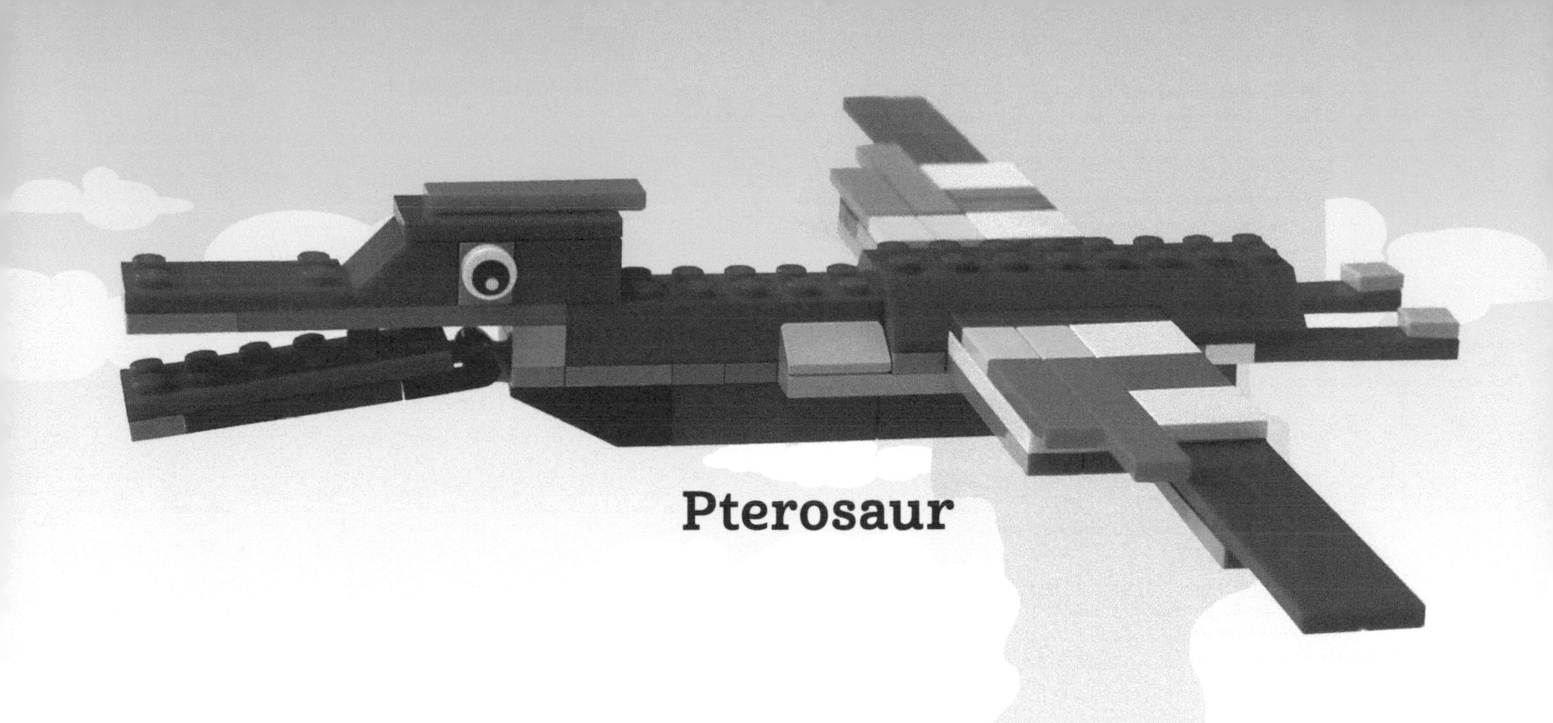
Pterosaur

Stegosaurus

Build a Brontosaurus

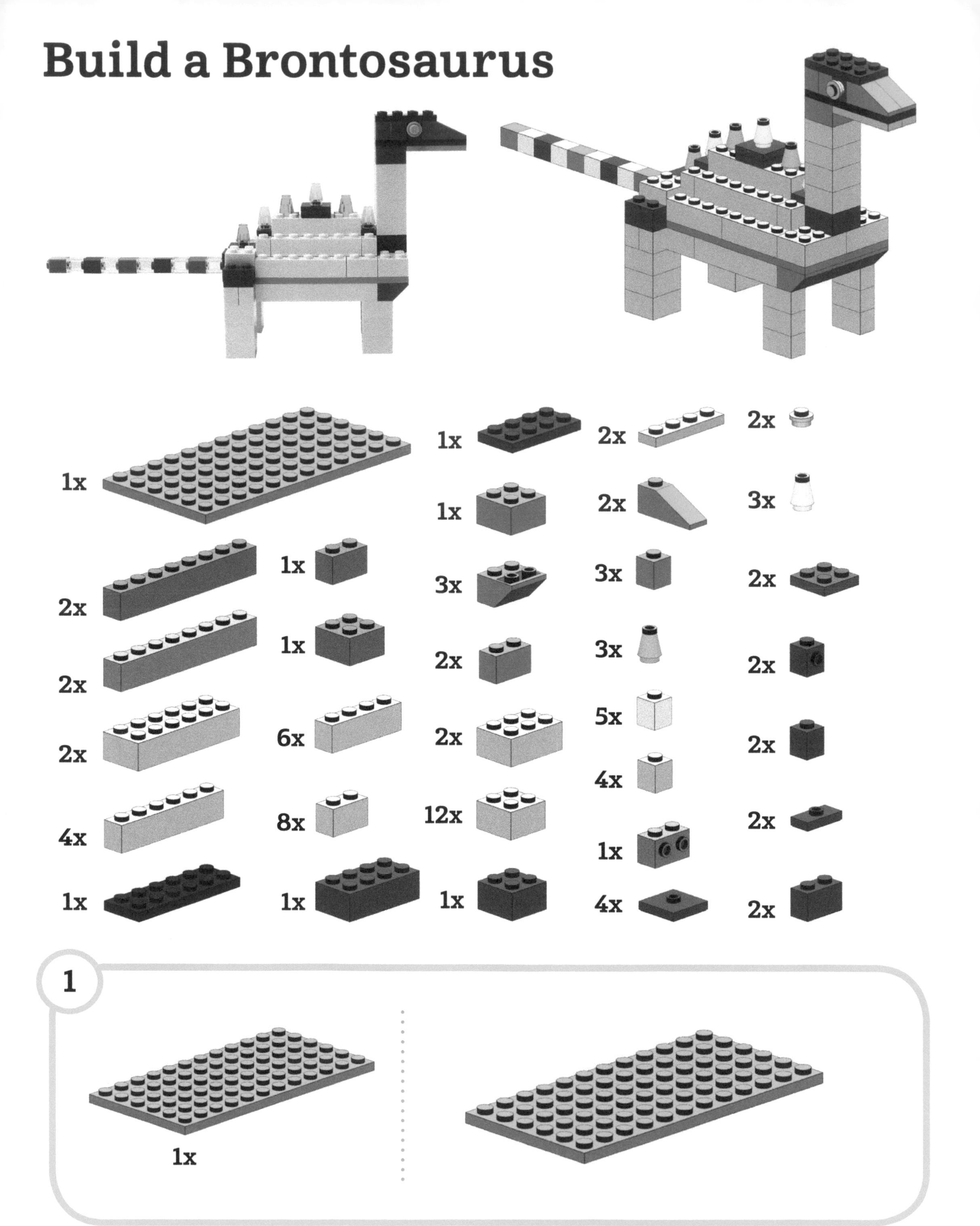
1x
2x
2x
2x
4x
1x
1x
1x
6x
8x
1x
1x
1x
3x
2x
2x
12x
1x
2x
2x
3x
3x
5x
4x
1x
4x
2x
3x
2x
2x
2x
2x
2x
1
1x

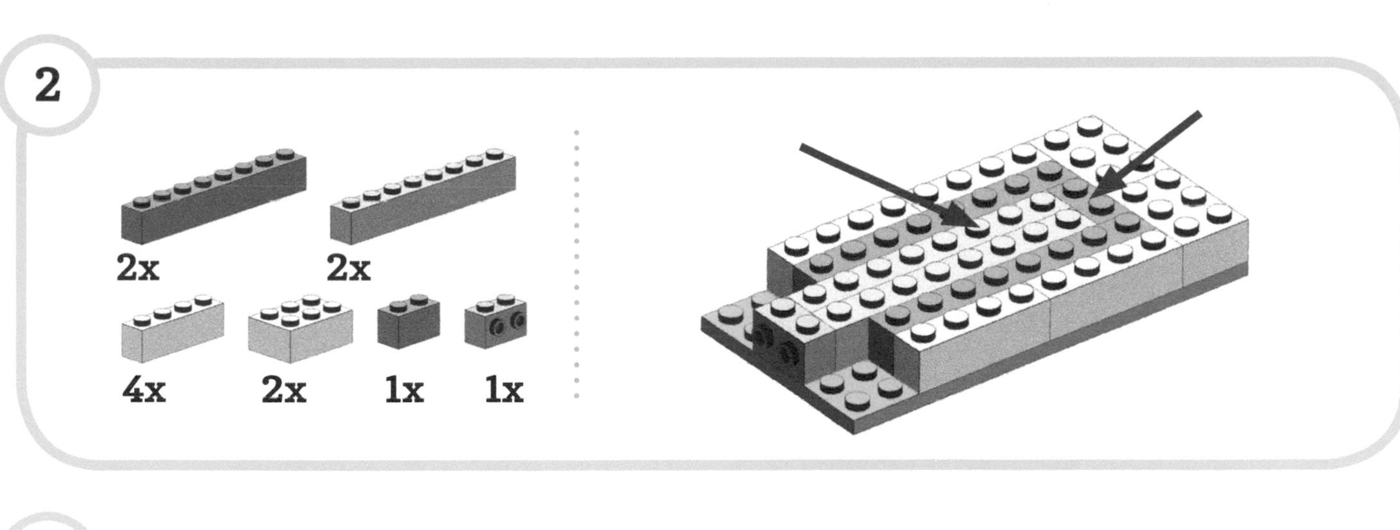
2
2x
2x
4x
2x
1x
1x

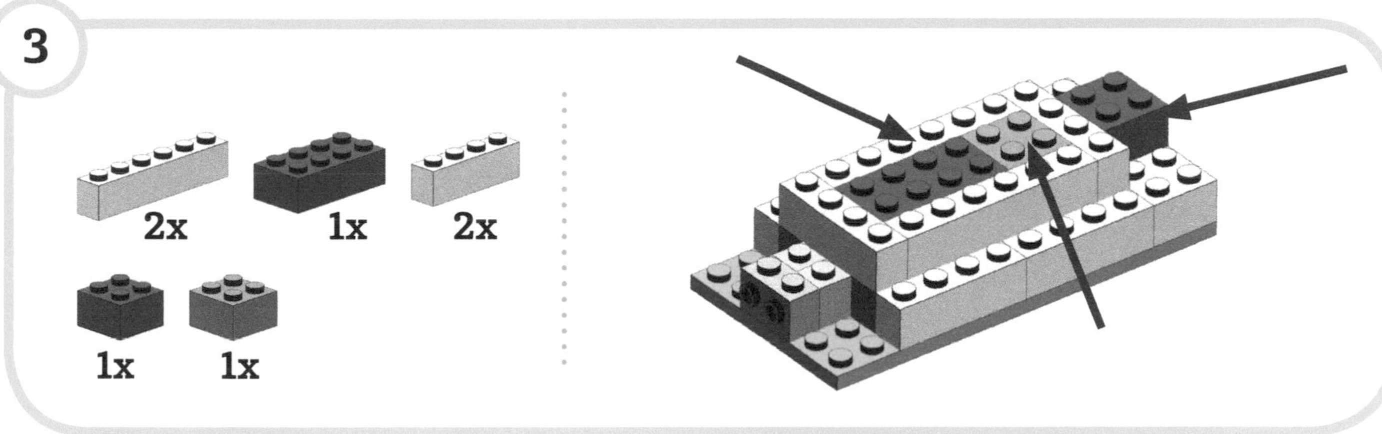
3
2x
1x
2x
1x
1x

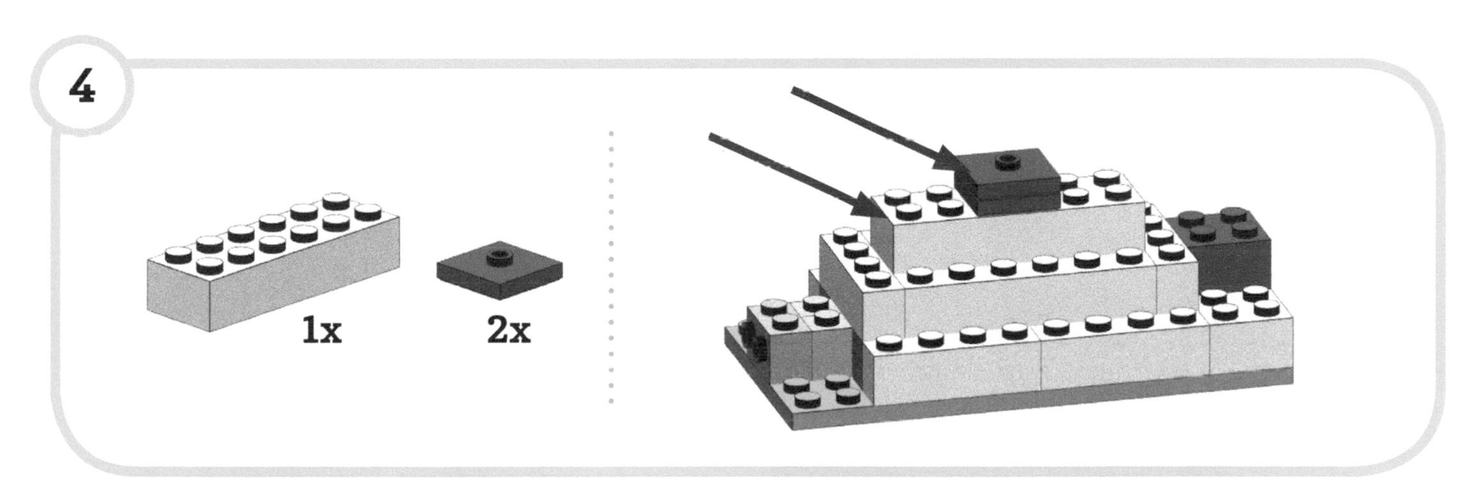
4
1x
2x

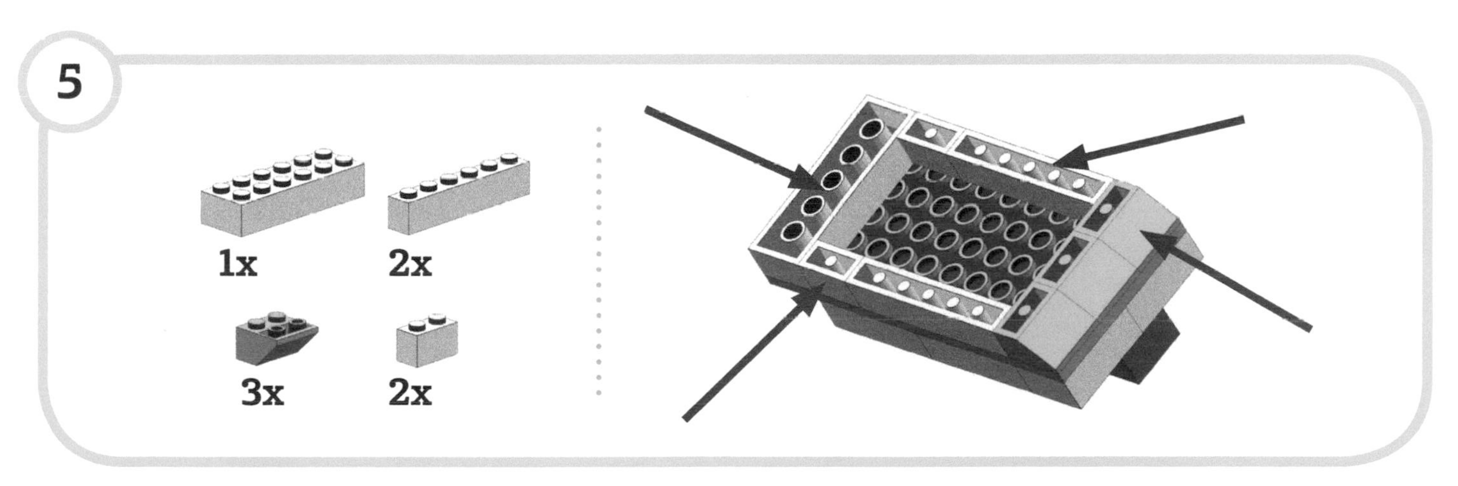
5
1x
2x
3x
2x

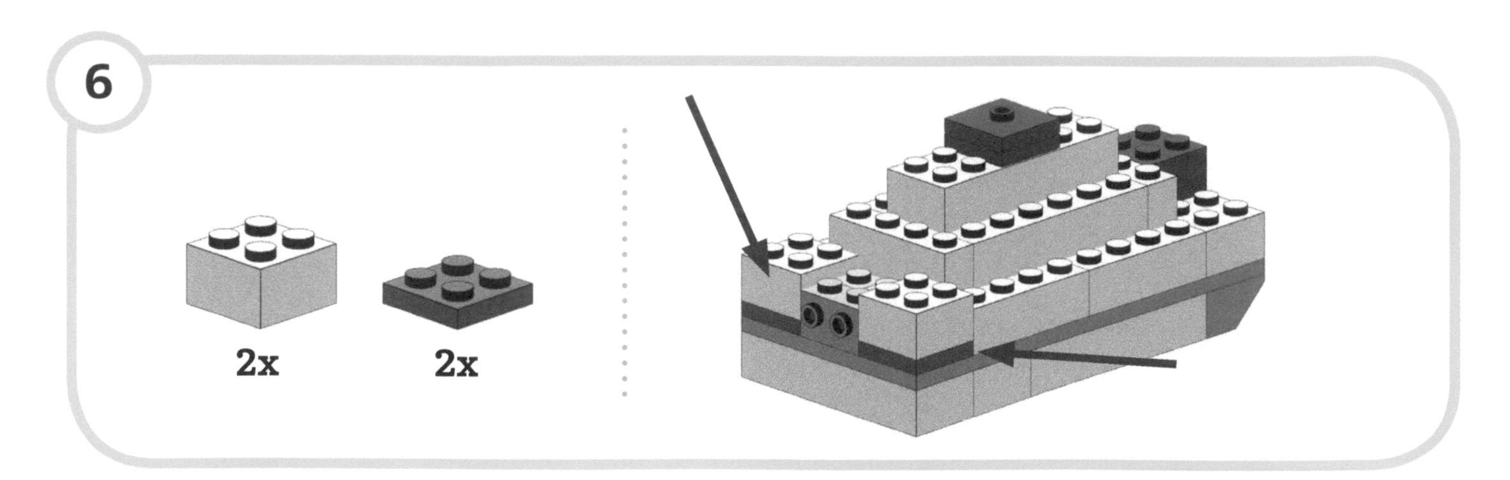
6
2x
2x

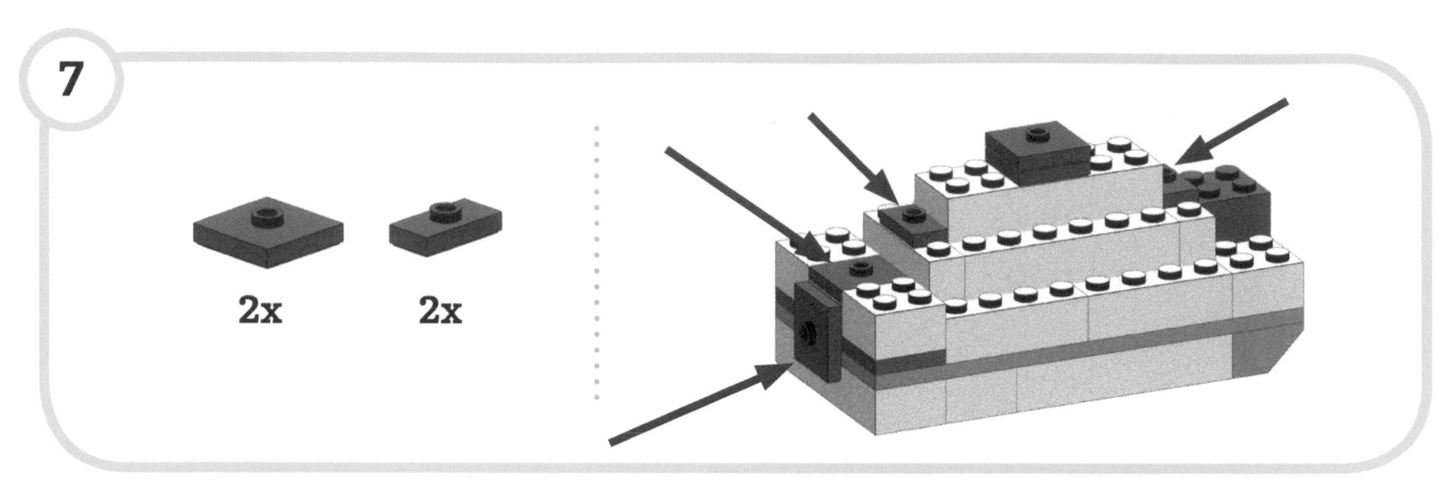
7
2x
2x

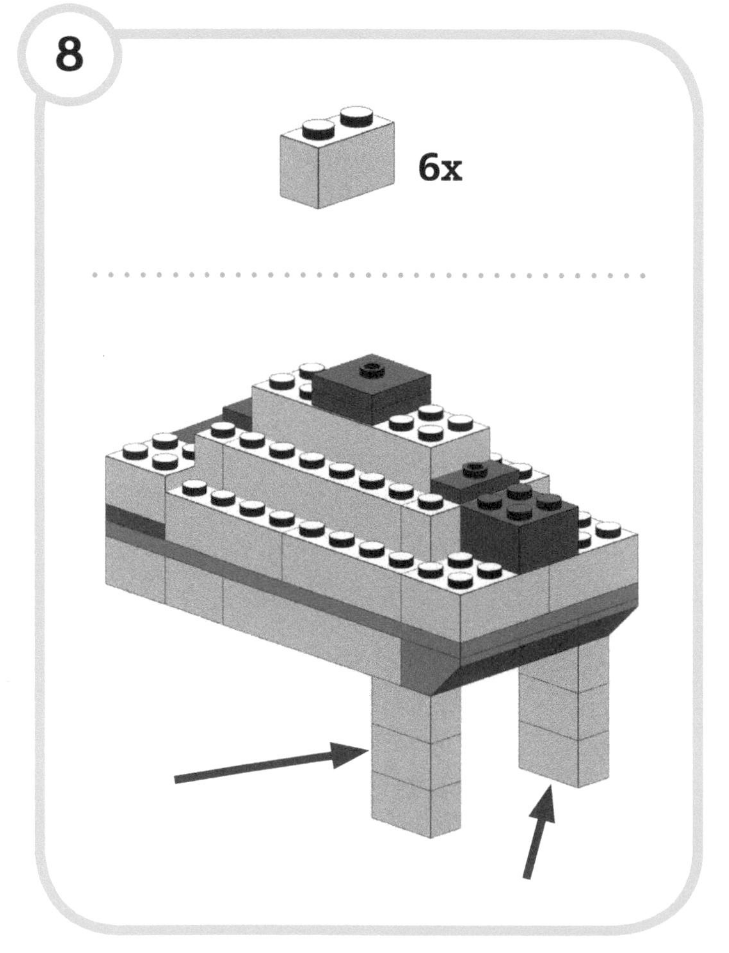
8
6x

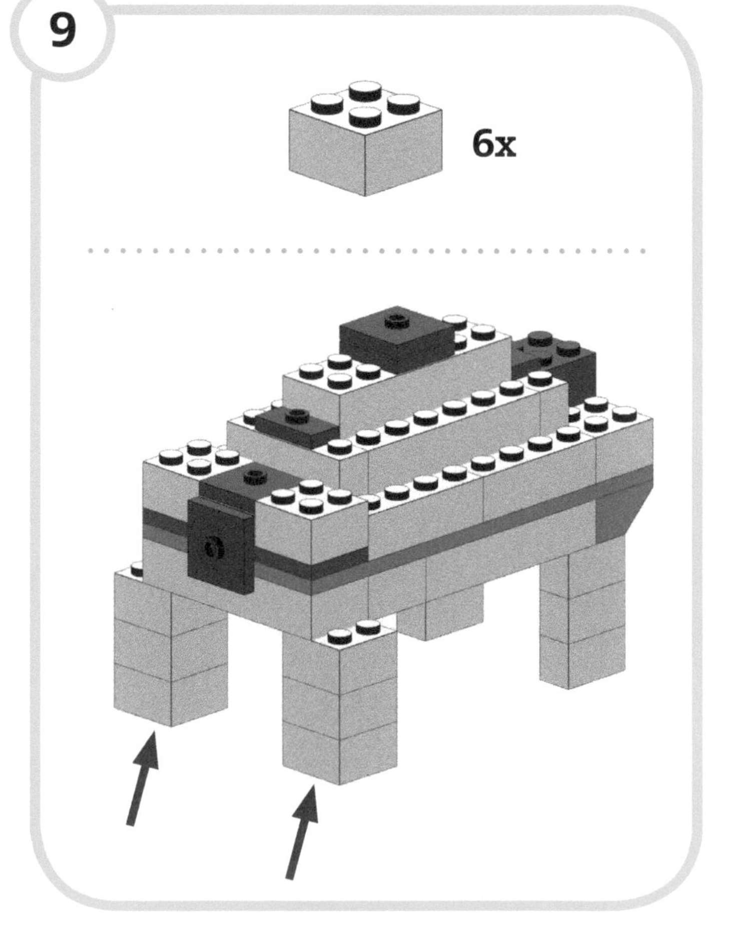
9
6x

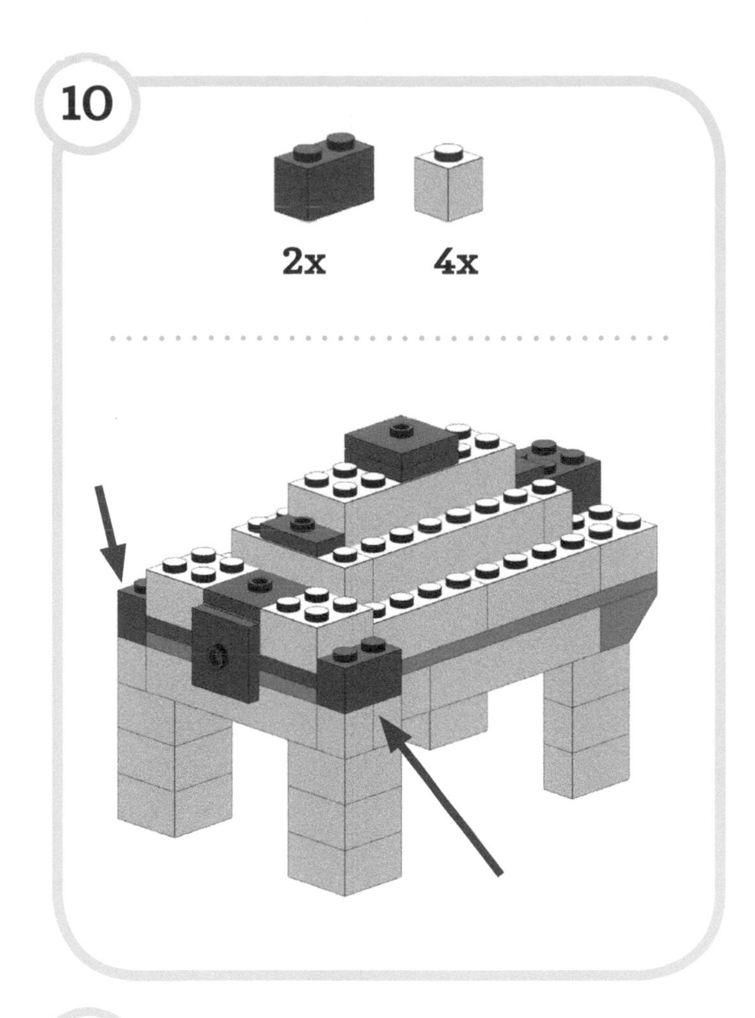
10
2x
4x

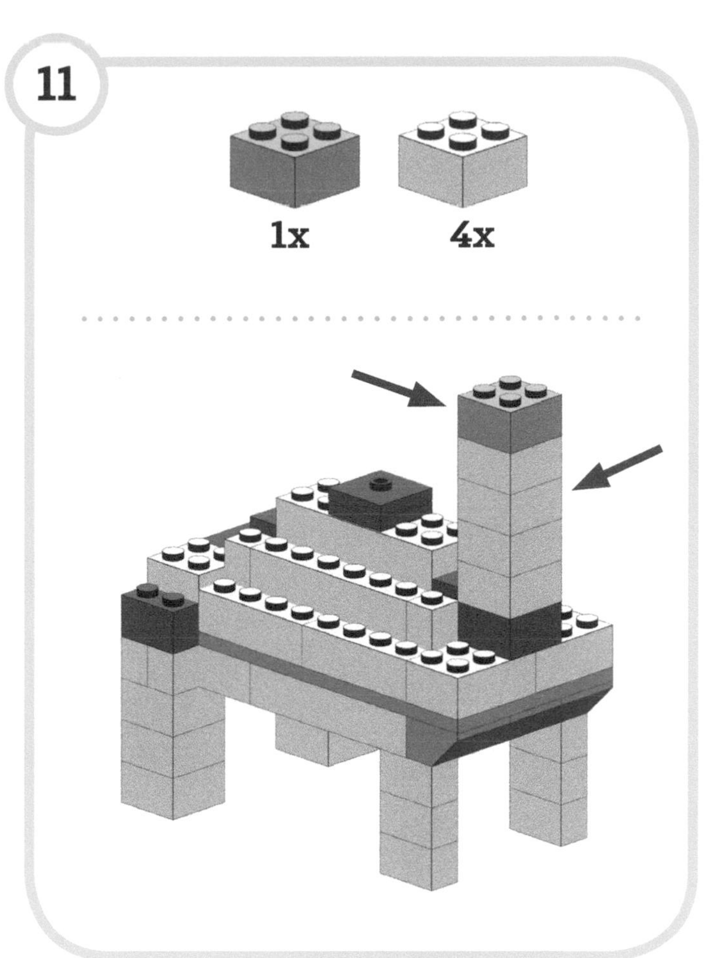
11
1x
4x

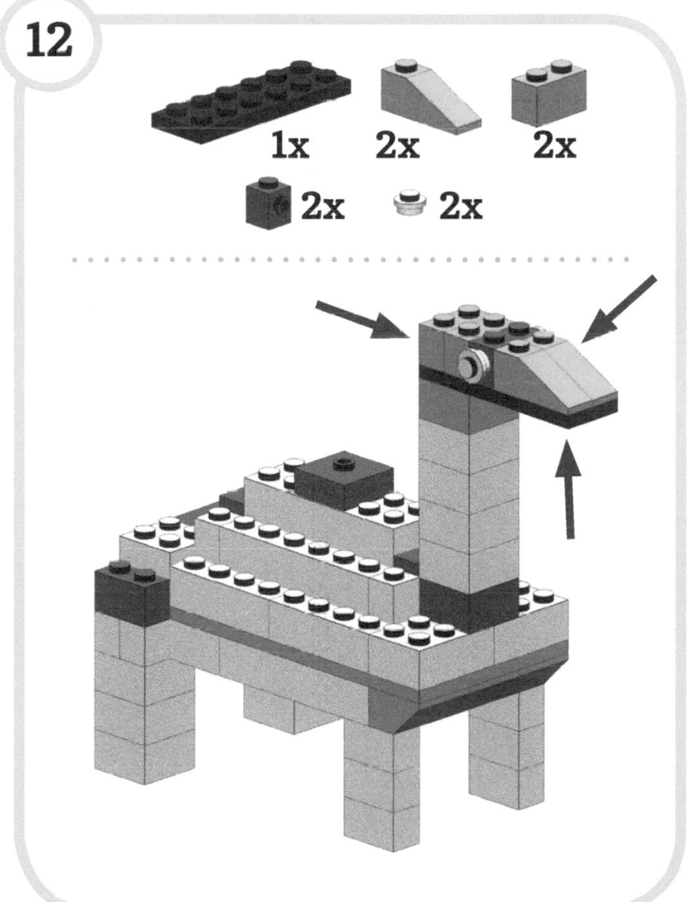
12
1x
2x
2x
2x
2x

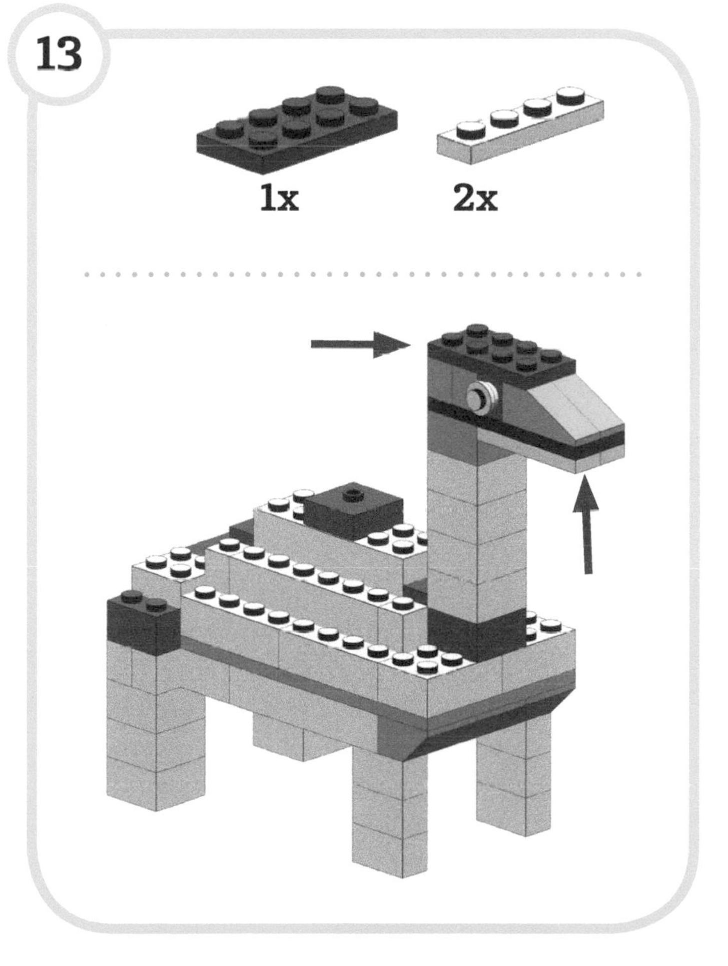
13
1x
2x

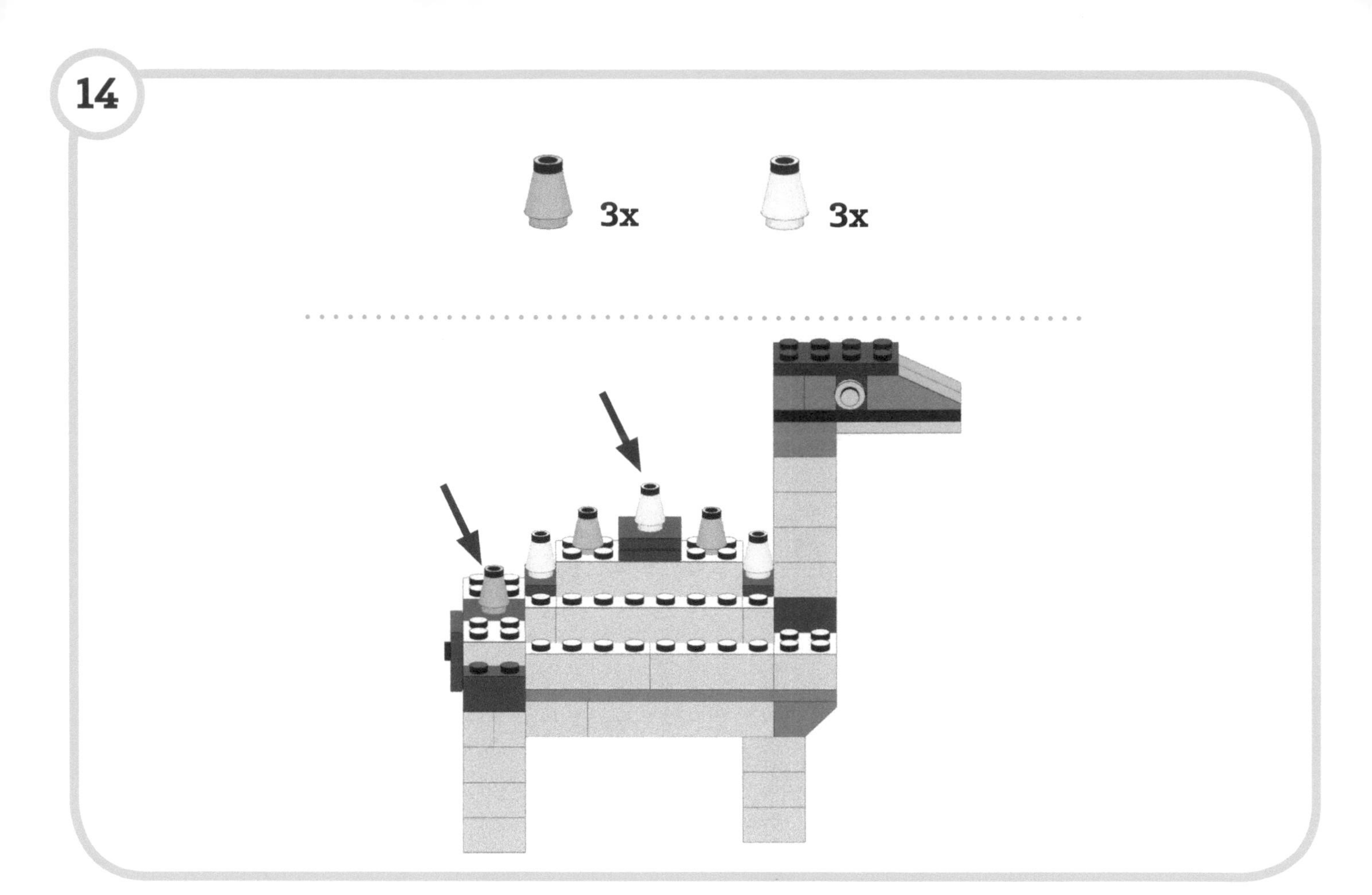
14
3x
3x

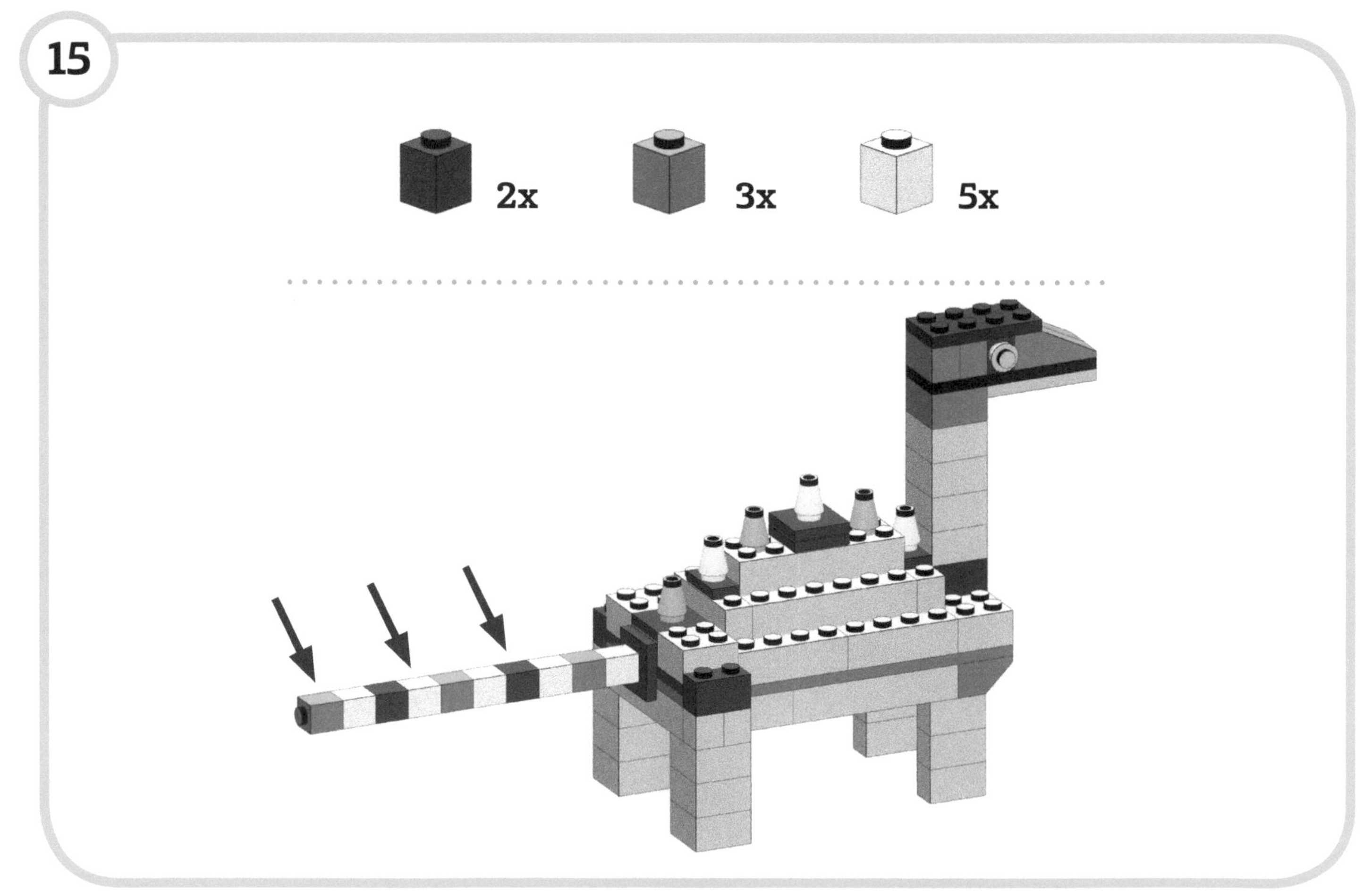
15
2x
3x
5x

Build a Stegosaurus

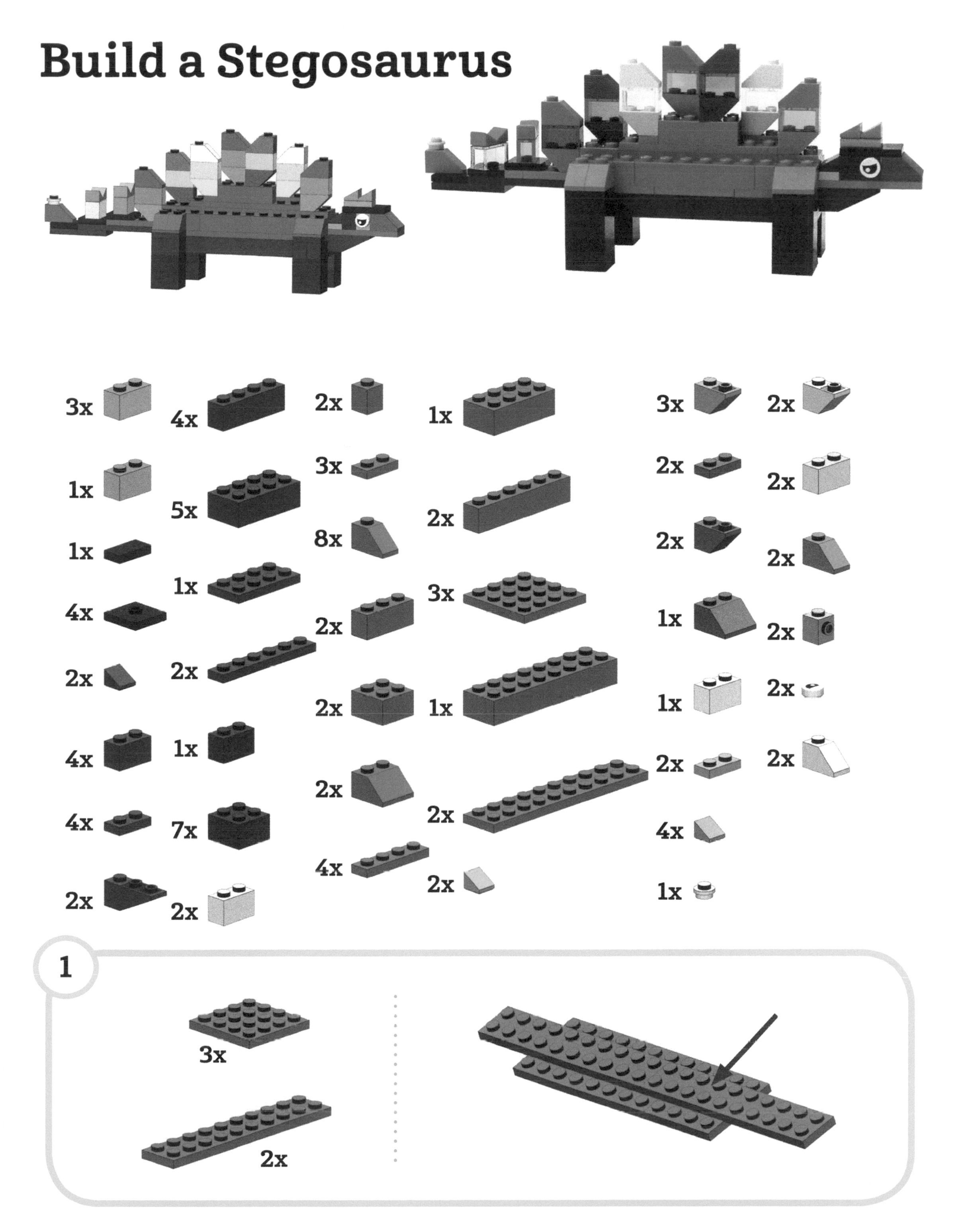
3x
1x
1x
4x
2x
4x
4x
2x
4x
5x
1x
2x
1x
7x
2x
2x
3x
8x
2x
2x
2x
4x
1x
2x
3x
1x
2x
2x
3x
2x
2x
1x
1x
2x
4x
1x
2x
2x
2x
2x
2x
2x
1
3x
2x

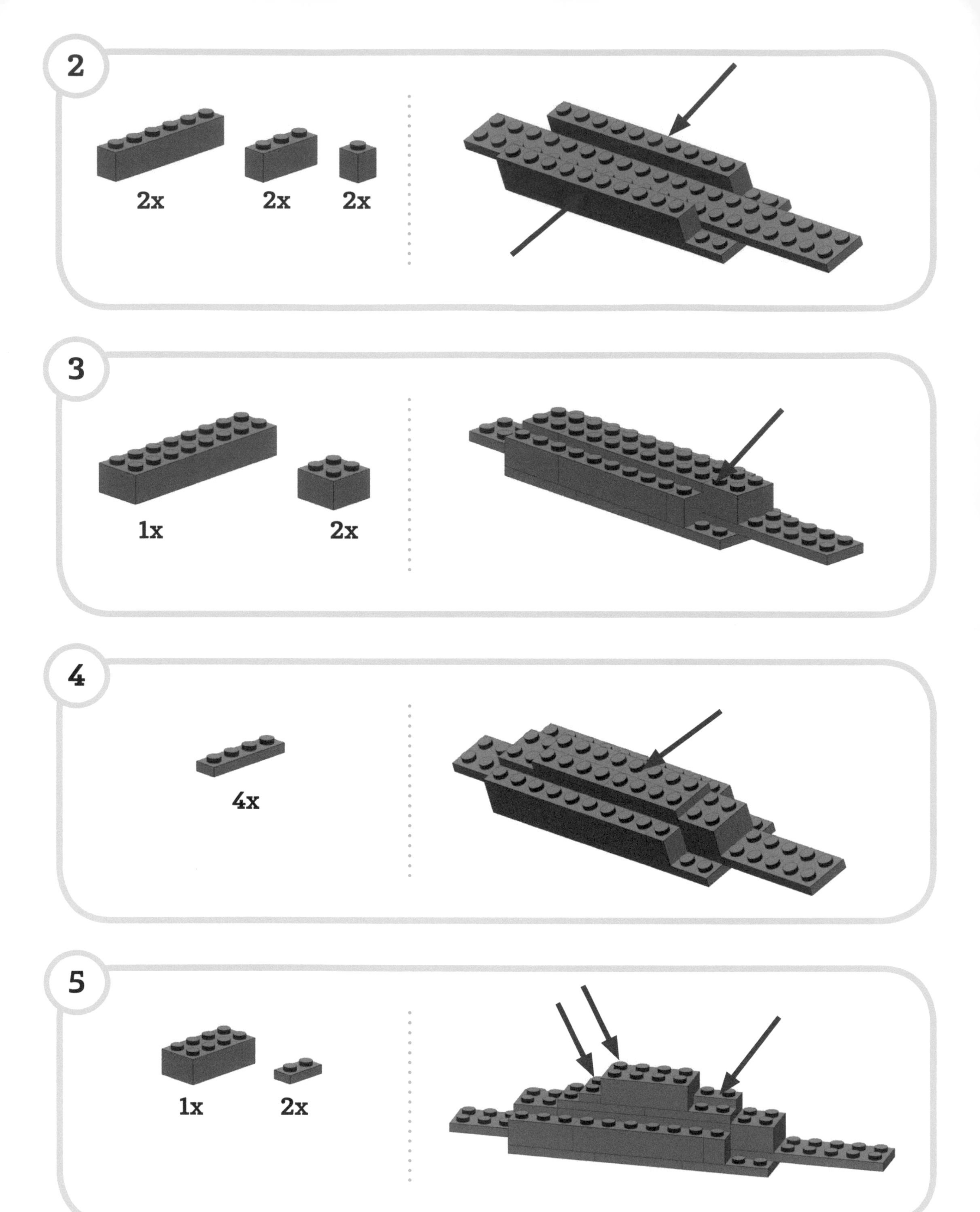
2
2x
2x
2x
3
1x
2x
4
4x
5
1x
2x

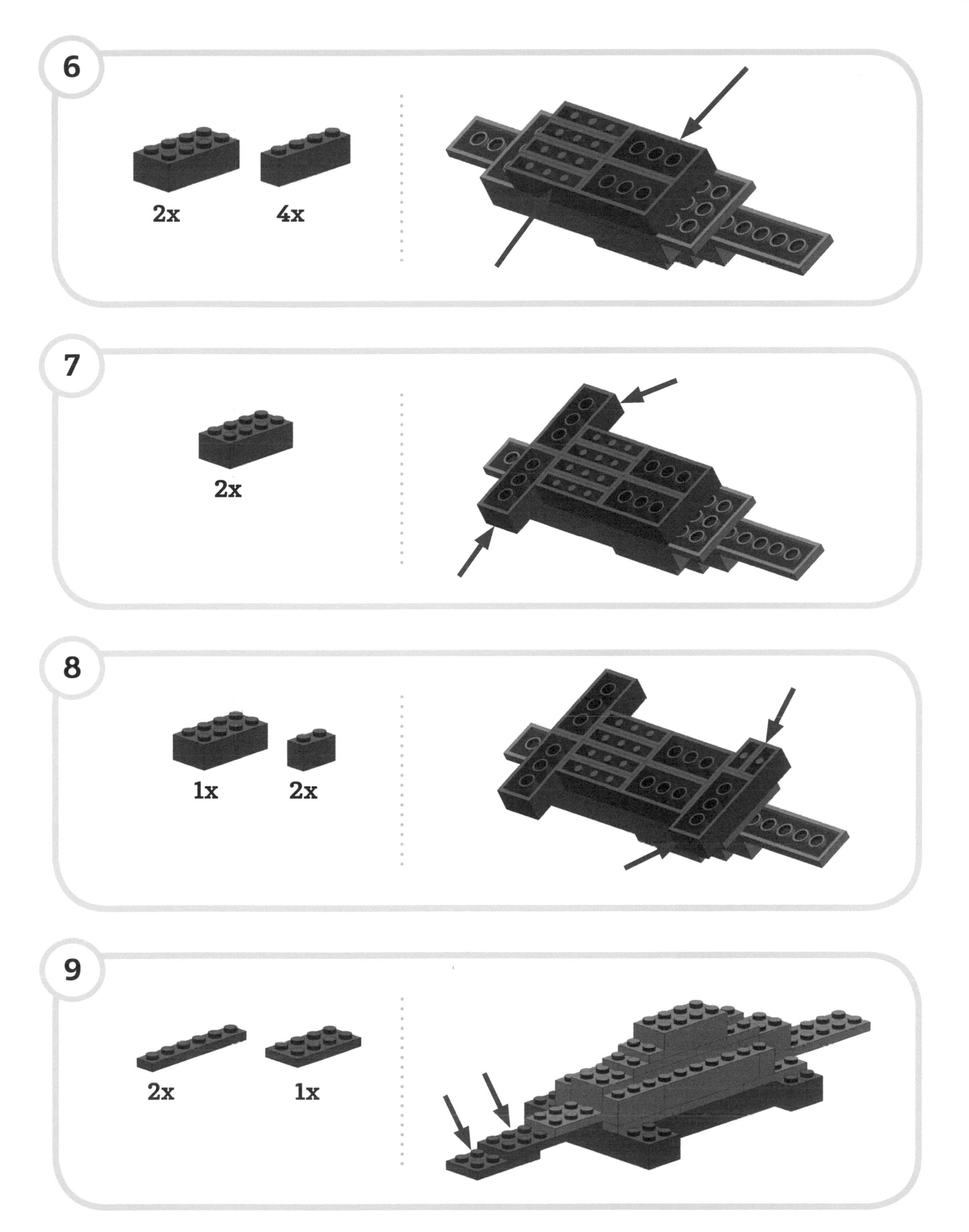
6
2x
4x
7
2x
8
1x
2x
9
2x
1x

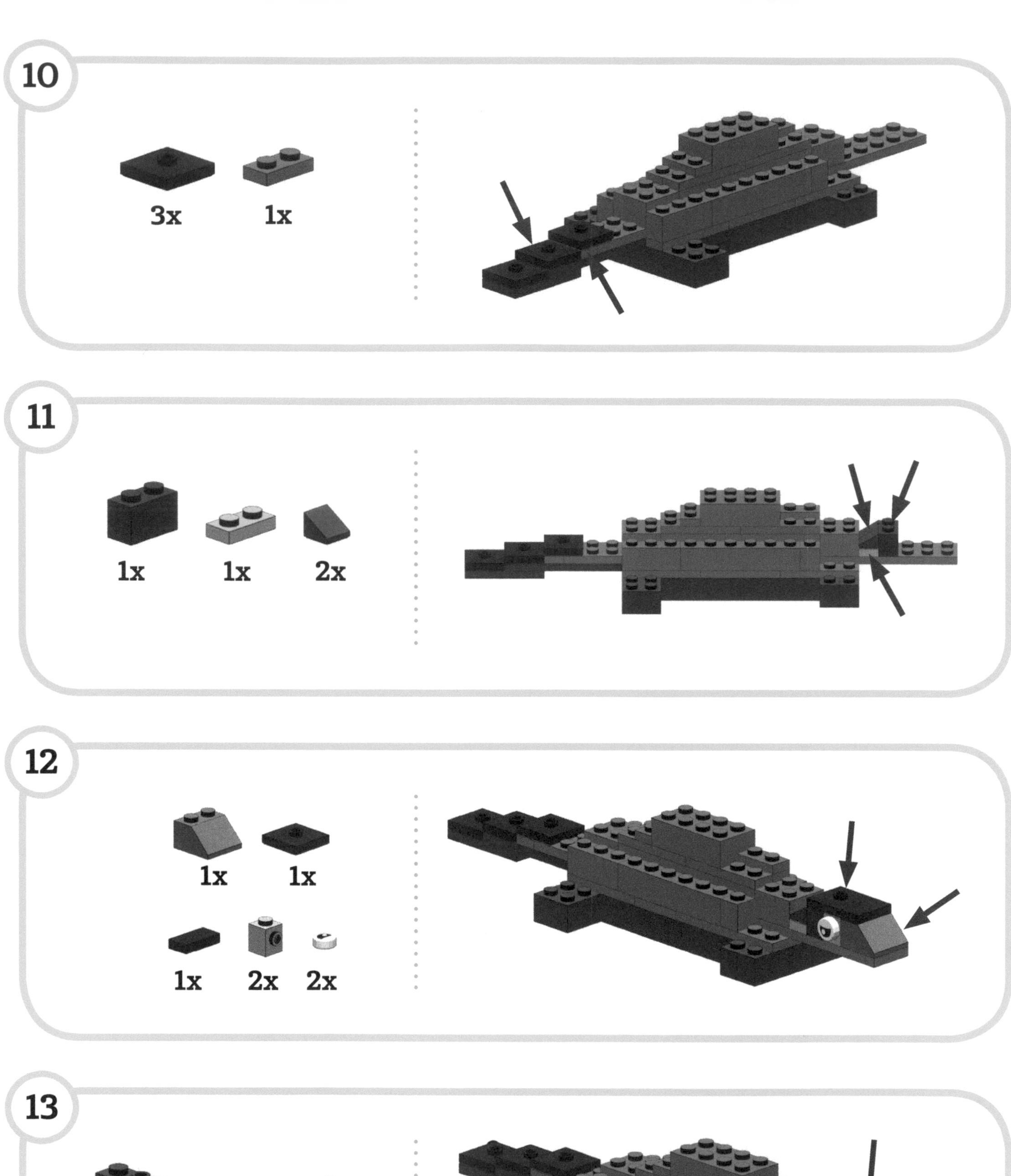
10
3x
1x
11
1x
1x
2x
12
1x
1x
1x
2x
2x

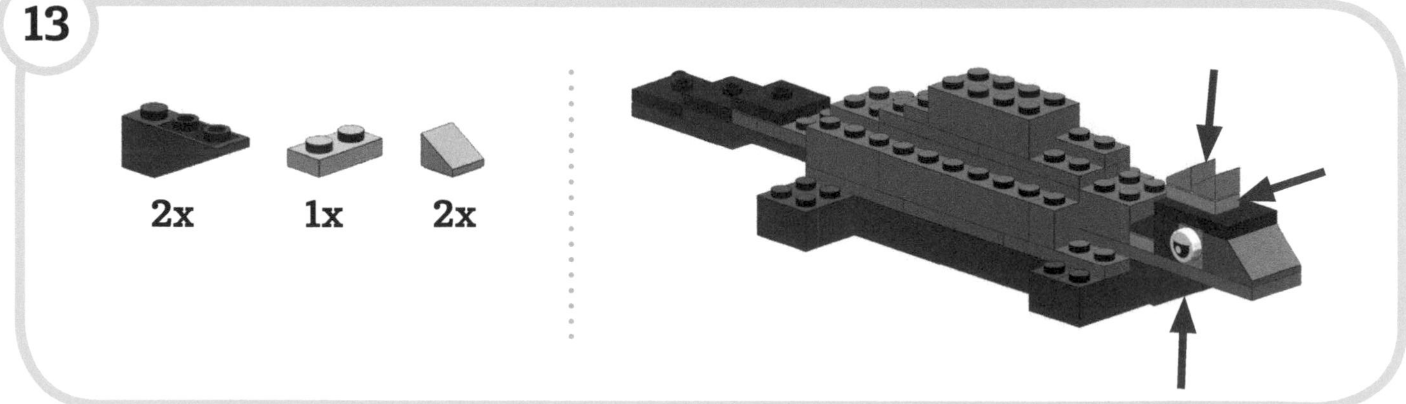
13
2x
1x
2x

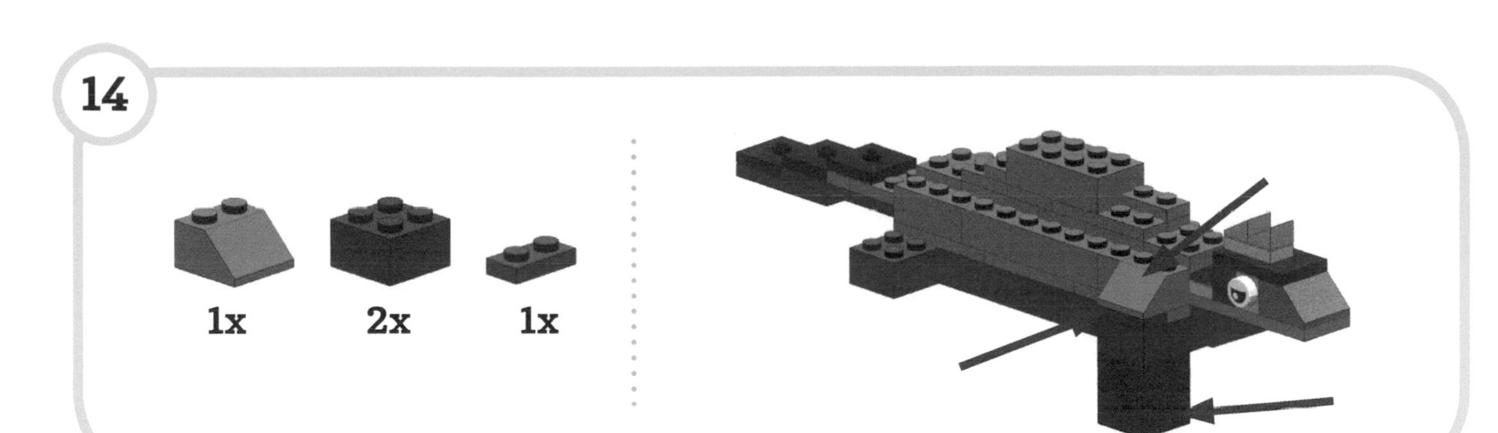
14
1x
2x
1x

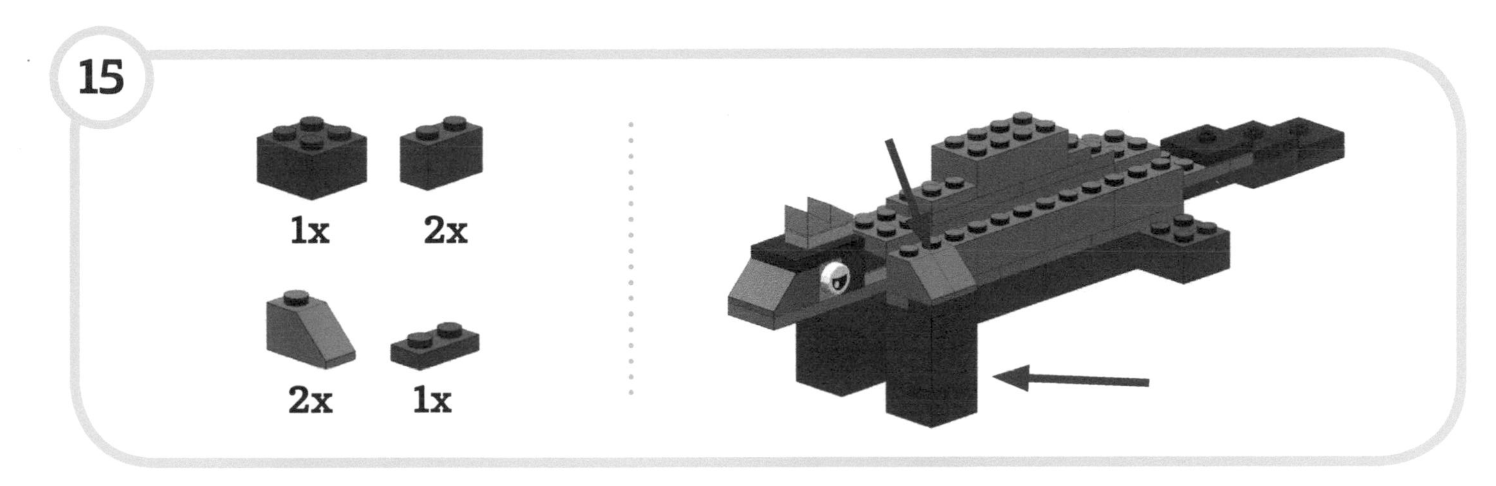
15
1x
2x
2x
1x

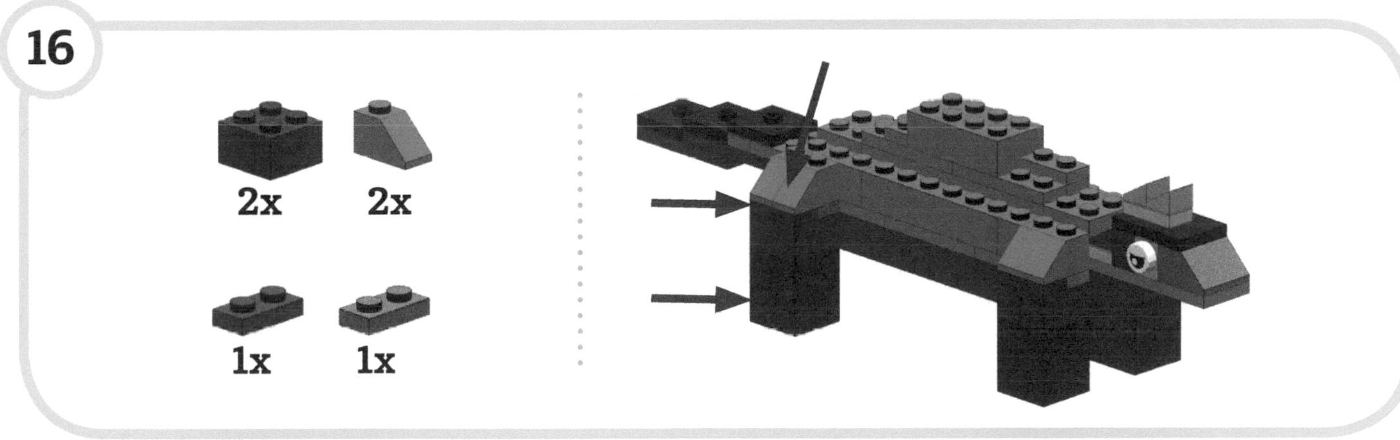
16
2x
2x
1x
1x

17
1x
2x
1x
1x

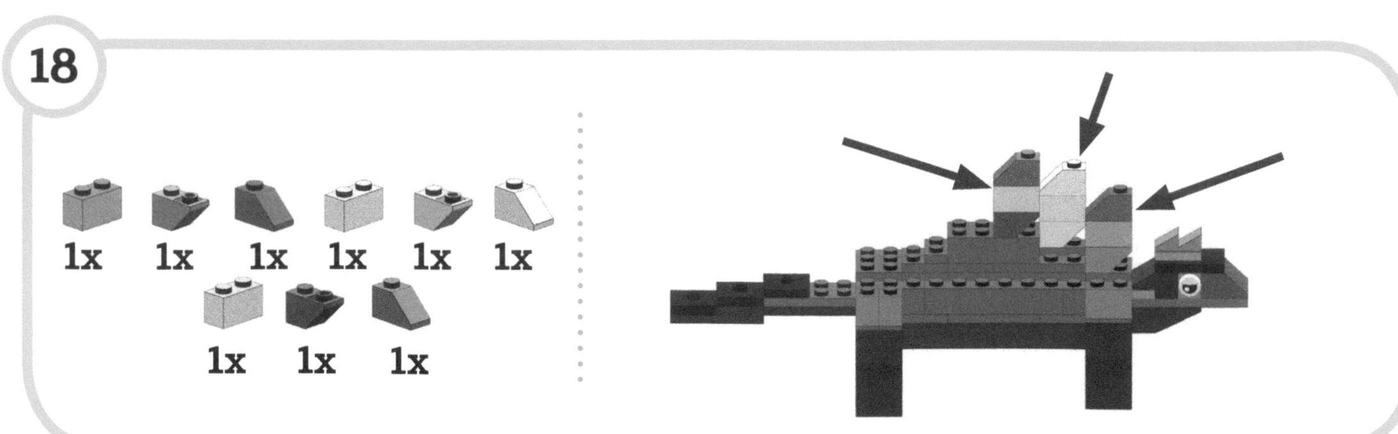
18
1x 1x 1x 1x 1x 1x
1x 1x 1x

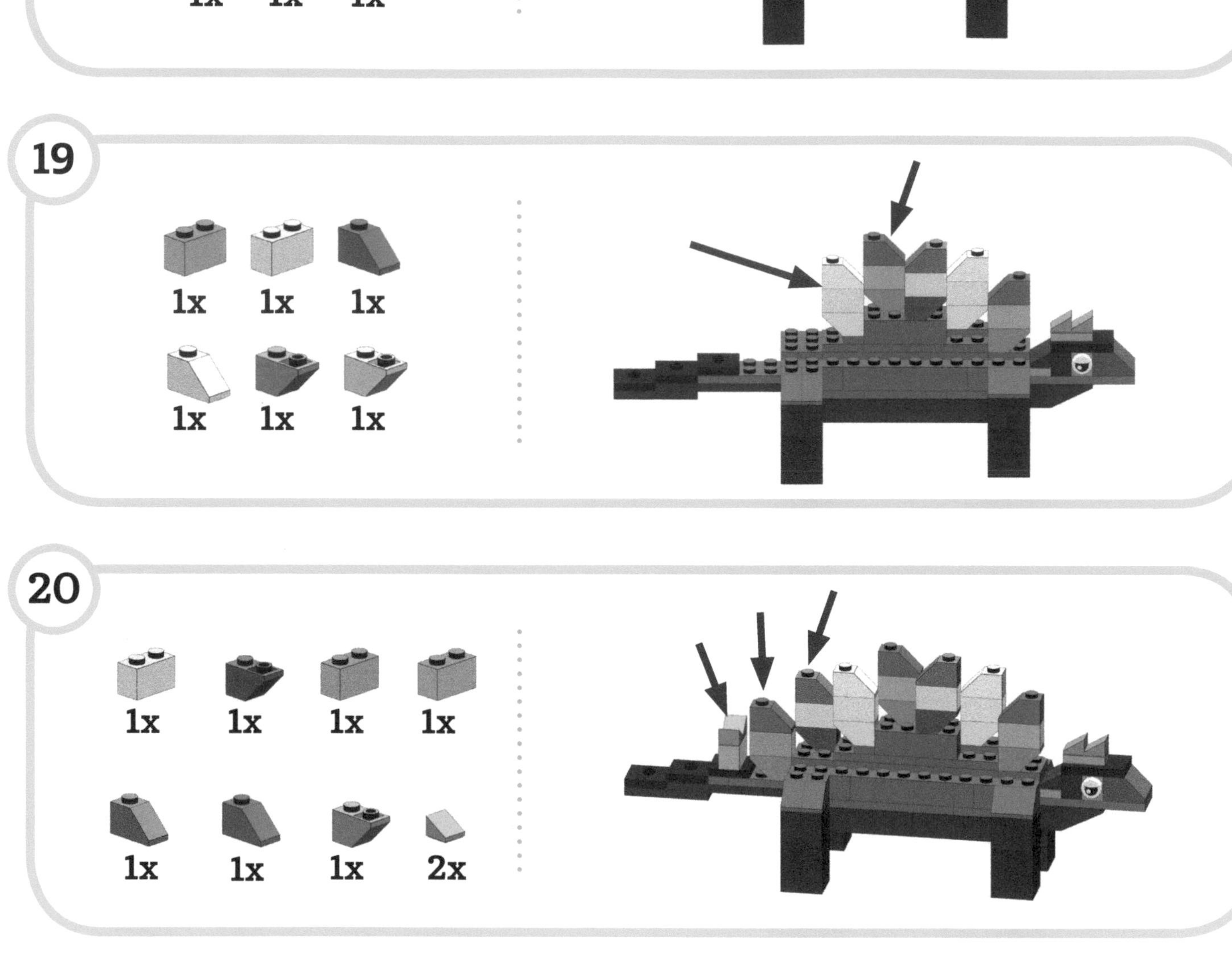
19
1x 1x 1x
1x 1x 1x
20
1x 1x 1x 1x
1x 1x 1x 2x

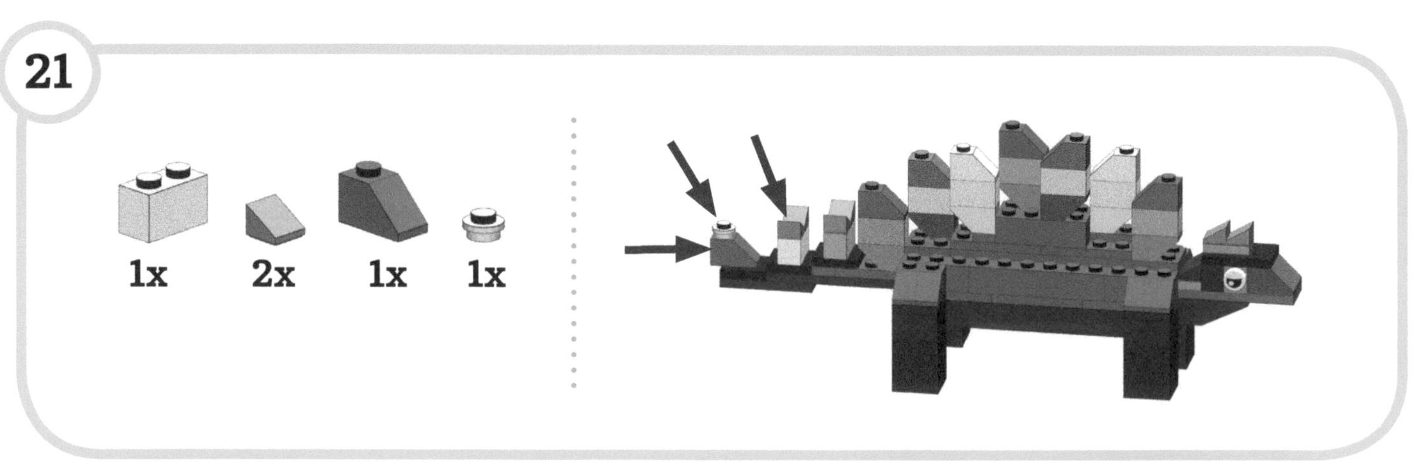
21
1x 2x 1x 1x

Build a Pterosaur

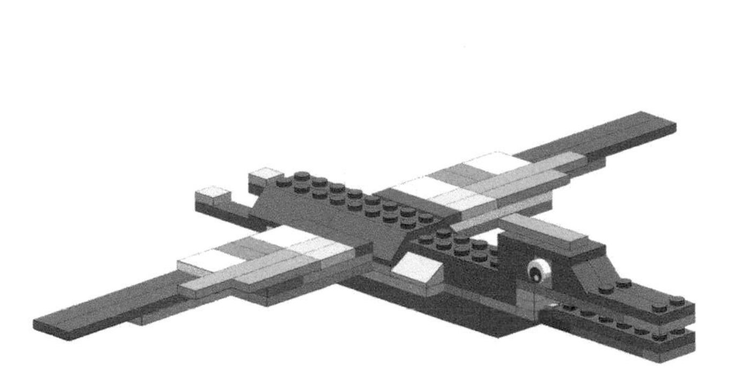

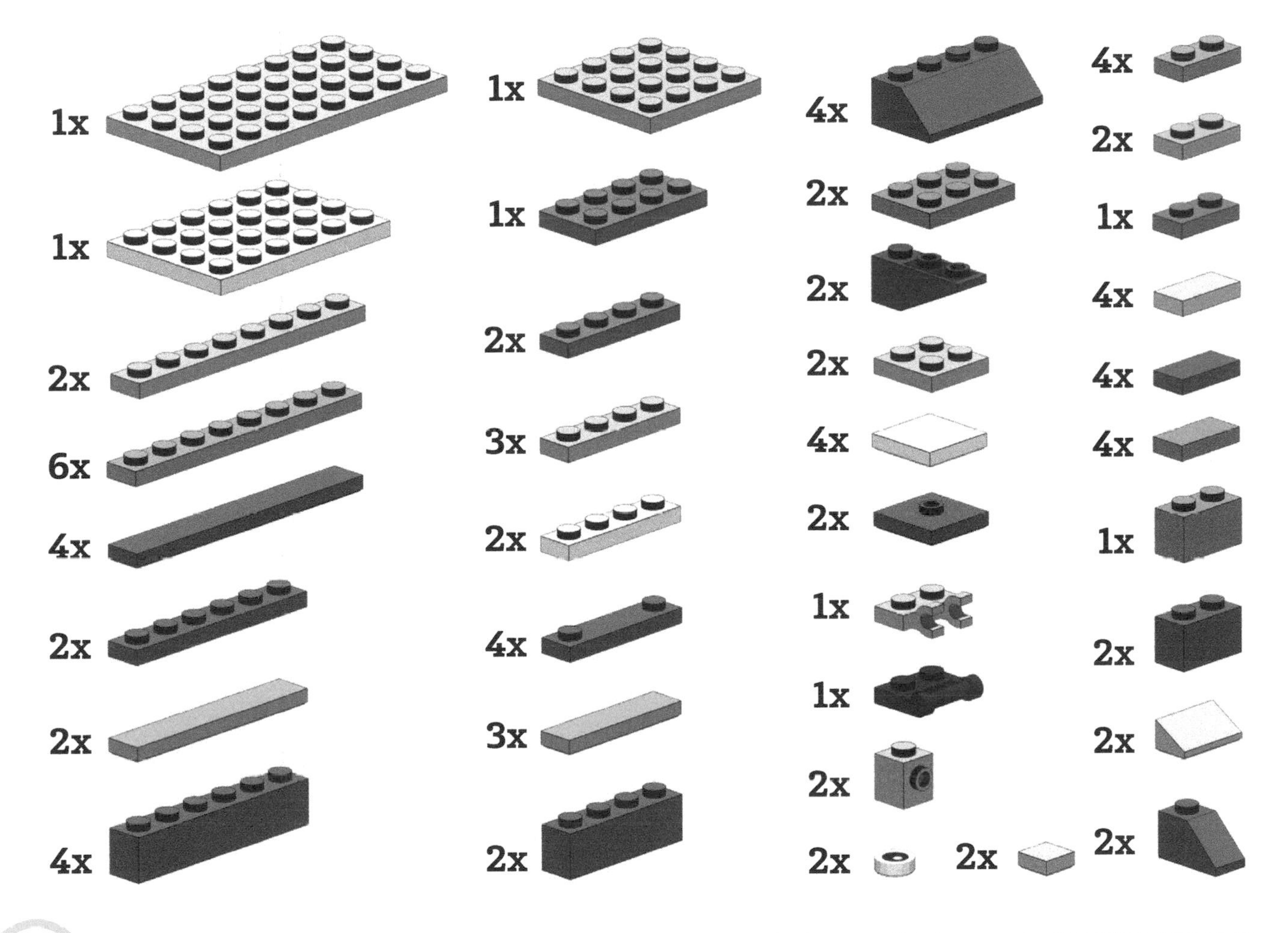
1x
1x
2x
6x
4x
2x
2x
4x
1x
1x
2x
3x
2x
4x
3x
2x
4x
2x
2x
2x
4x
2x
1x
1x
2x
2x
2x
4x
2x
1x
4x
4x
4x
1x
2x
2x
2x

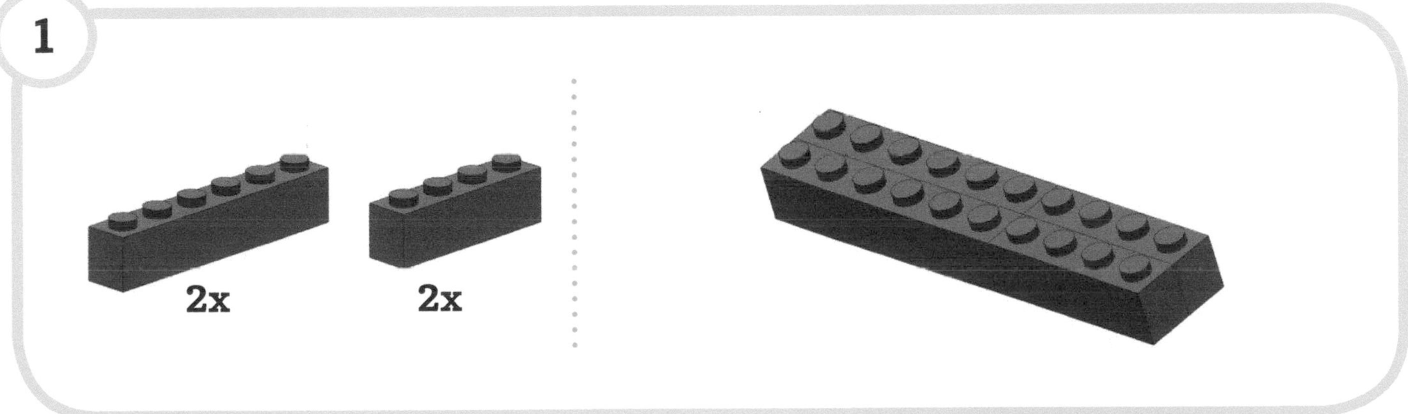
1
2x
2x

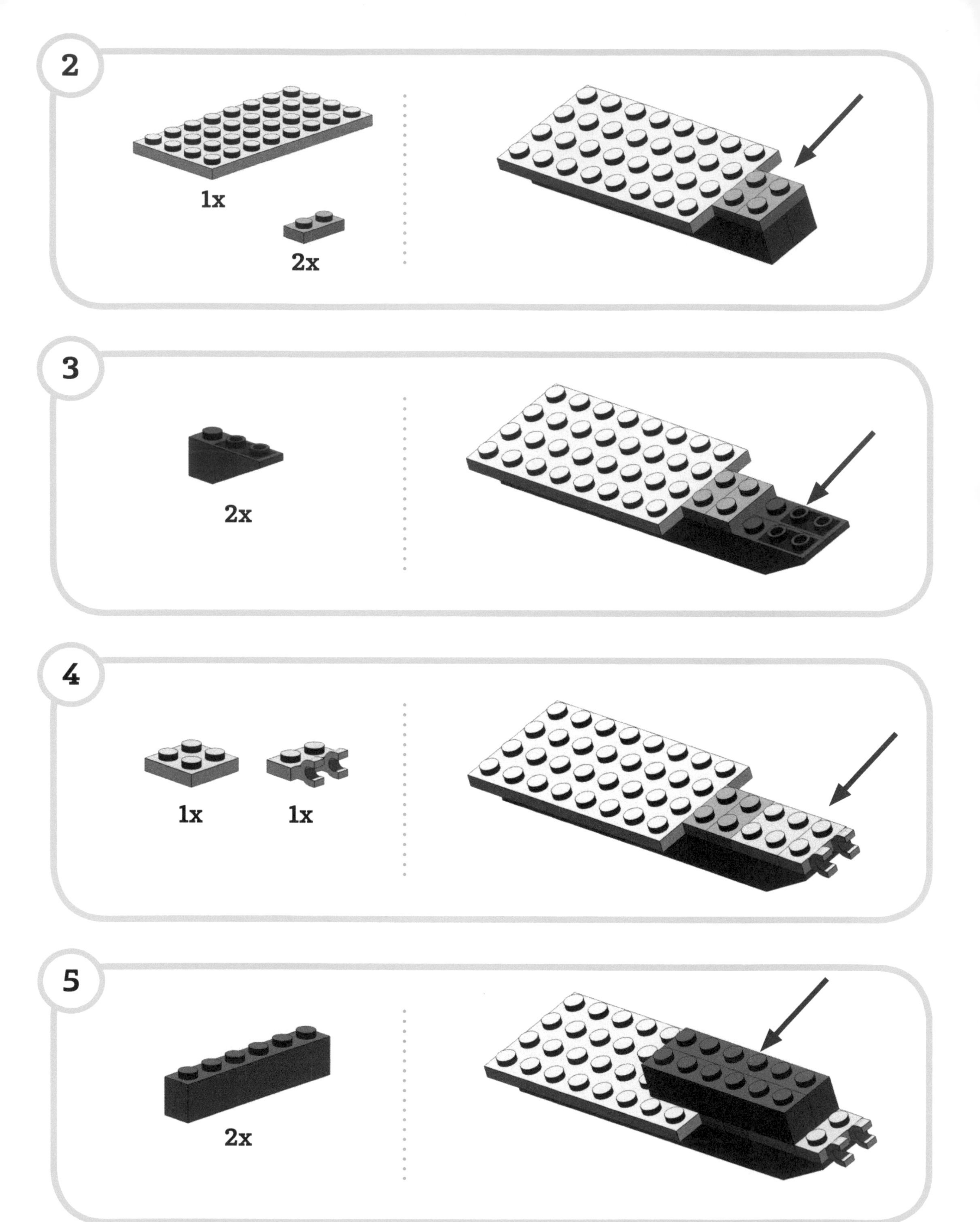

2
1x
2x
3
2x
4
1x
1x
5
2x

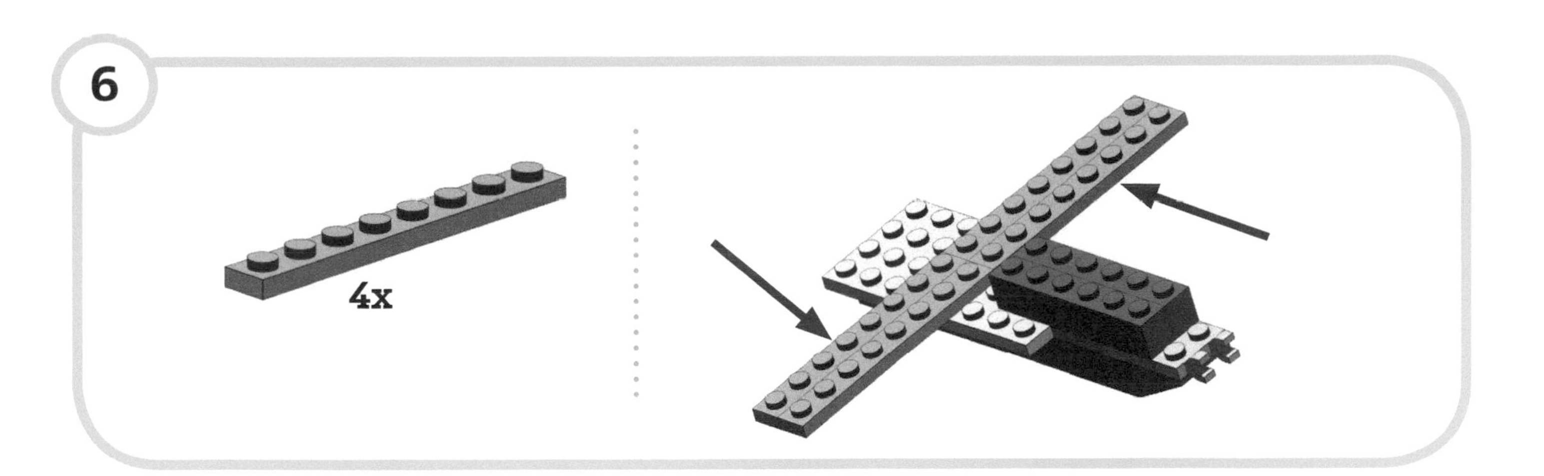
6
4x

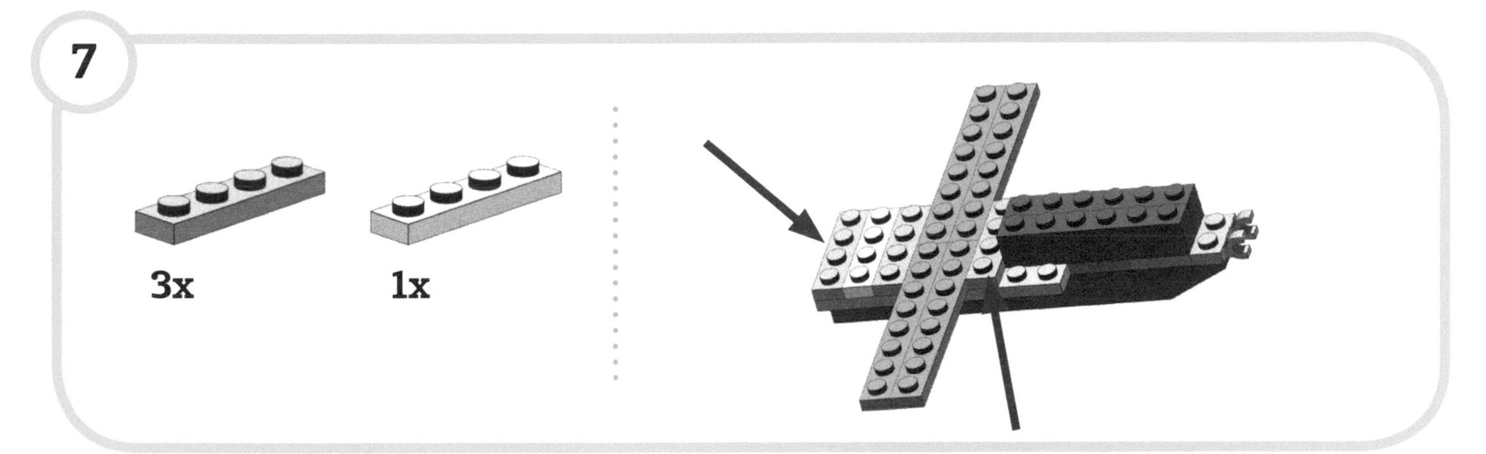
7
3x
1x

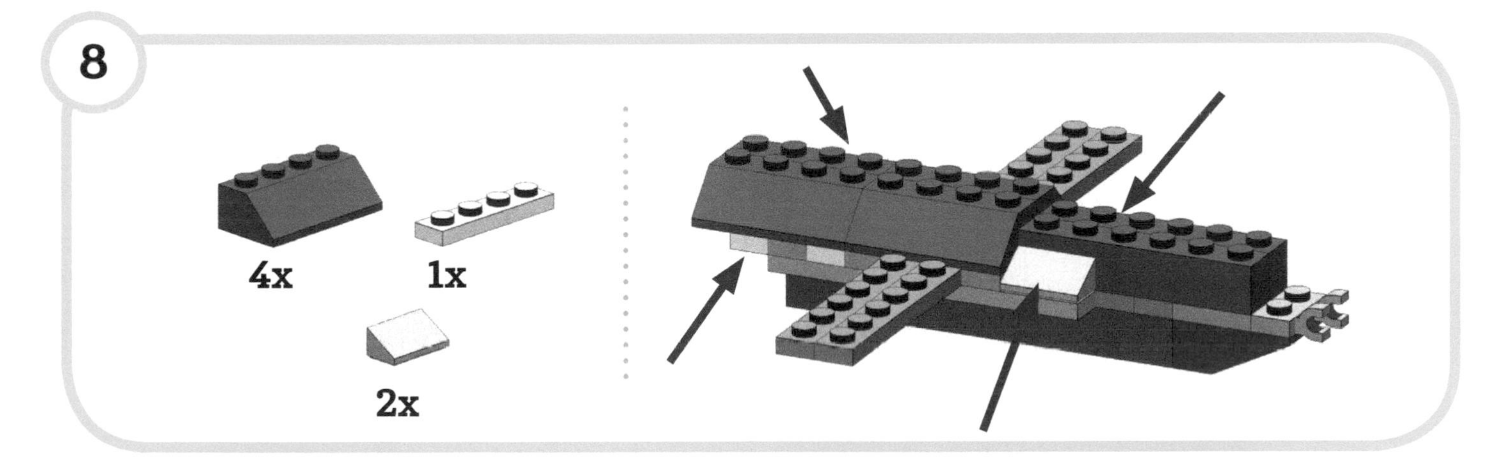
8
4x
1x
2x

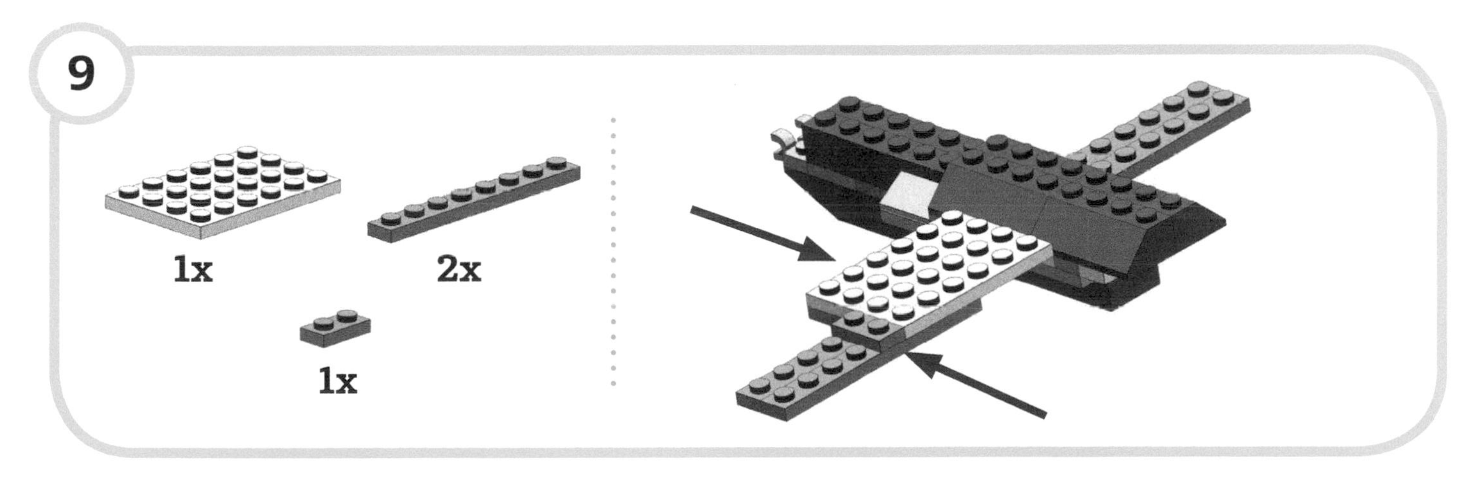
9
1x
2x
1x

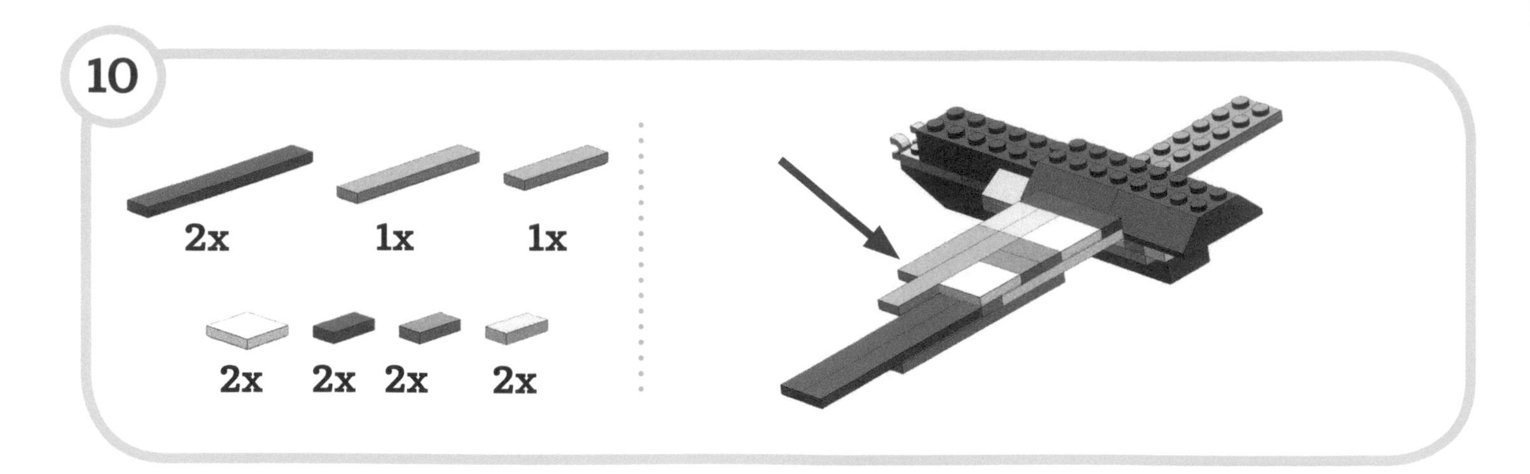
10
2x
1x
1x
2x
2x
2x
2x

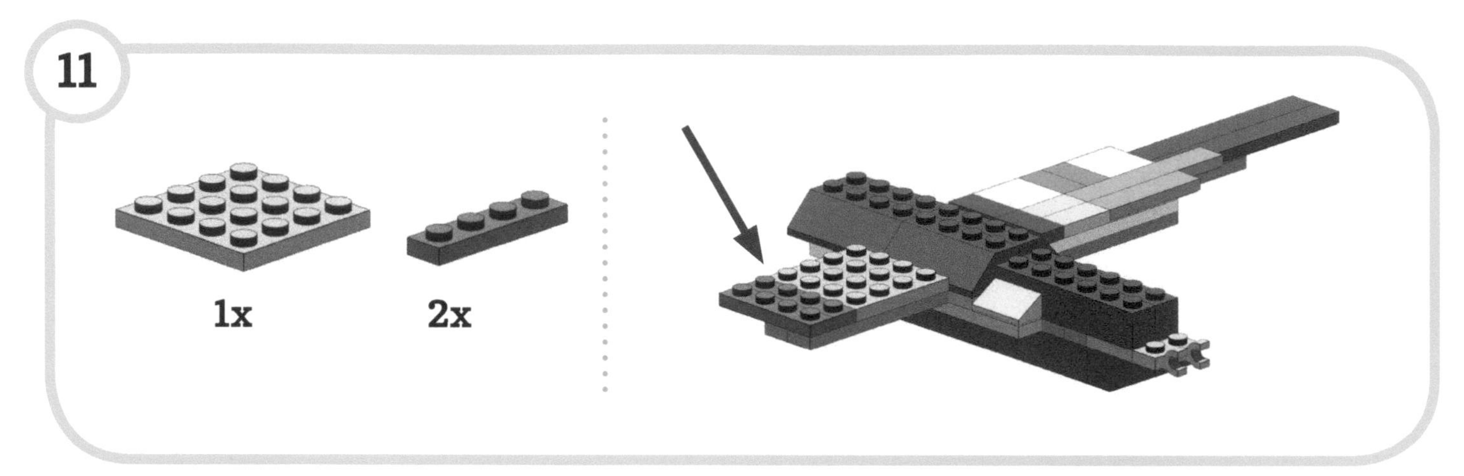
11
1x
2x

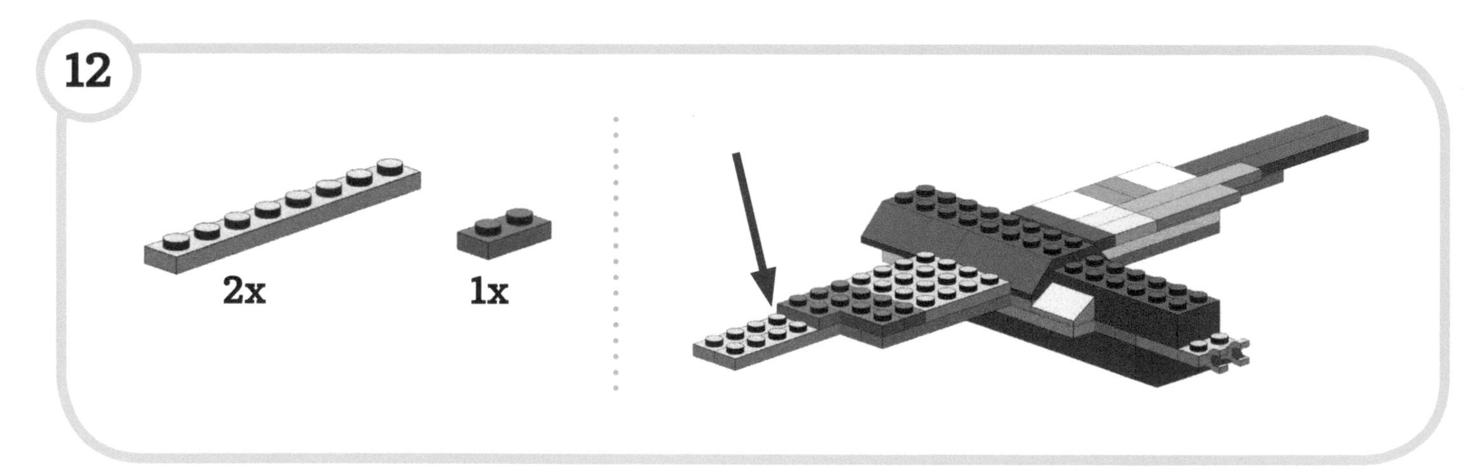
12
2x
1x

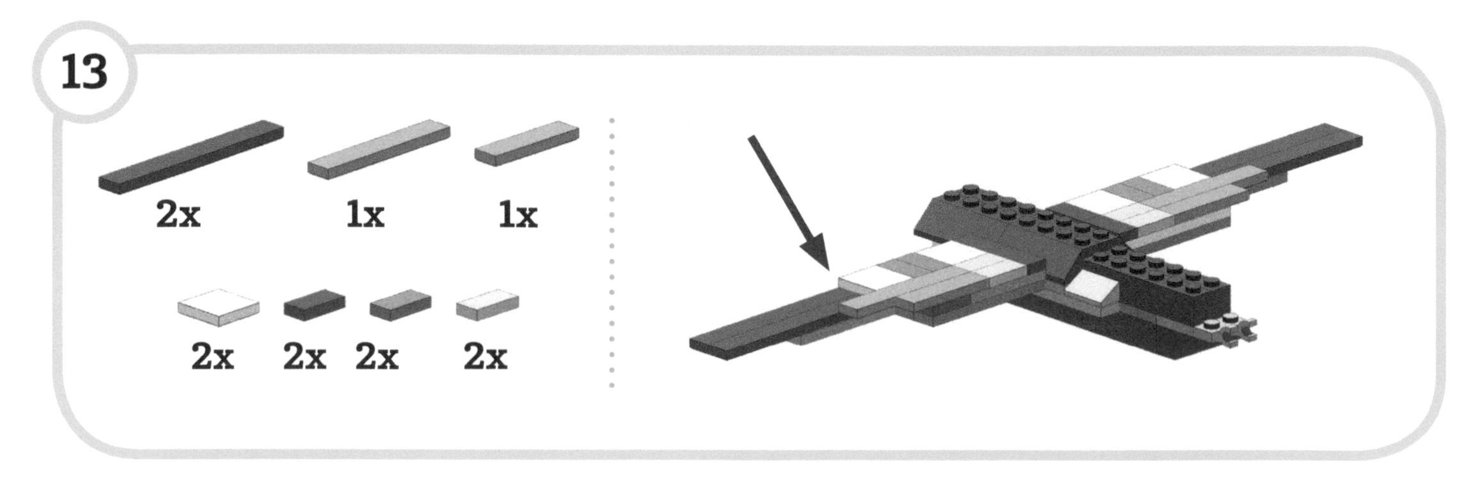
13
2x
1x
1x
2x
2x
2x
2x

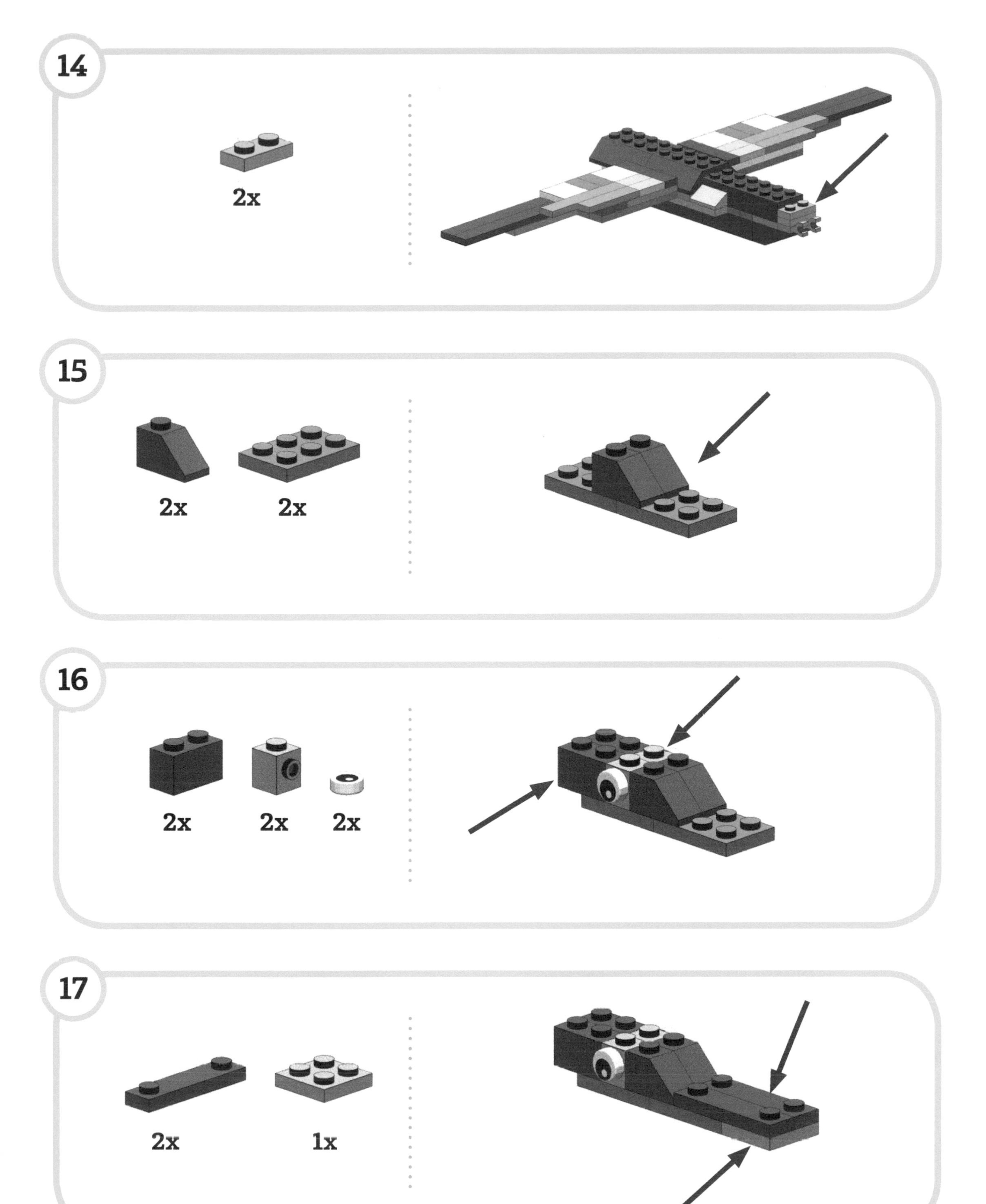
14
2x
15
2x
2x
16
2x
2x
2x
17
2x
1x

18

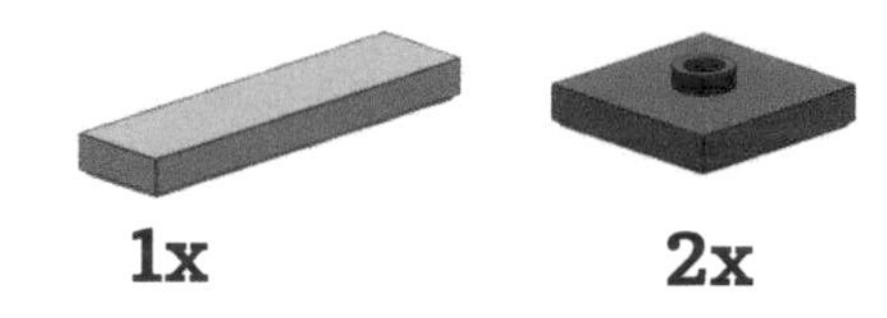
1x
2x

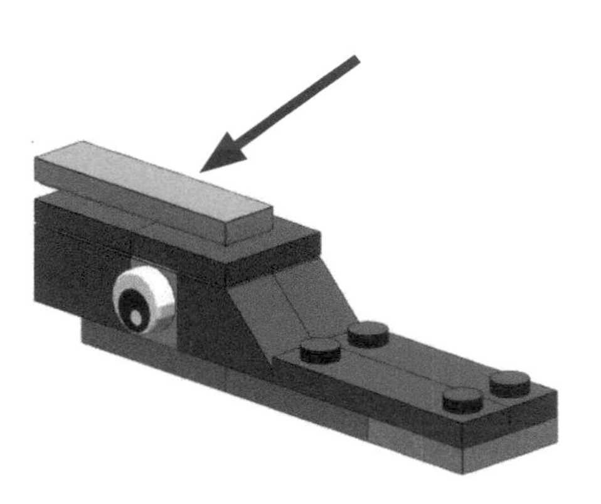

19

1x

1x

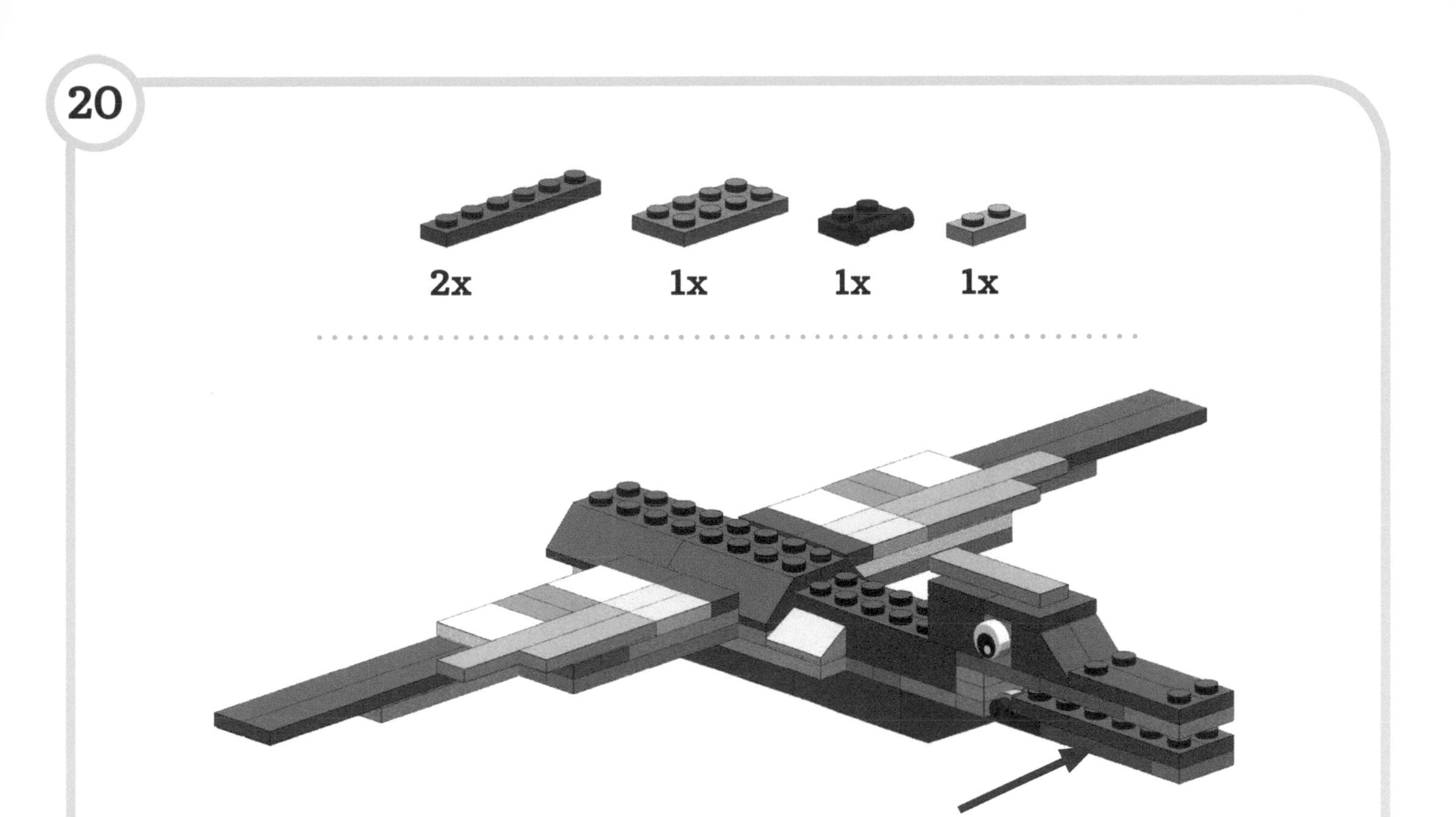
20
2x
1x
1x
1x

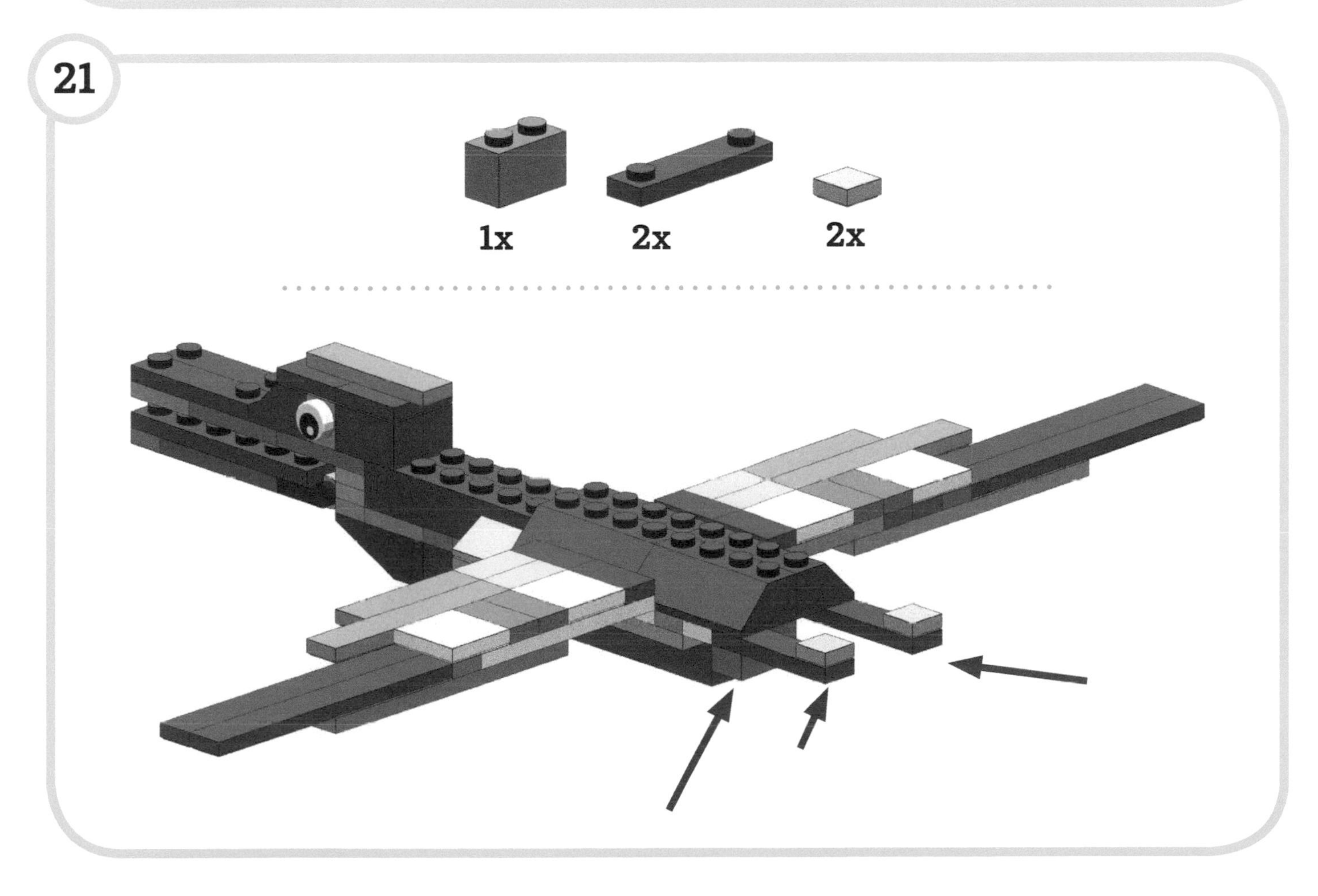
21
1x
2x
2x

Exploring the River

Diplodocus

Velociraptor
Iguanodon

Build a Diplodocus

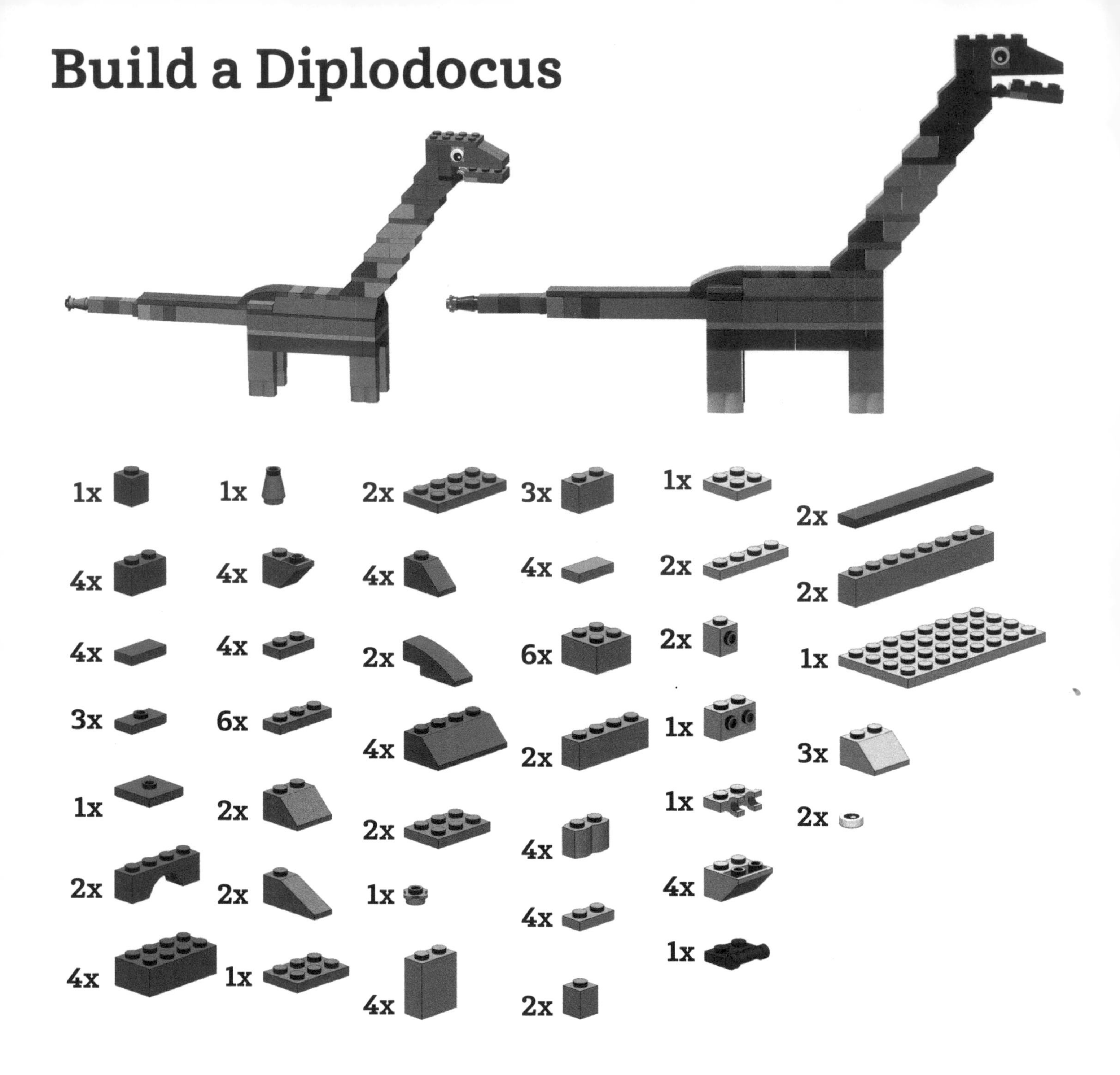
1x
4x
4x
3x
1x
2x
4x
1x
4x
4x
6x
2x
2x
1x
2x
4x
2x
4x
2x
1x
4x
3x
4x
6x
2x
4x
4x
2x
1x
2x
2x
1x
1x
4x
1x
2x
2x
1x
3x
2x

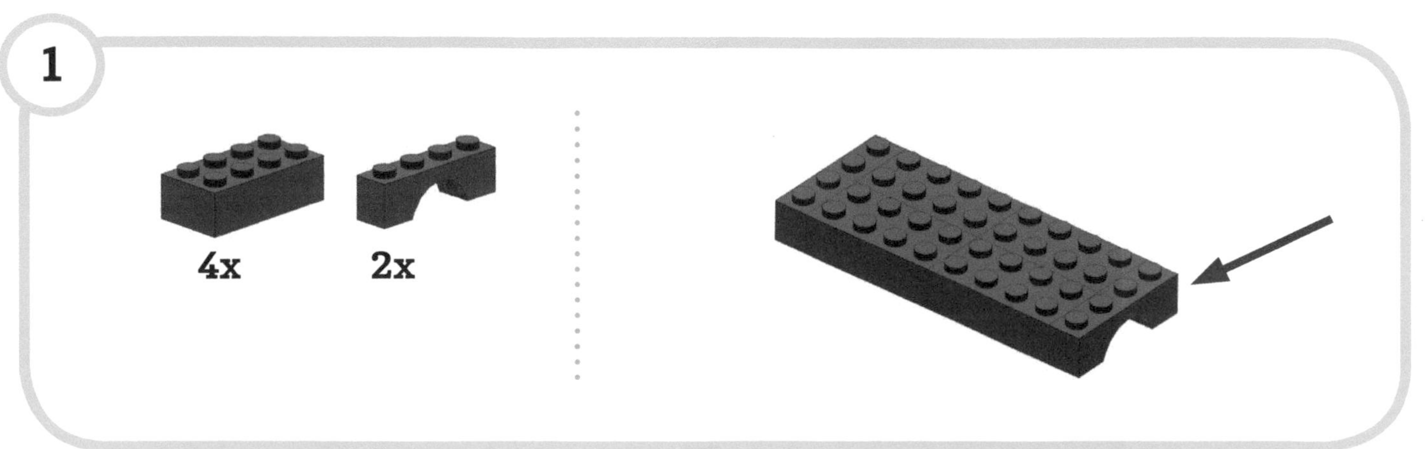
1
4x
2x

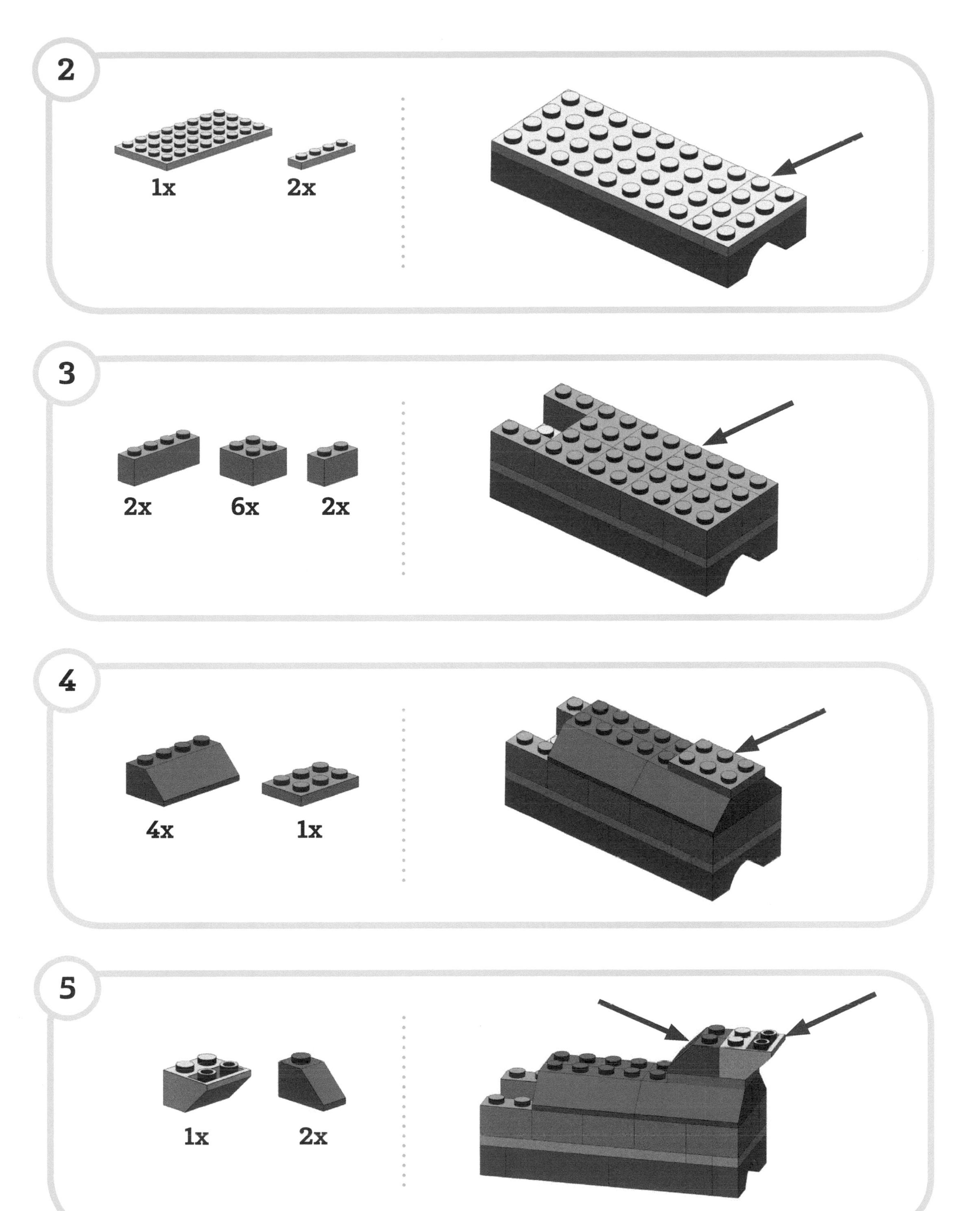
2
1x
2x
3
2x
6x
2x
4
4x
1x
5
1x
2x

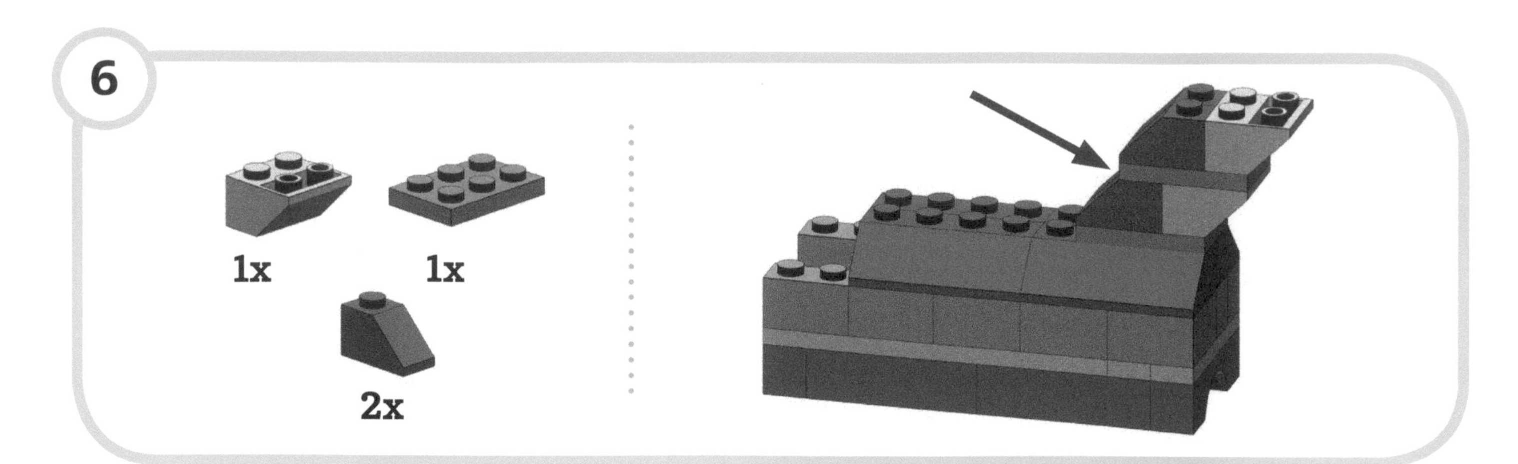
6
1x
1x
2x

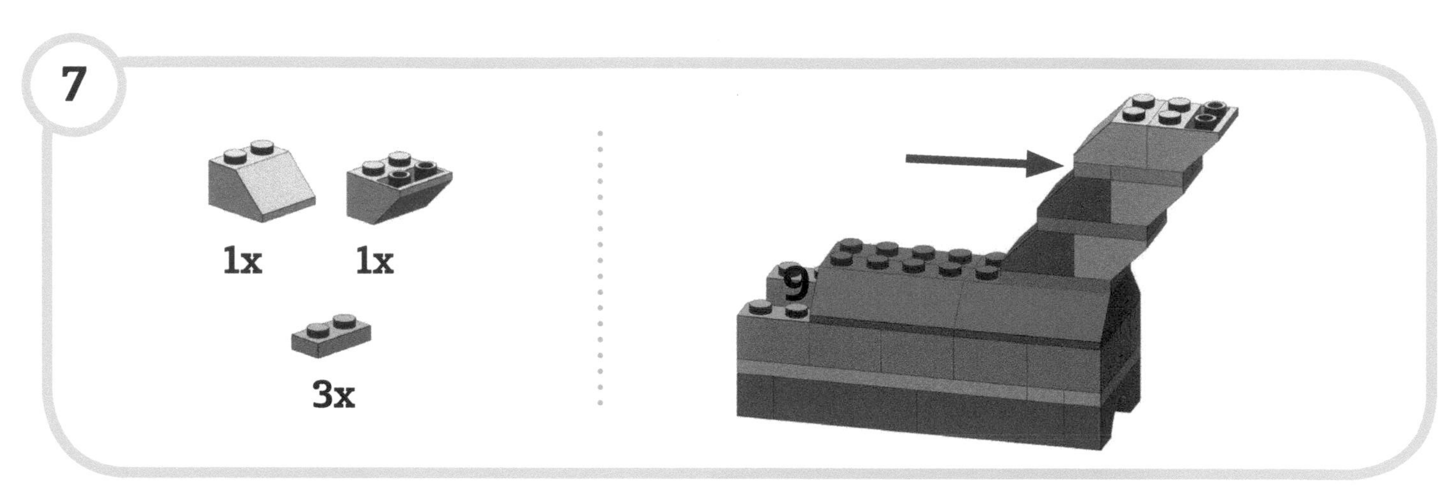
7
1x
1x
3x

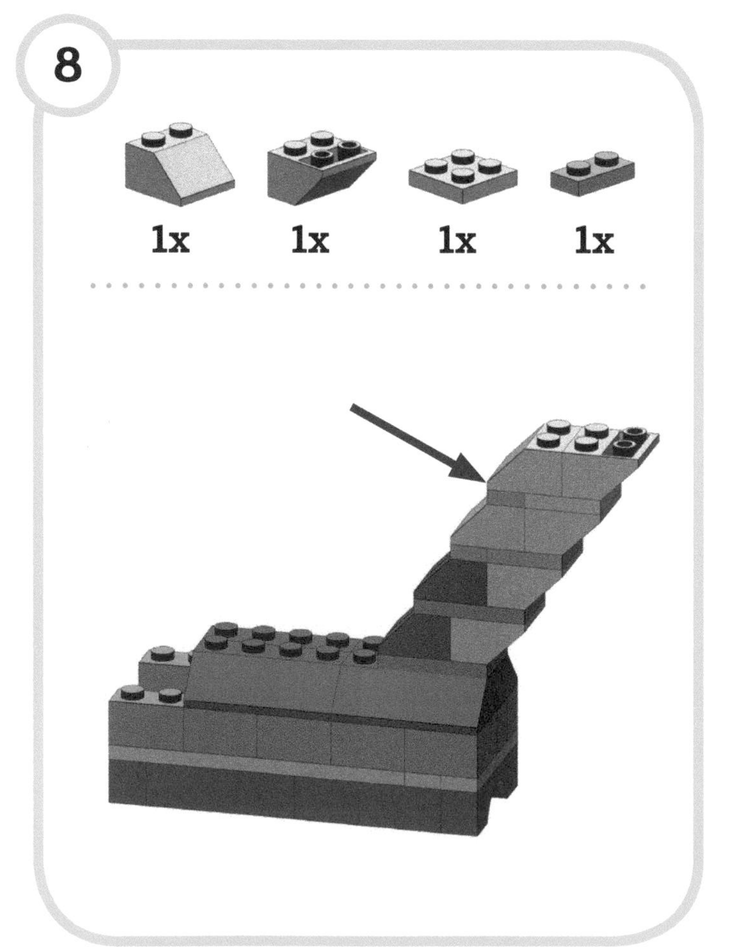
8
1x
1x
1x
1x

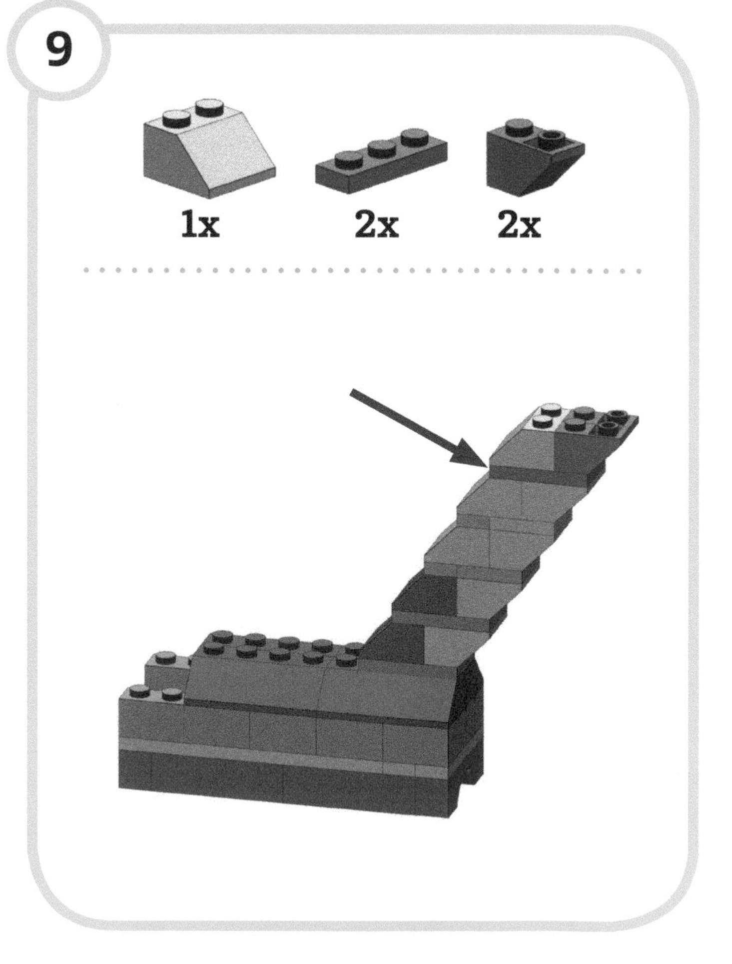
9
1x
2x
2x

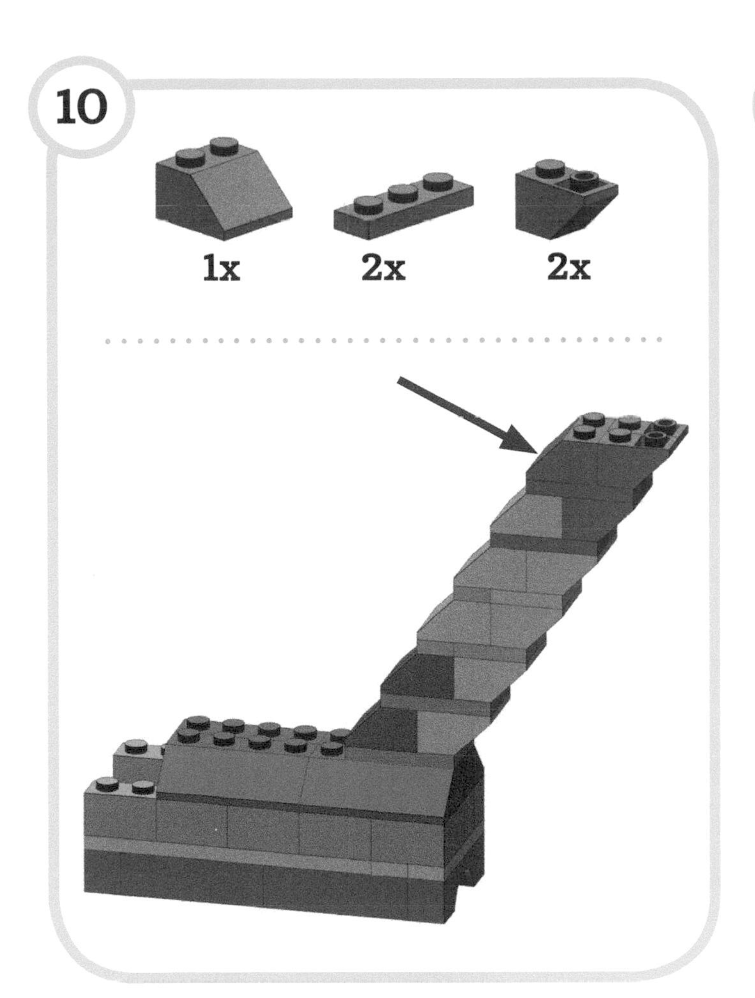
10
1x
2x
2x

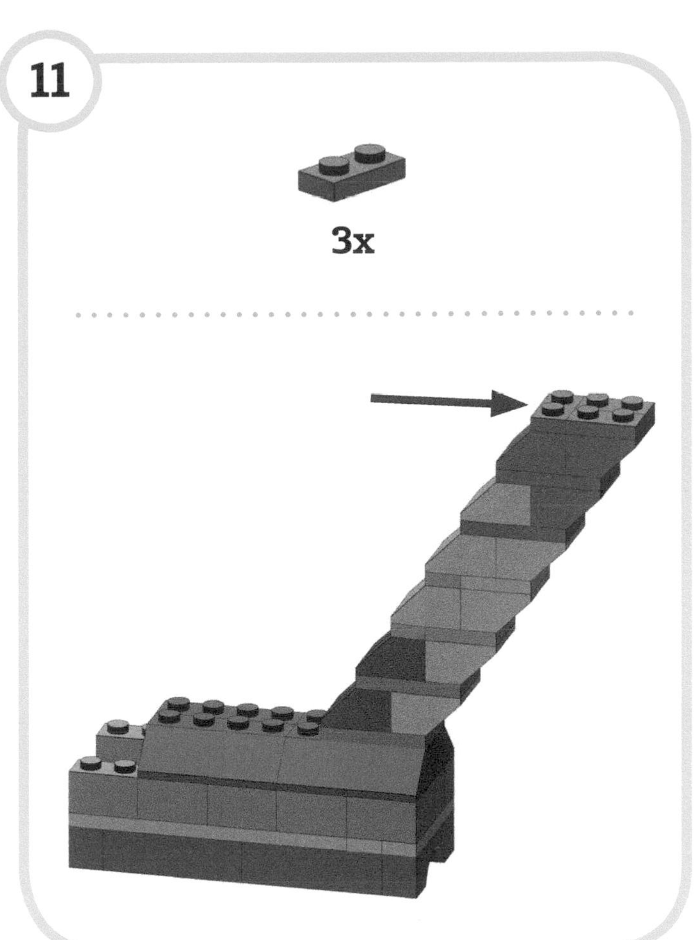
11
3x

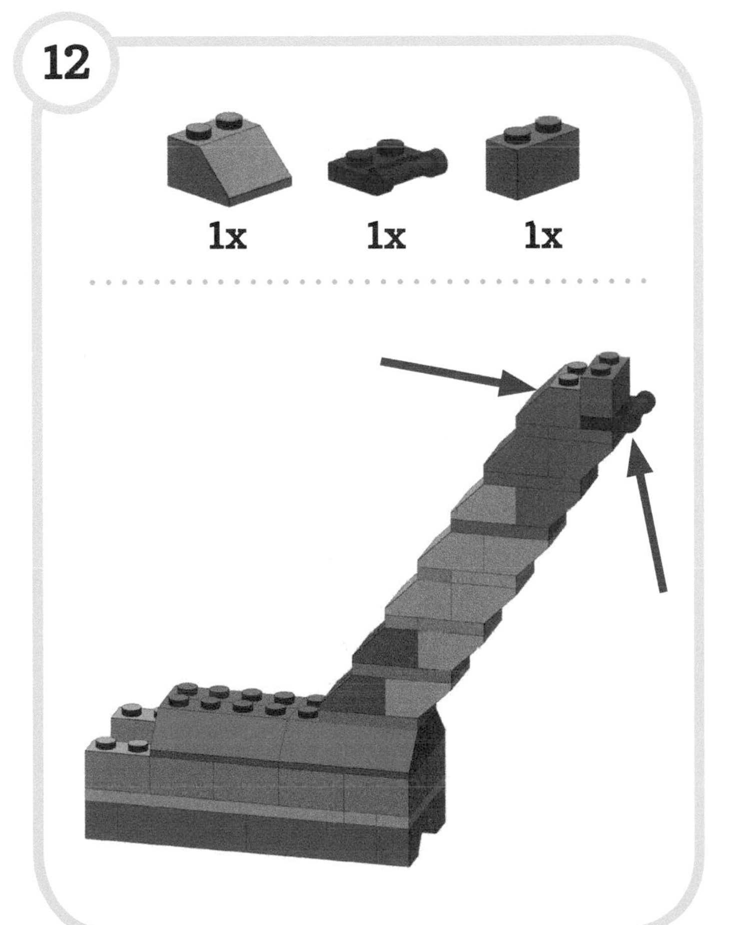
12
1x
1x
1x

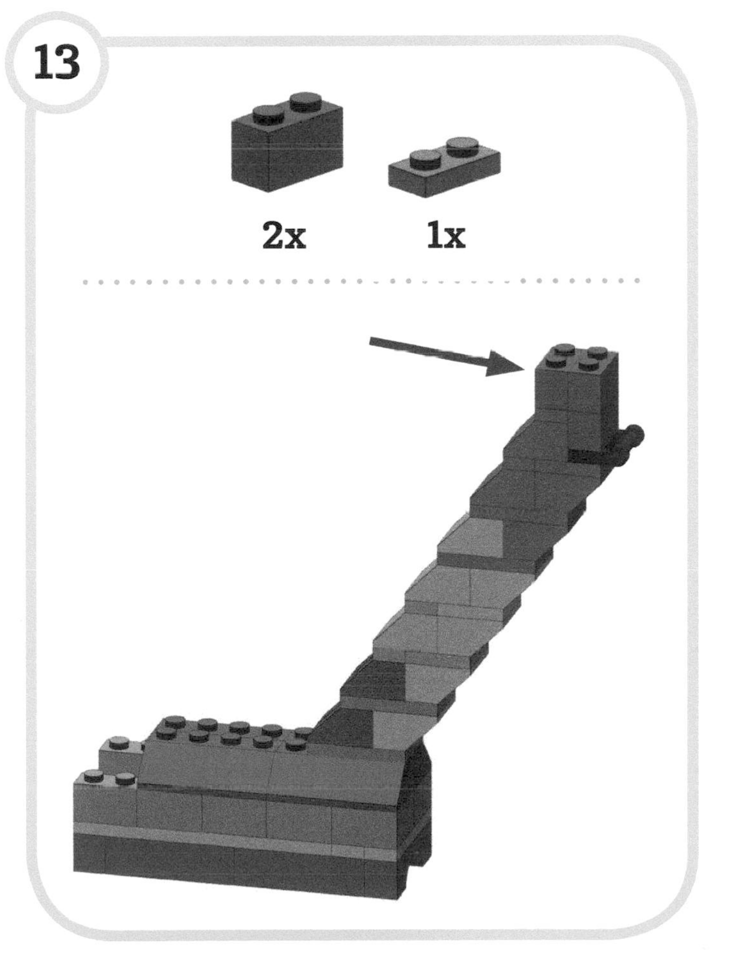
13
2x
1x

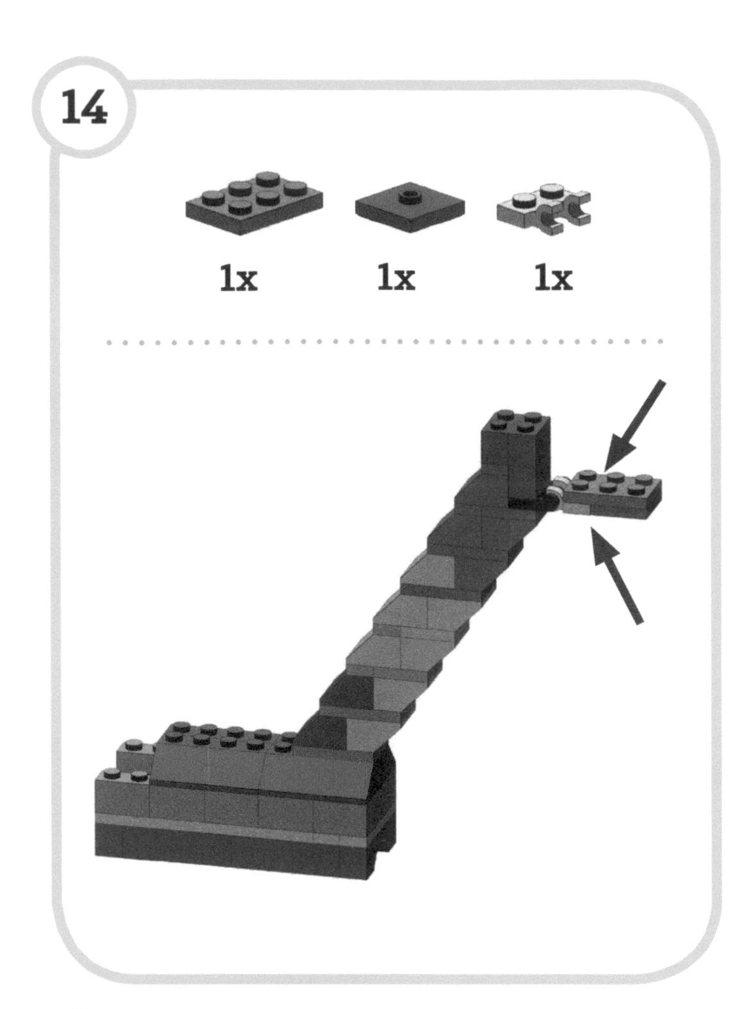
14
1x
1x
1x

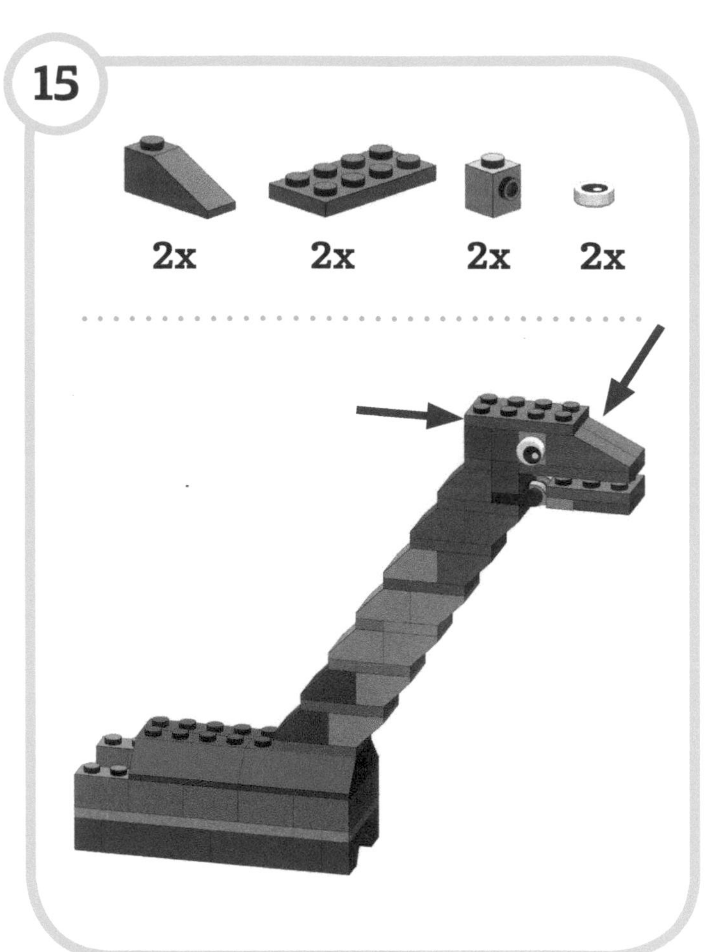
15
2x
2x
2x
2x

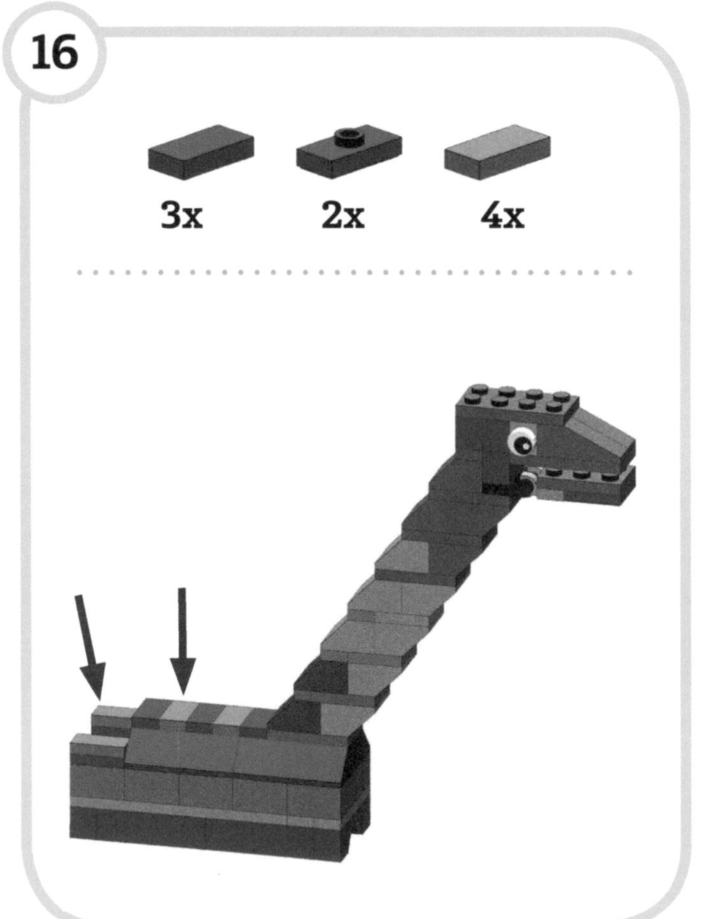
16
3x
2x
4x

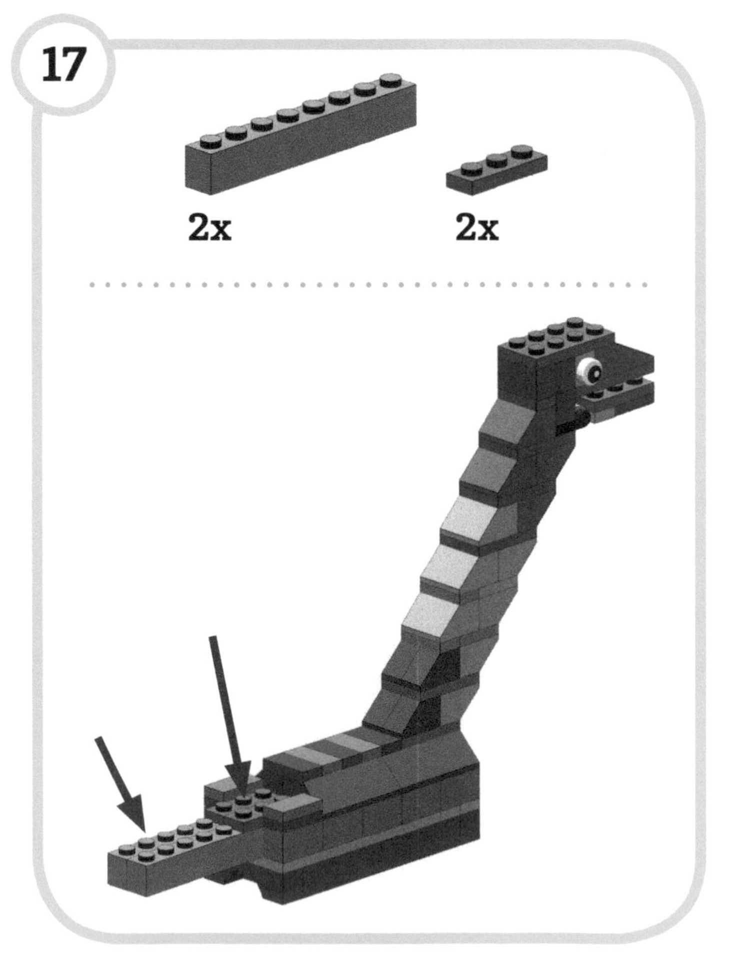
17
2x
2x

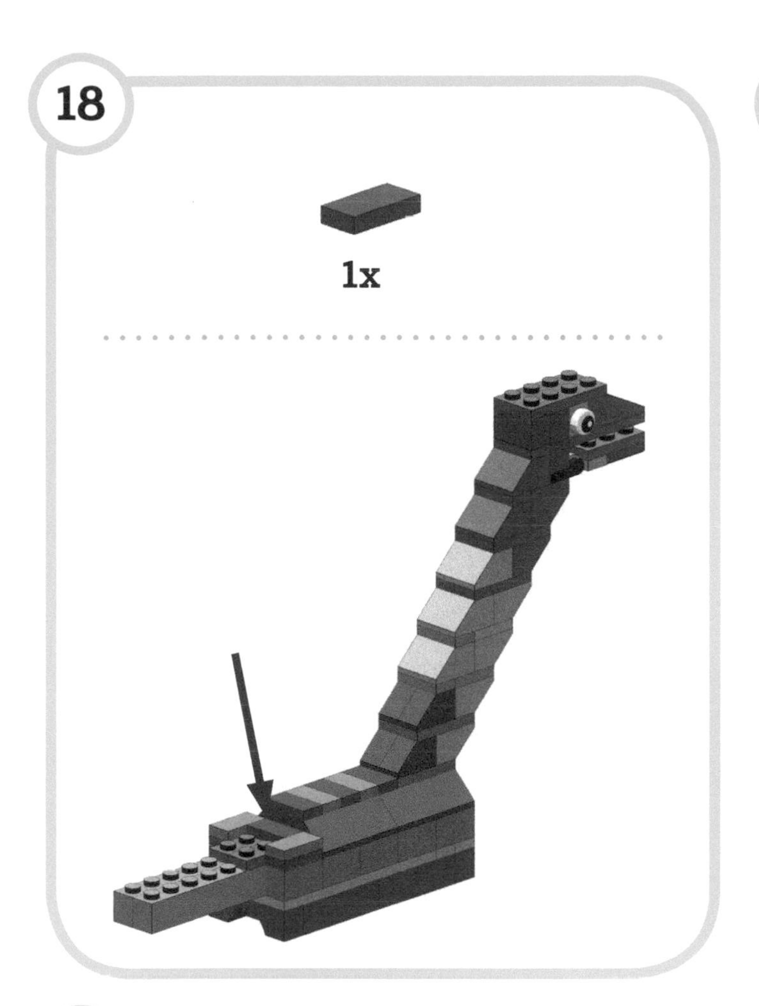
18
1x

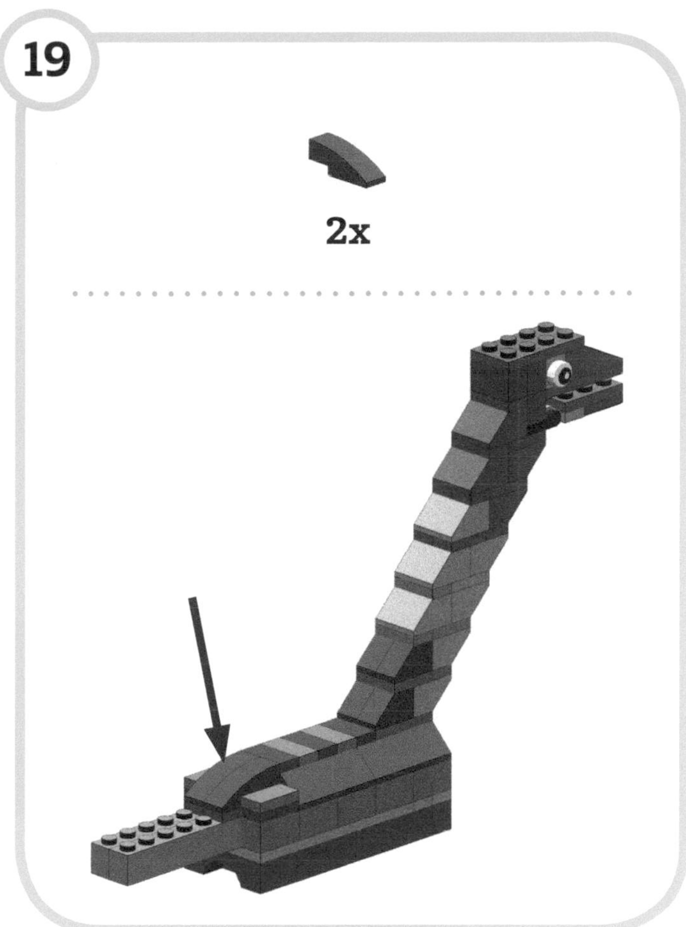
19
2x

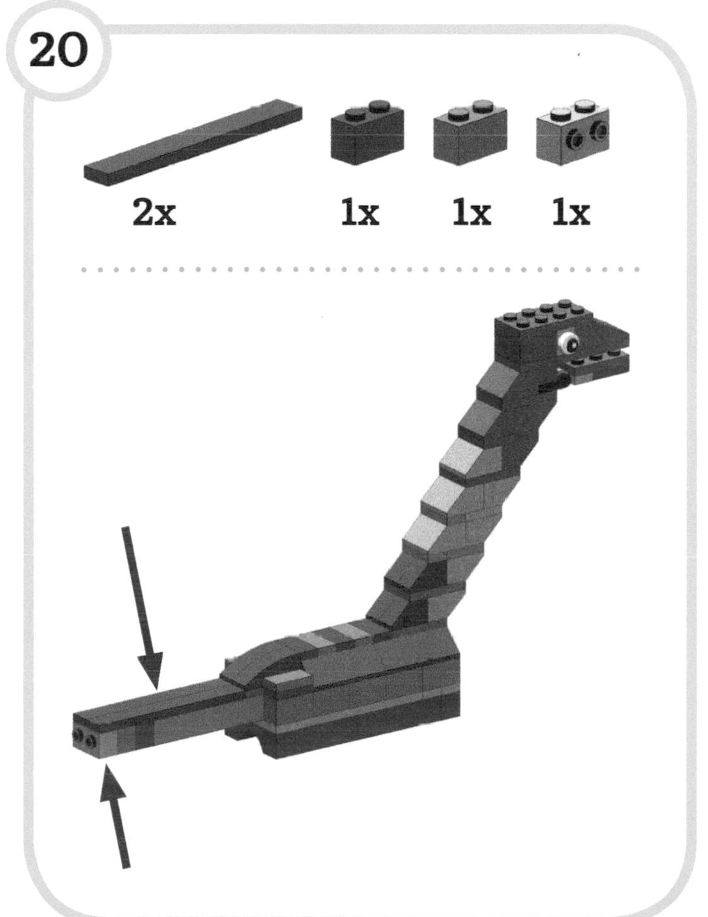
20
2x
1x
1x
1x

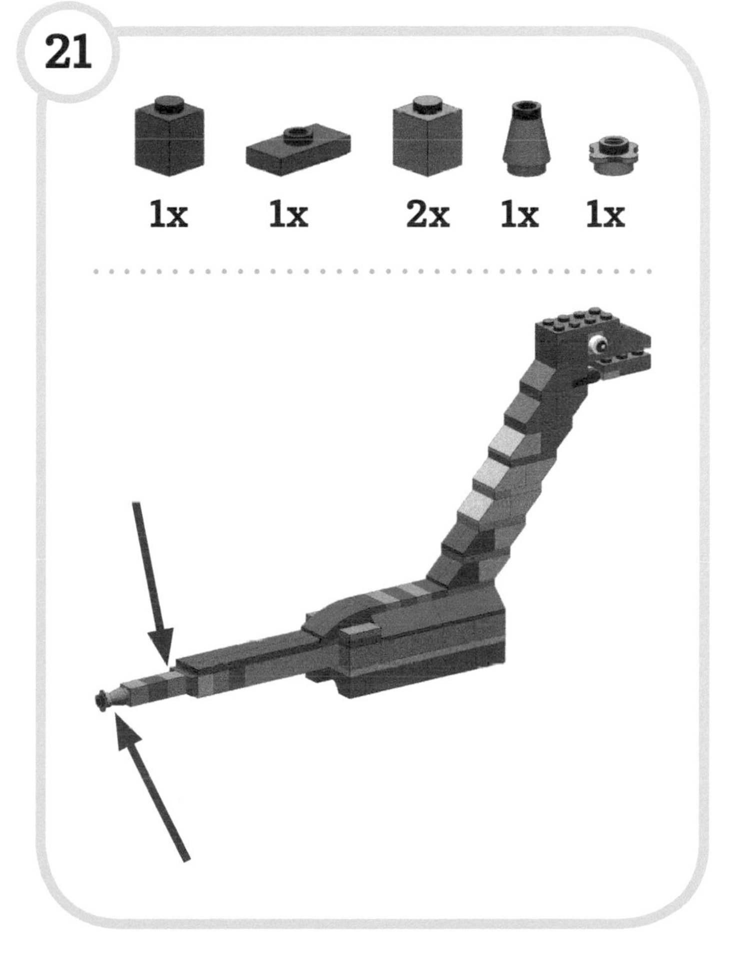
21
1x
1x
2x
1x
1x

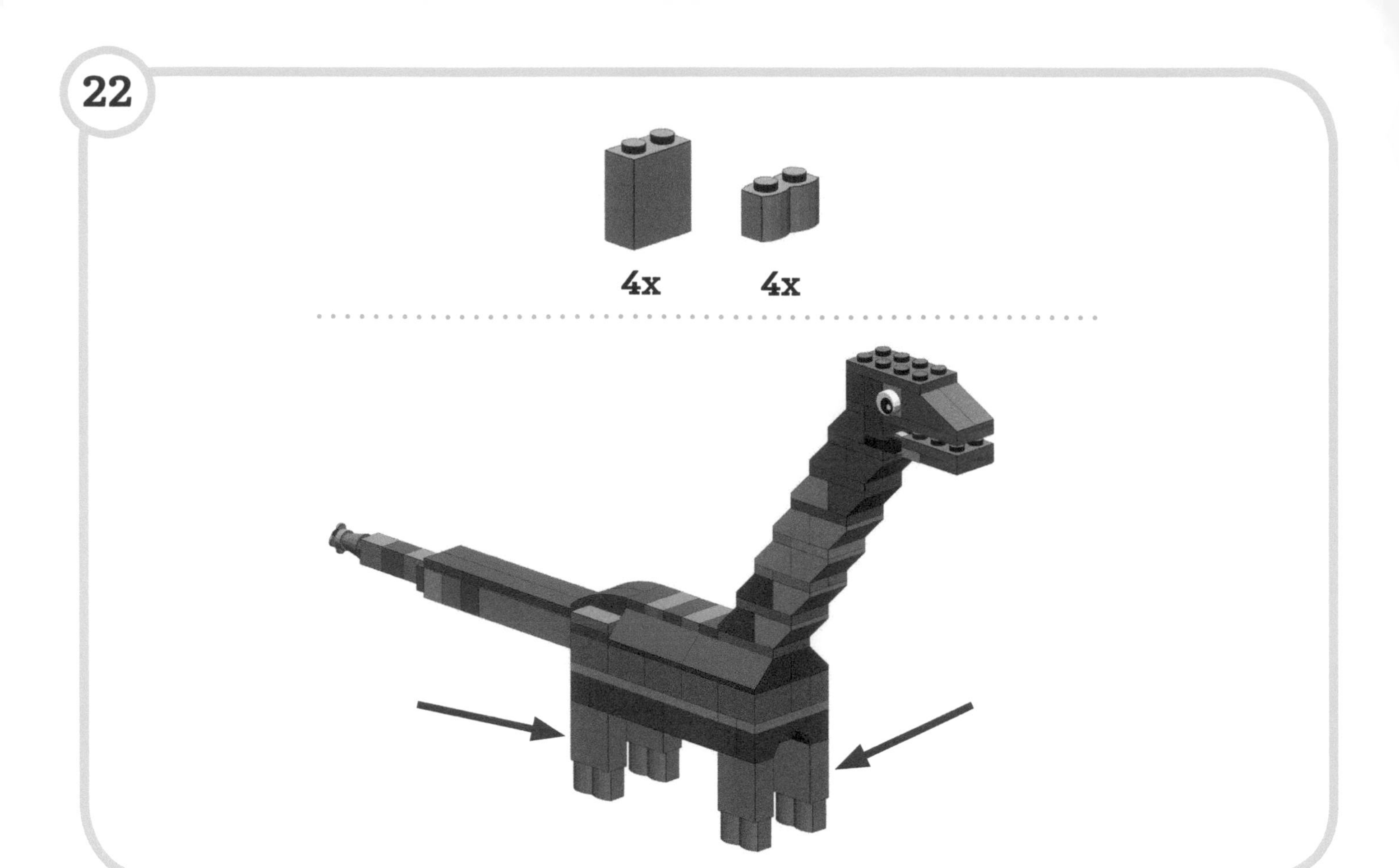
22
4x
4x

Build a Velociraptor

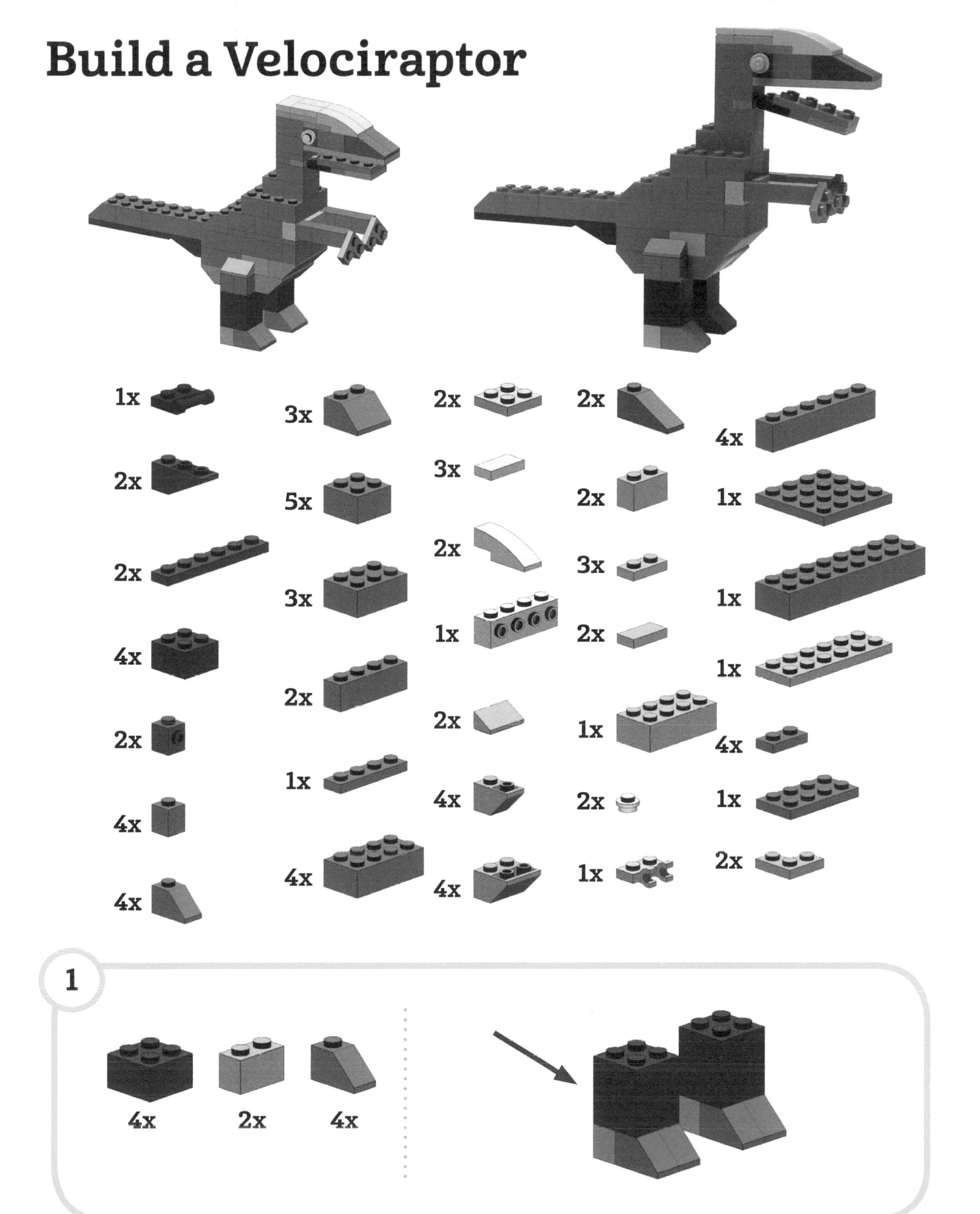
1x
2x
2x
4x
2x
4x
4x
3x
5x
3x
2x
1x
4x
2x
3x
2x
1x
2x
4x
4x
2x
2x
3x
2x
1x
2x
1x
4x
1x
1x
1x
4x
1x
2x
1
4x
2x
4x

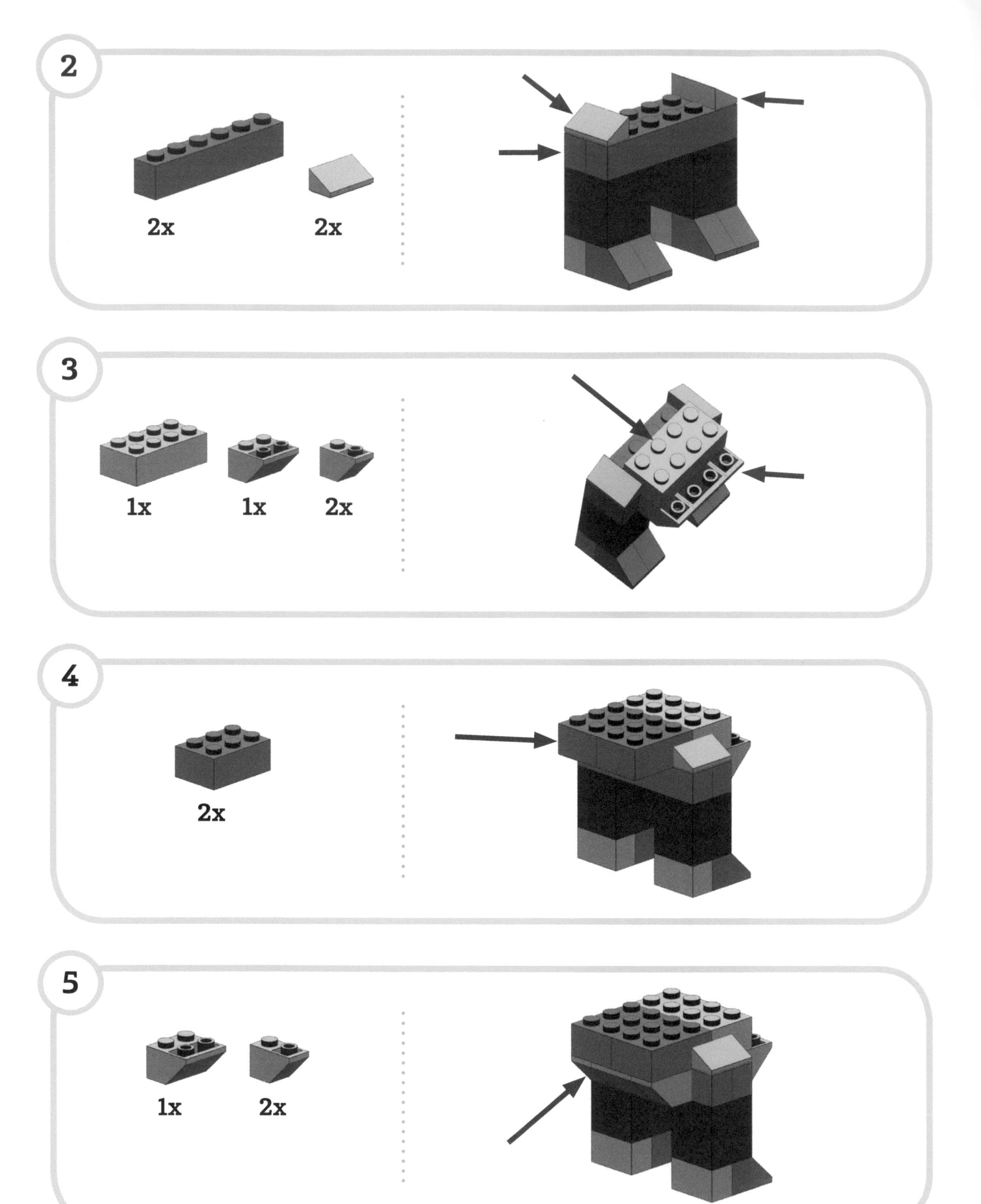
2
2x
2x
3
1x
1x
2x
4
2x
5
1x
2x

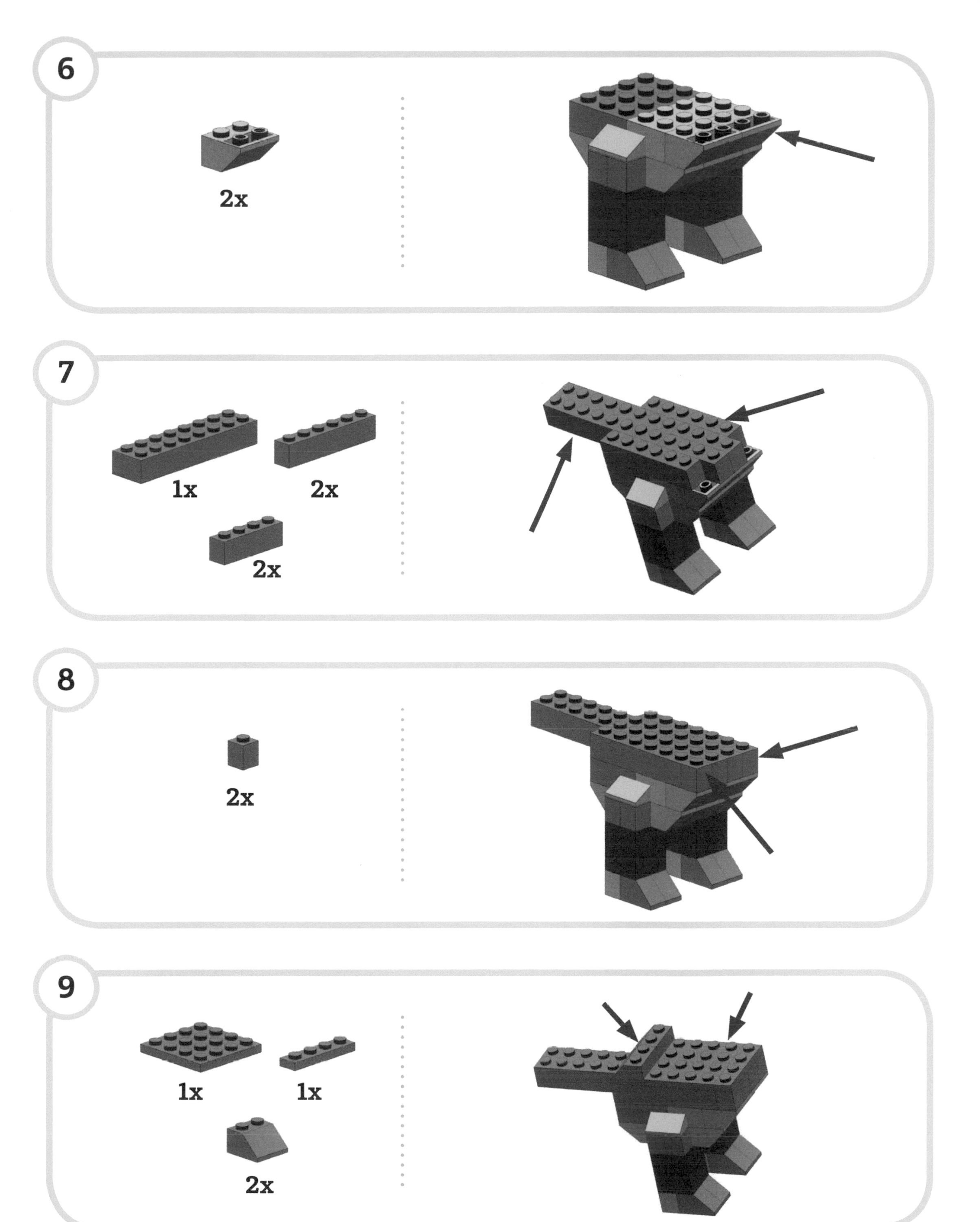
6
2x
7
1x
2x
2x
8
2x
9
1x
1x
2x

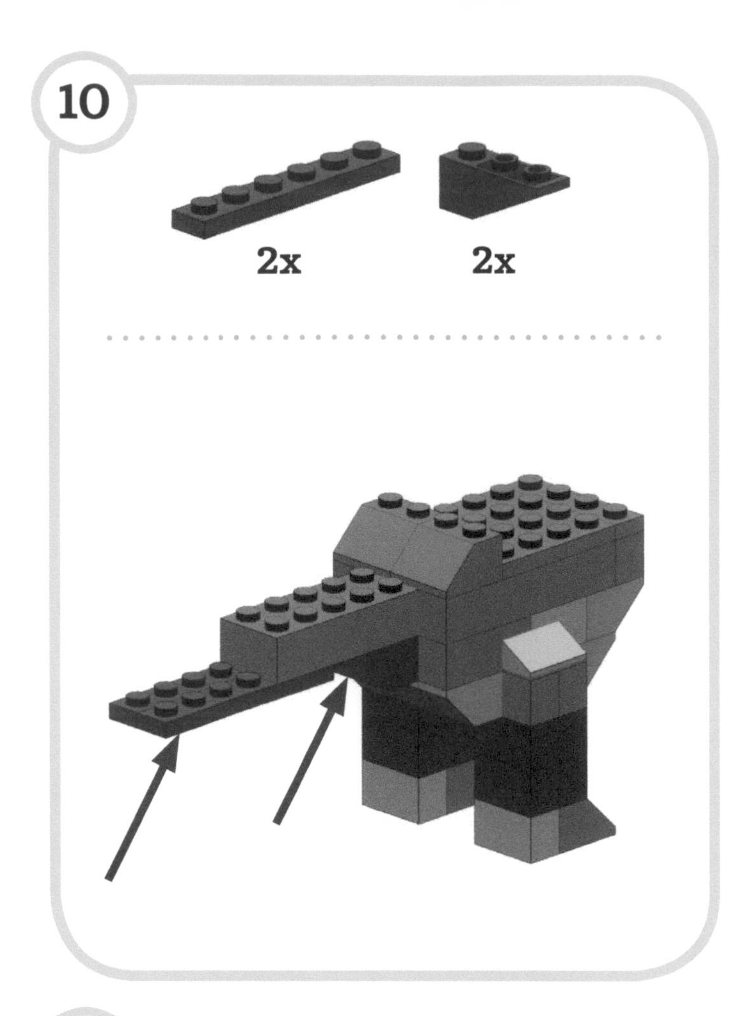
10
2x
2x

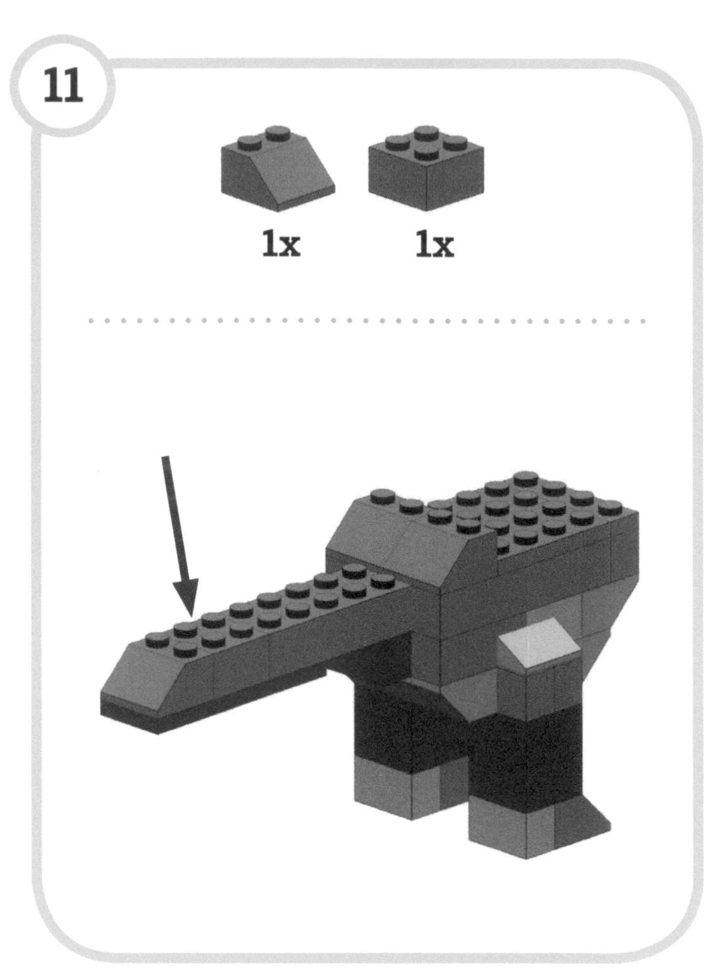
11
1x
1x

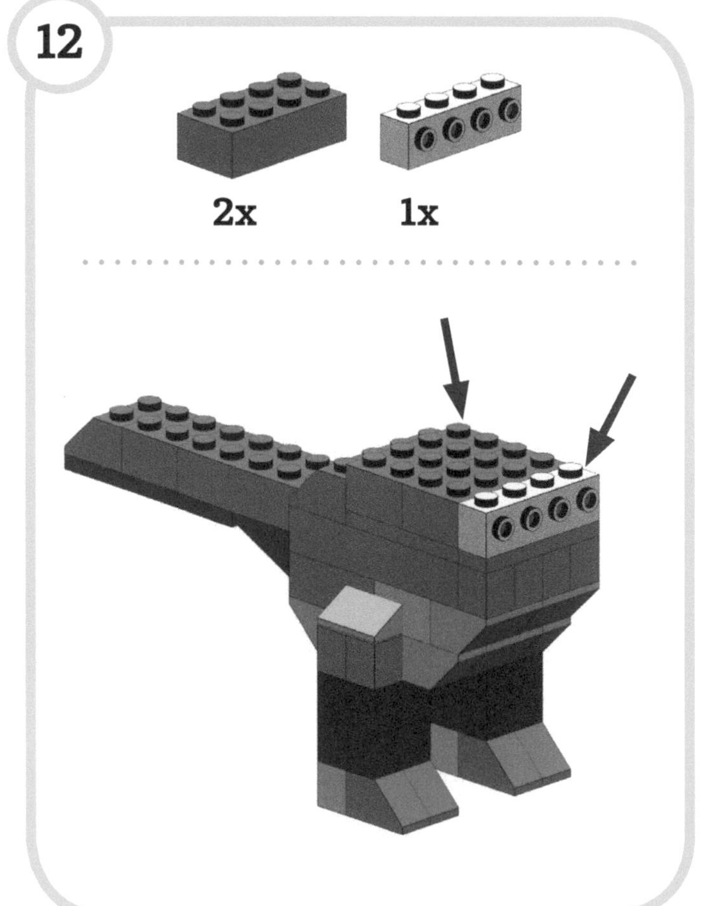
12
2x
1x

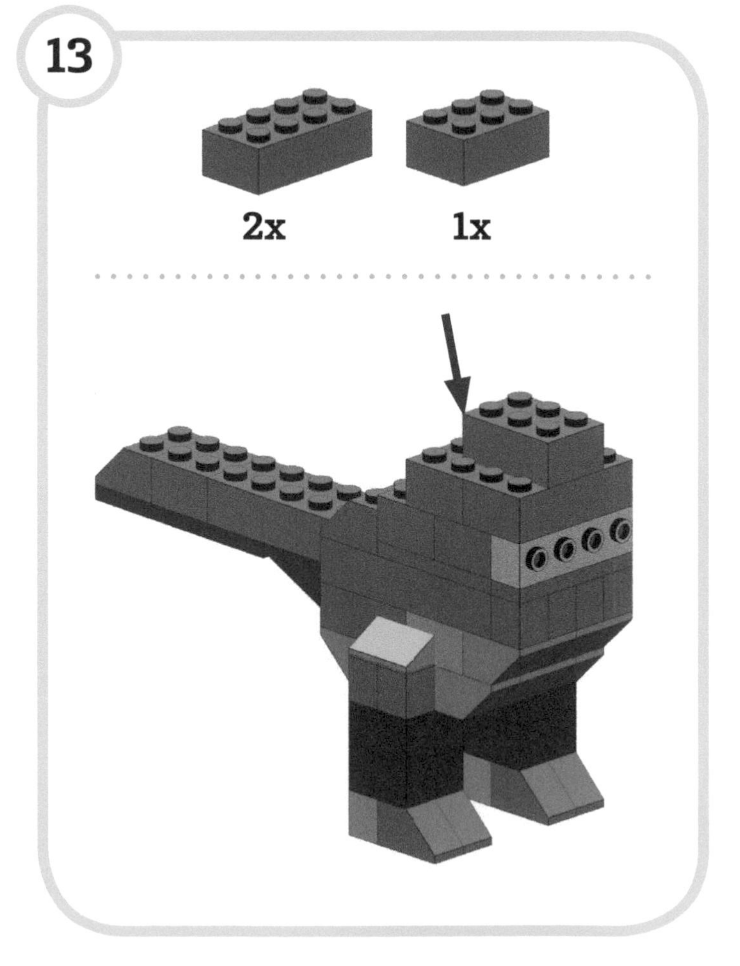
13
2x
1x

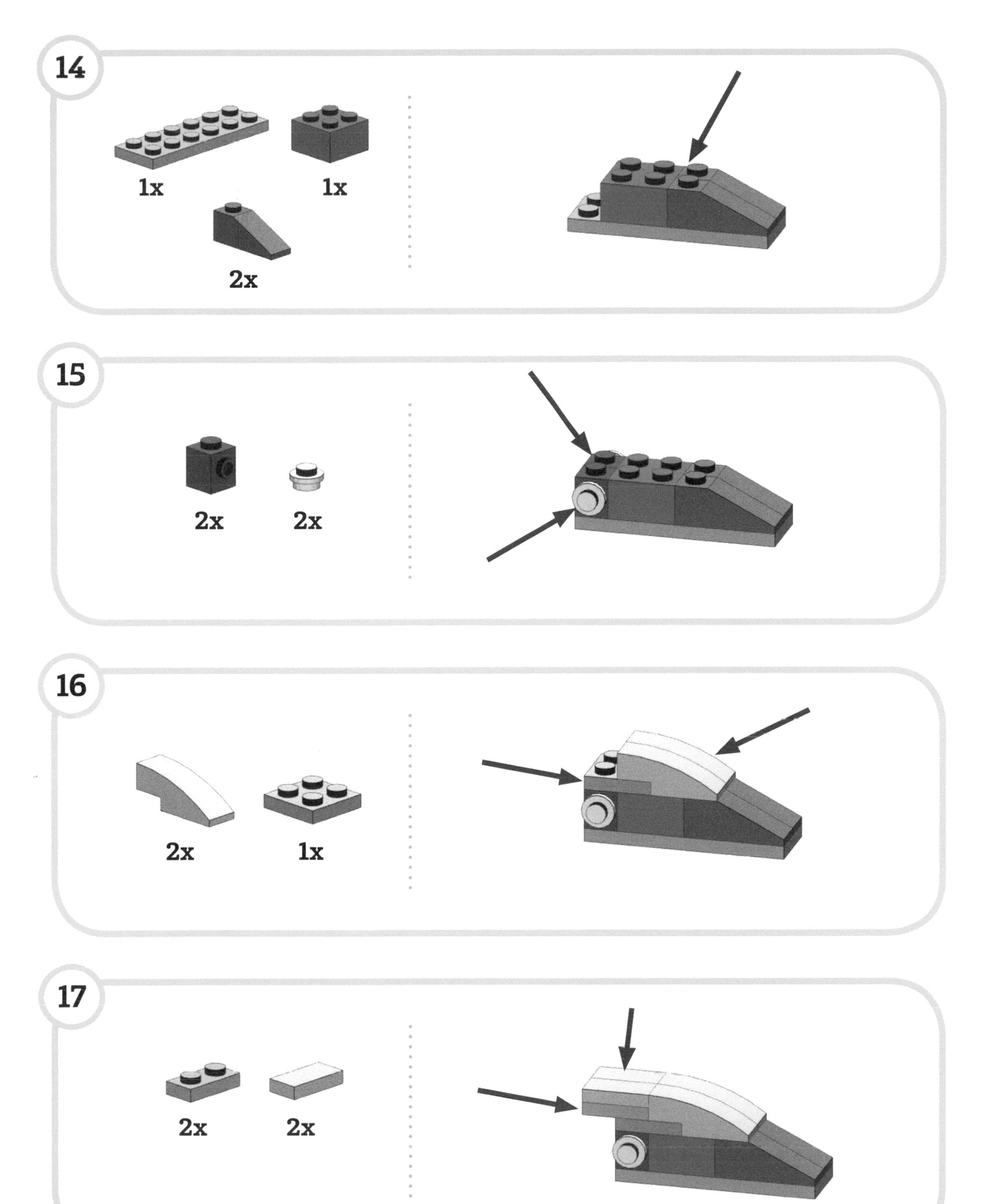
14
1x
1x
2x
15
2x
2x
16
2x
1x
17
2x
2x

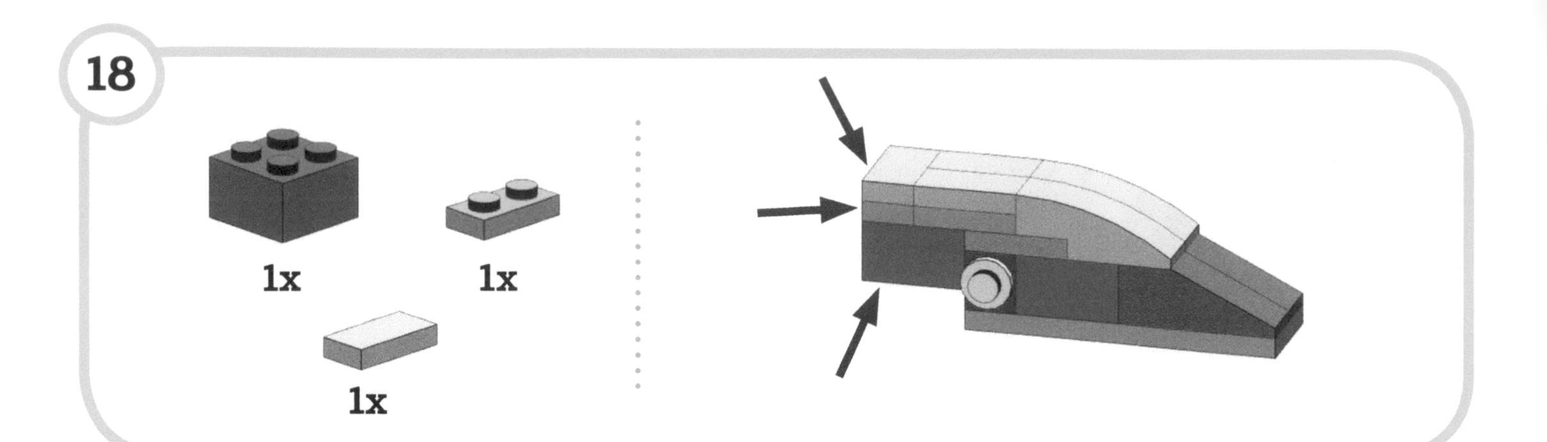
18
1x
1x
1x

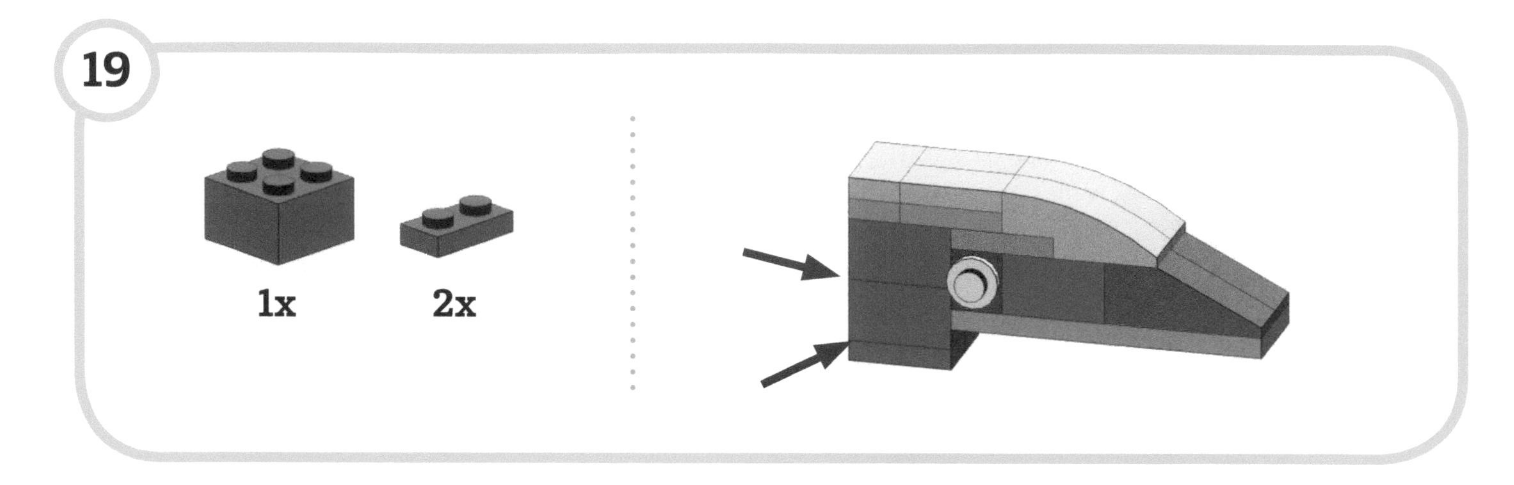
19
1x
2x

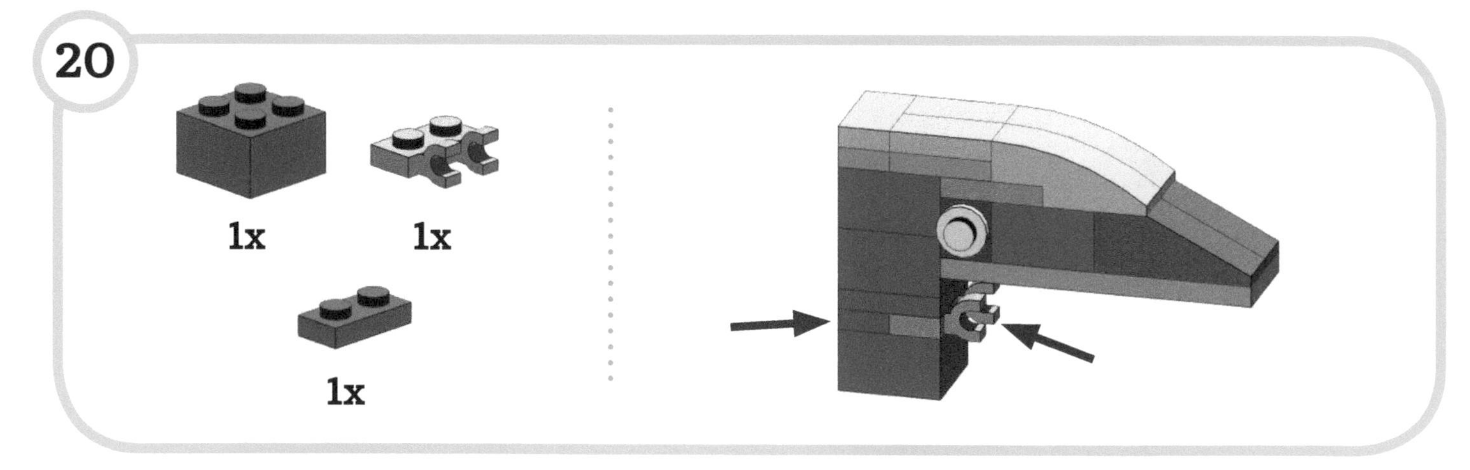
20
1x
1x
1x

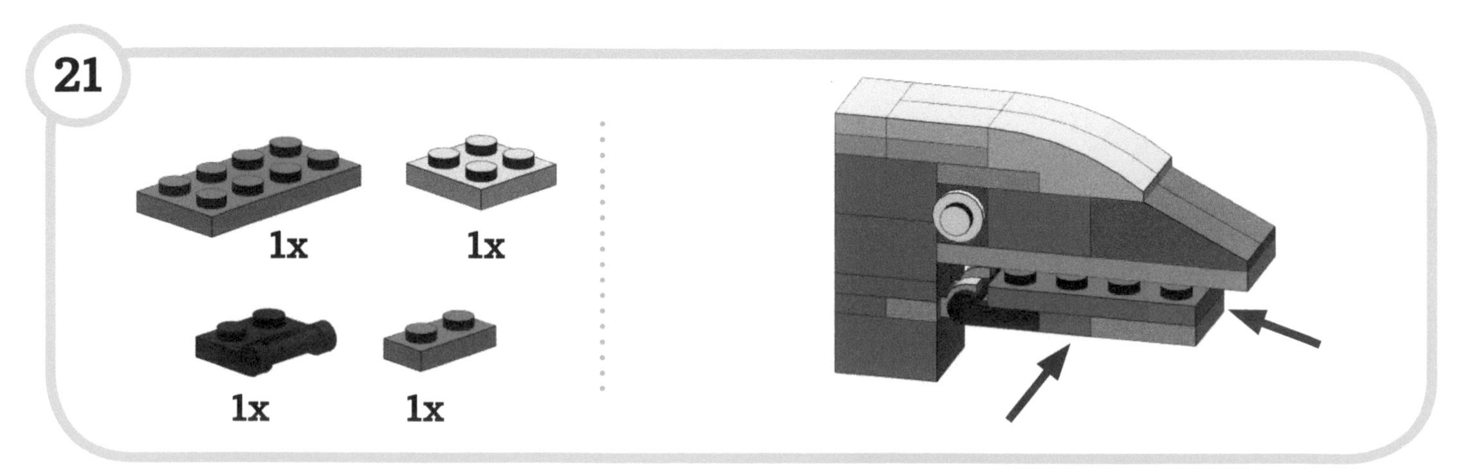
21
1x
1x
1x
1x

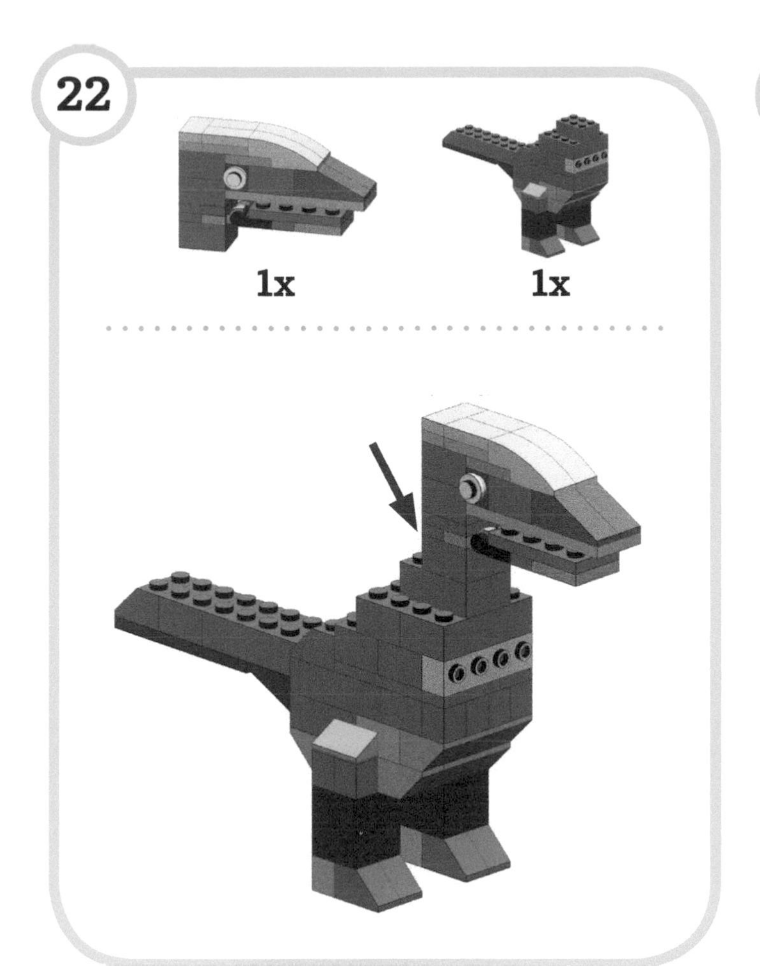
22
1x
1x

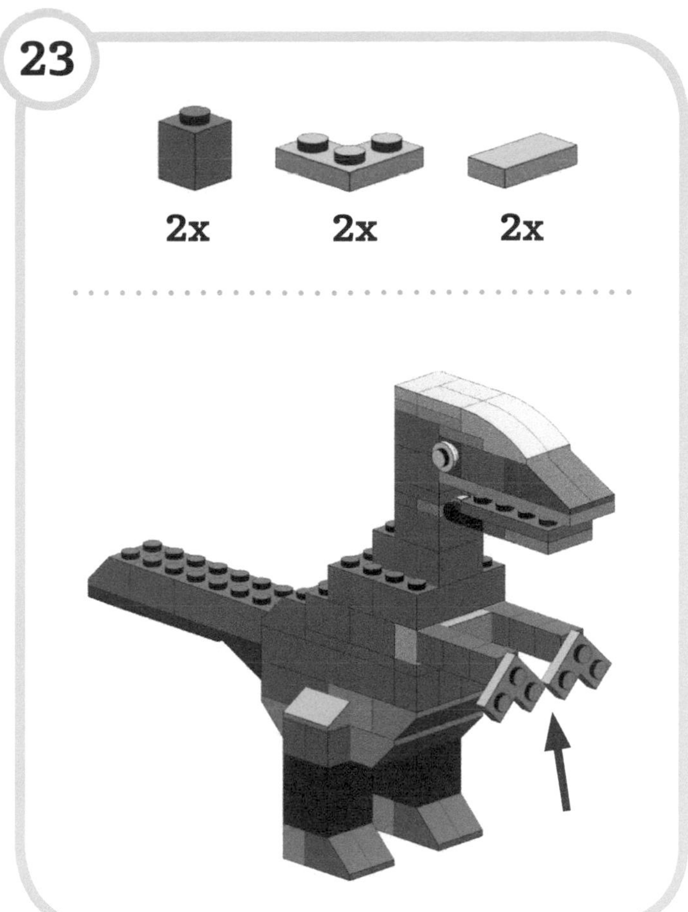
23
2x
2x
2x

Build an Iguanodon

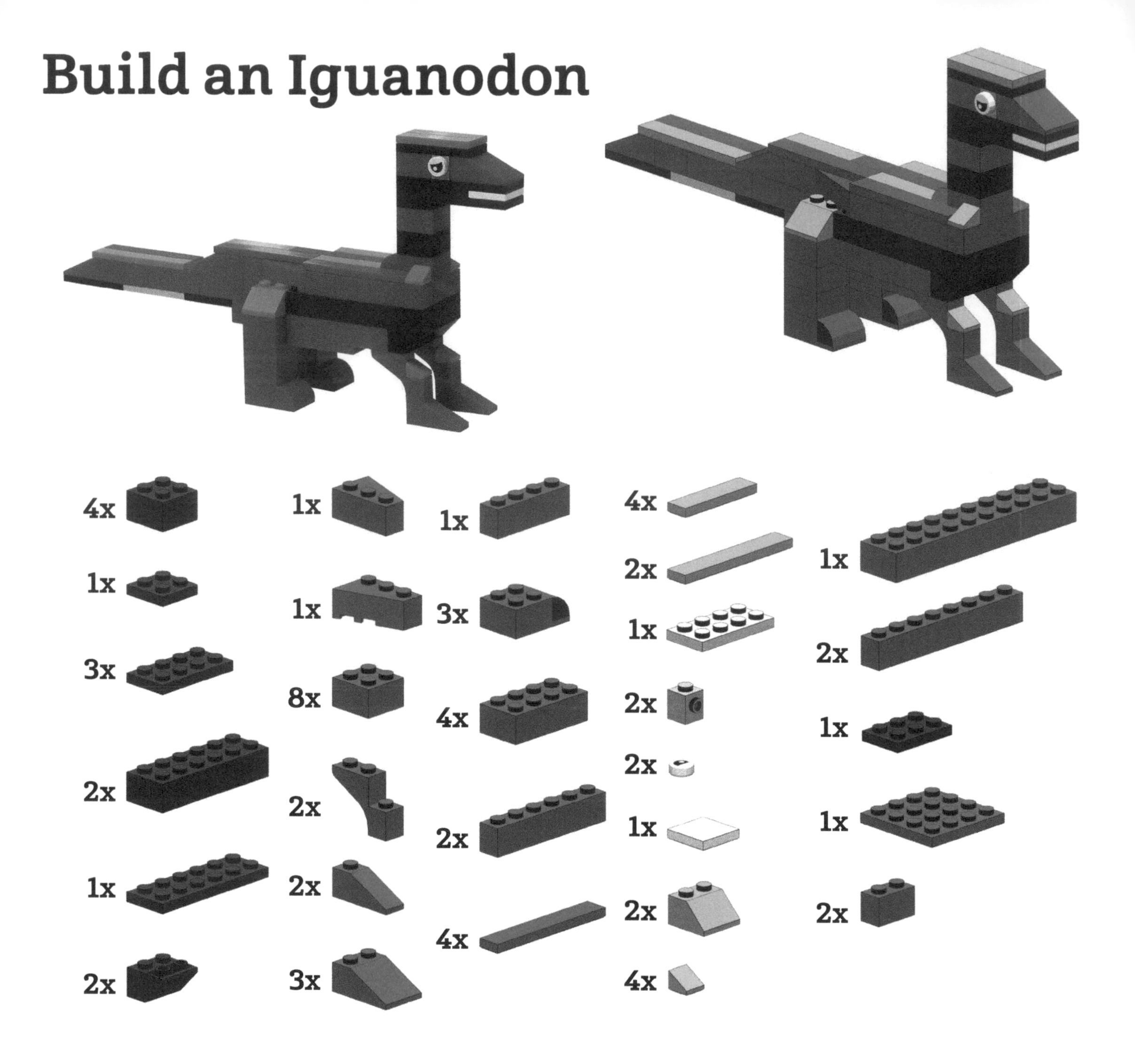
4x
1x
3x
2x
1x
2x
1x
1x
8x
2x
2x
3x
1x
3x
4x
2x
4x
4x
2x
1x
2x
2x
1x
2x
4x
1x
2x
1x
1x
2x

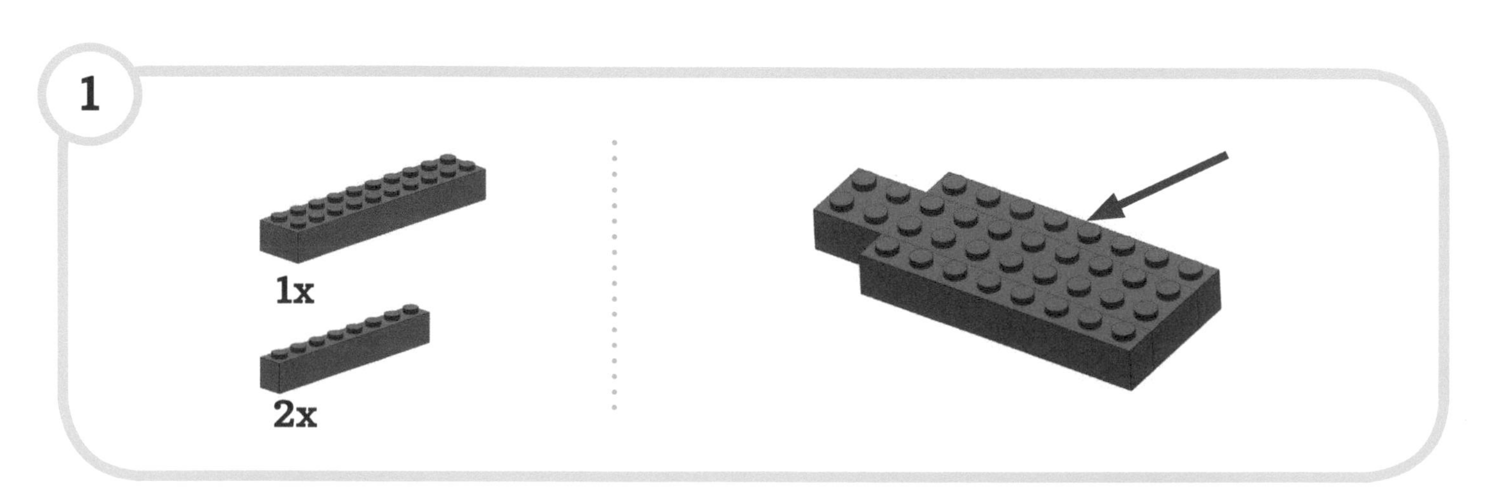
1
1x
2x

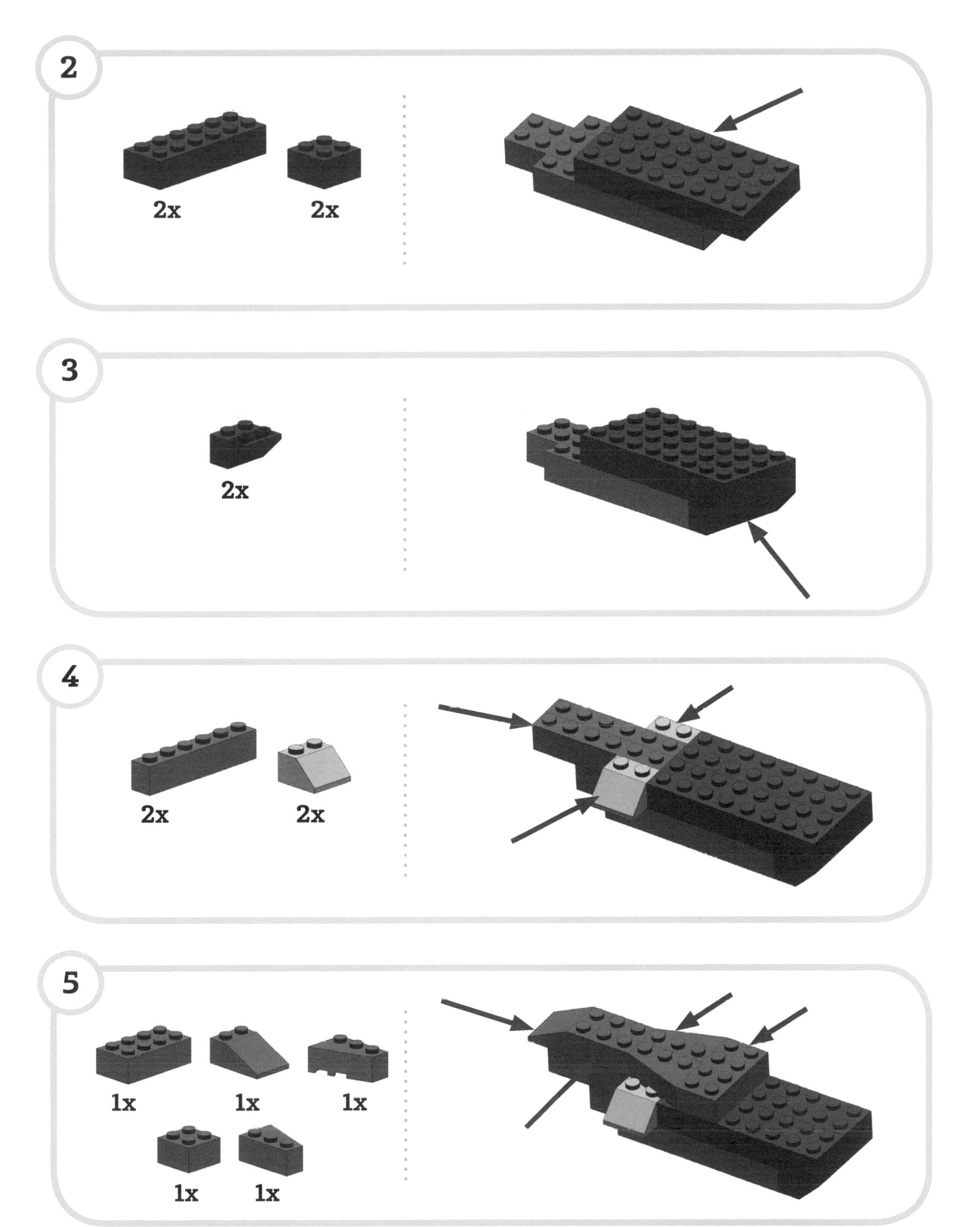
2
2x
2x
3
2x
4
2x
2x
5
1x
1x
1x
1x
1x

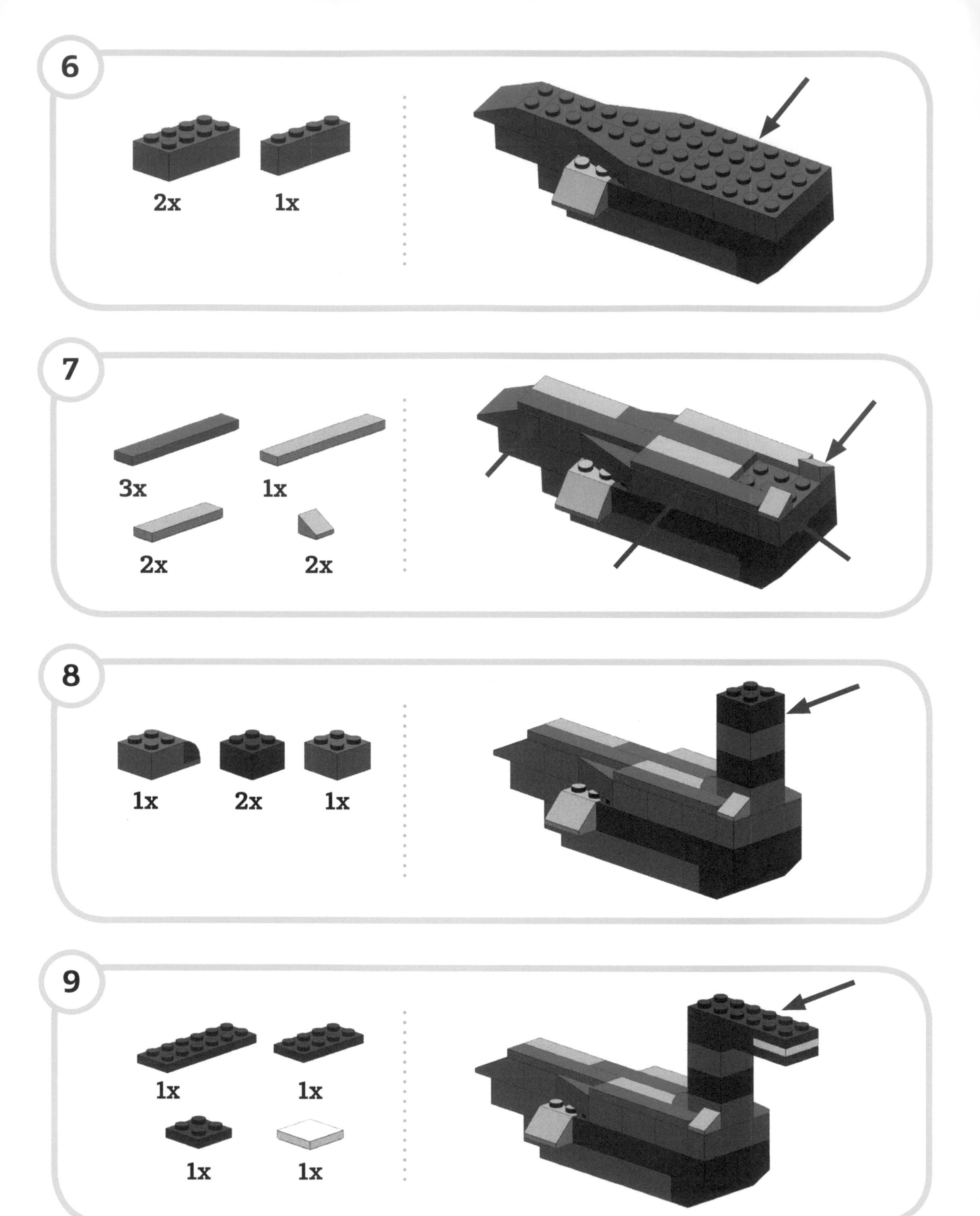
6
2x
1x
7
3x
1x
2x
2x
8
1x
2x
1x
9
1x
1x
1x
1x

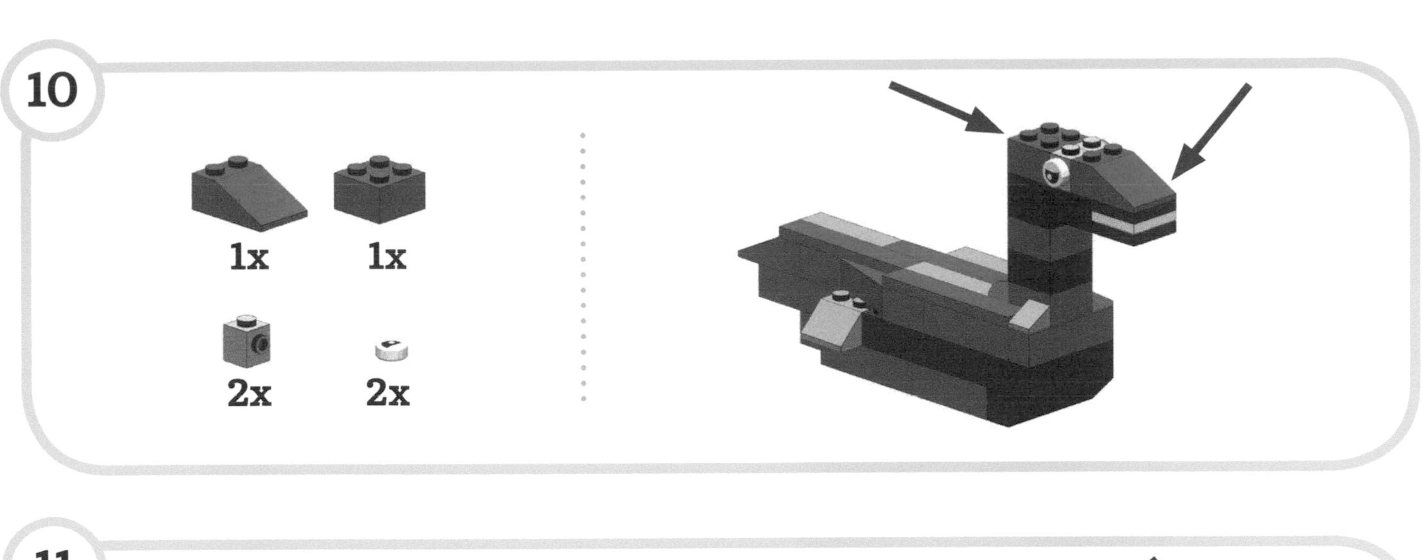
10
1x
1x
2x
2x

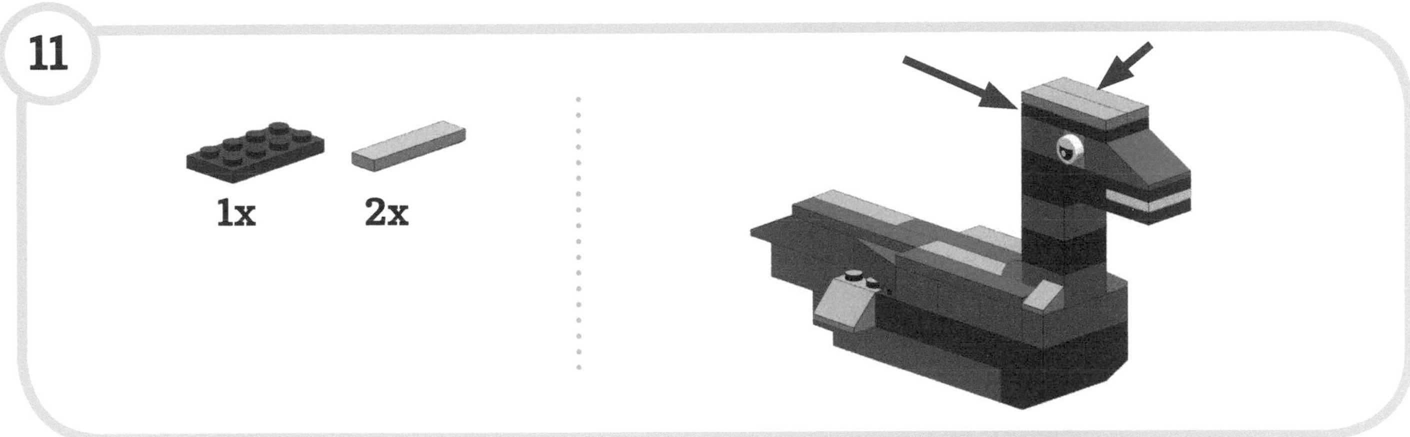
11
1x
2x

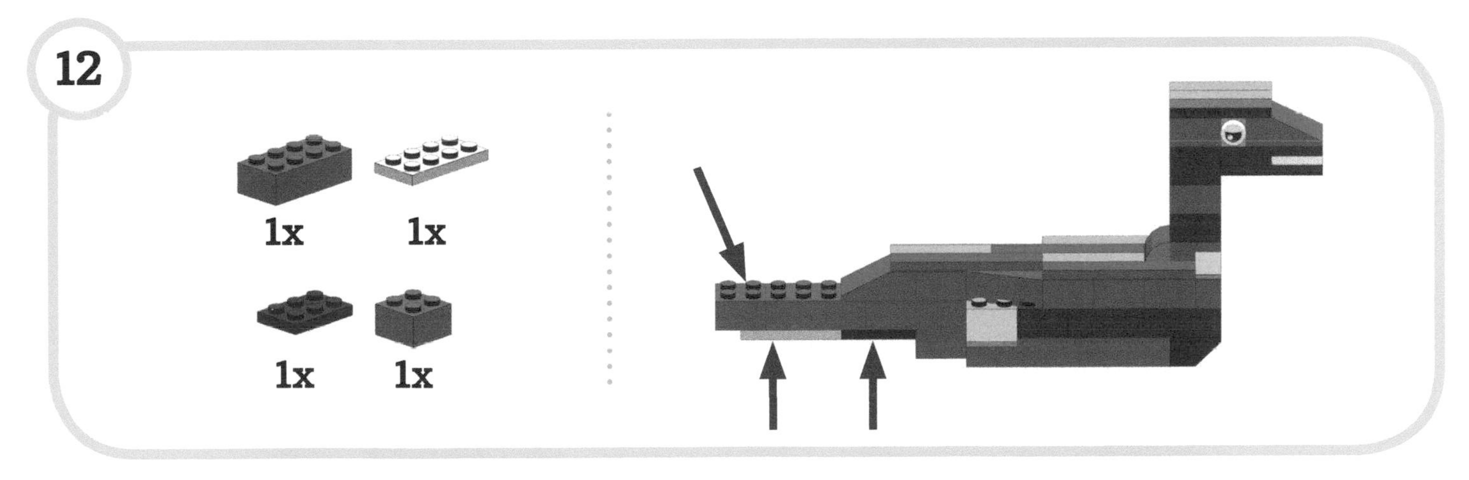
12
1x
1x
1x
1x

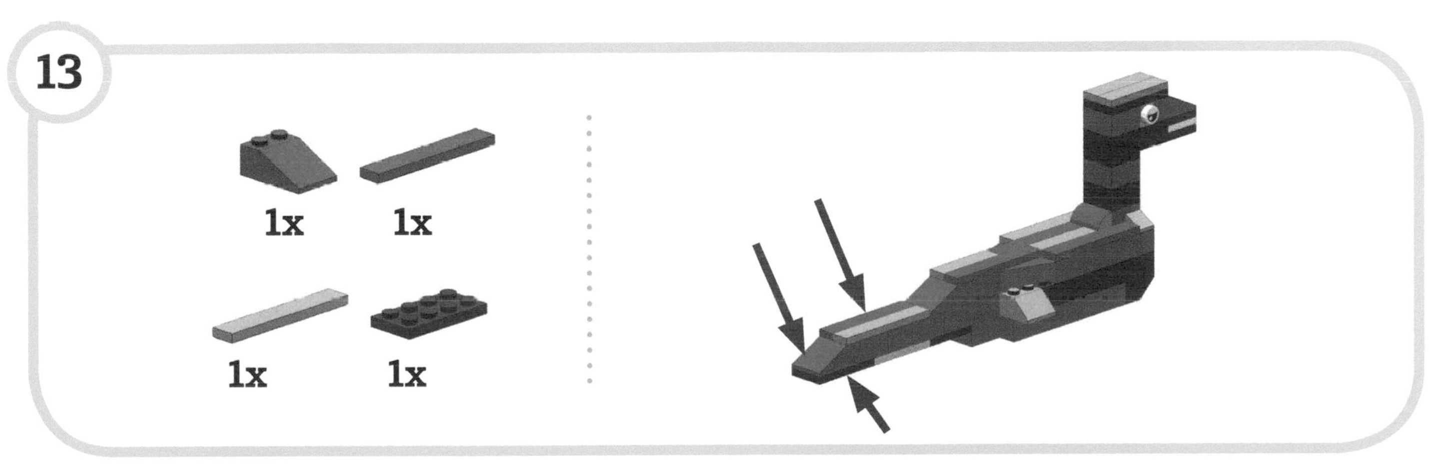
13
1x
1x
1x
1x

14

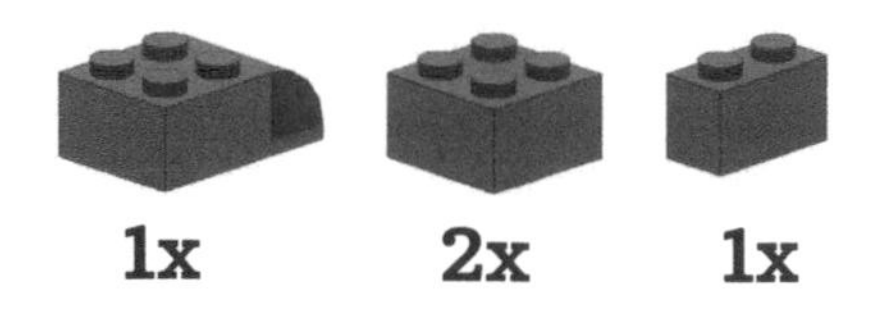
1x
2x
1x

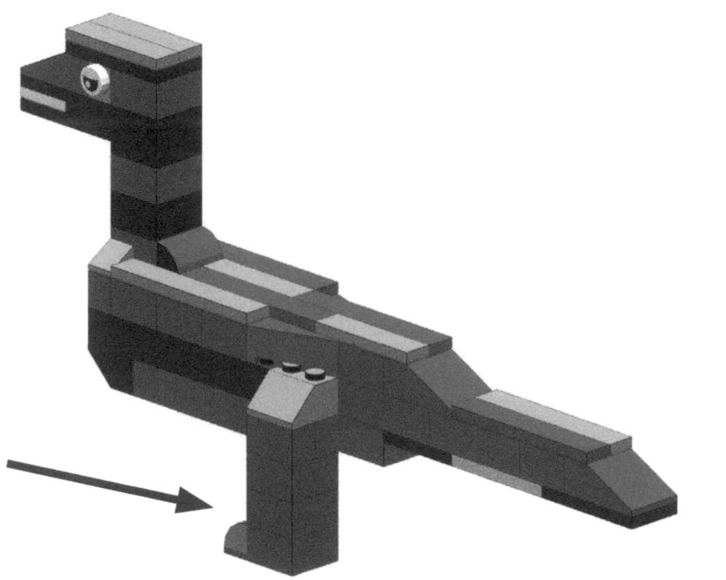

15

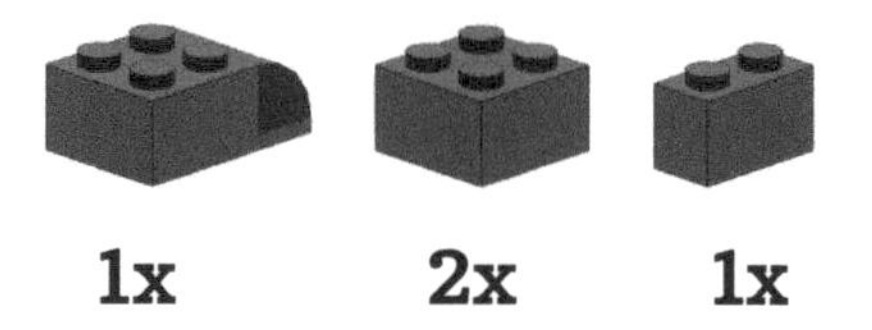
1x
2x
1x

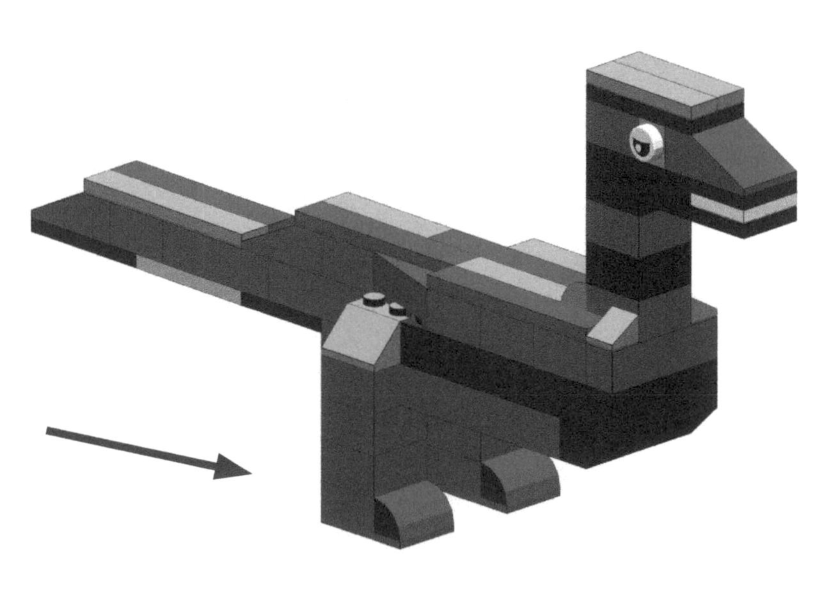

16

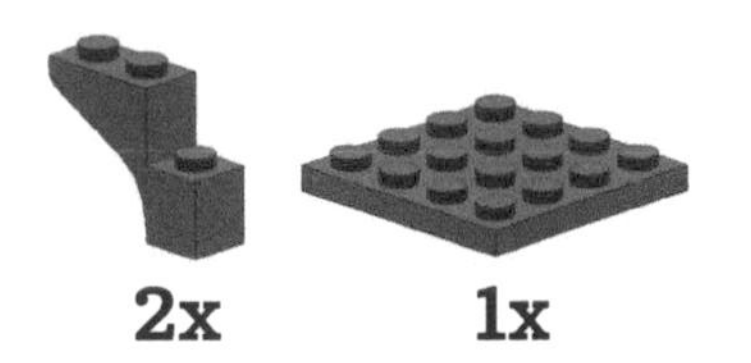
2x
1x

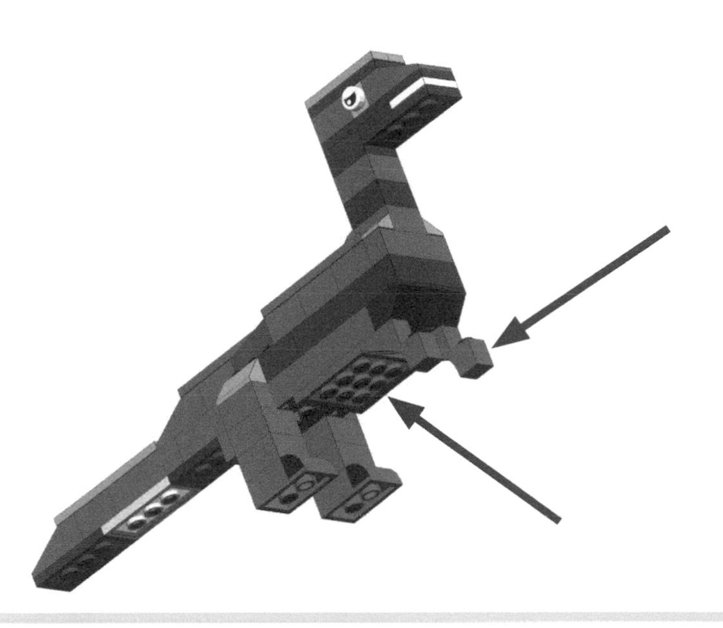

17

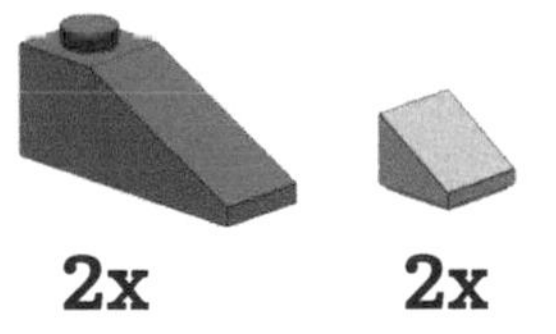
2x
2x

Tyrannosaurus Rex
Ankylosaurus

Volcano Run
Saltopus
Coelophysis

Build a Tyrannosaurus Rex

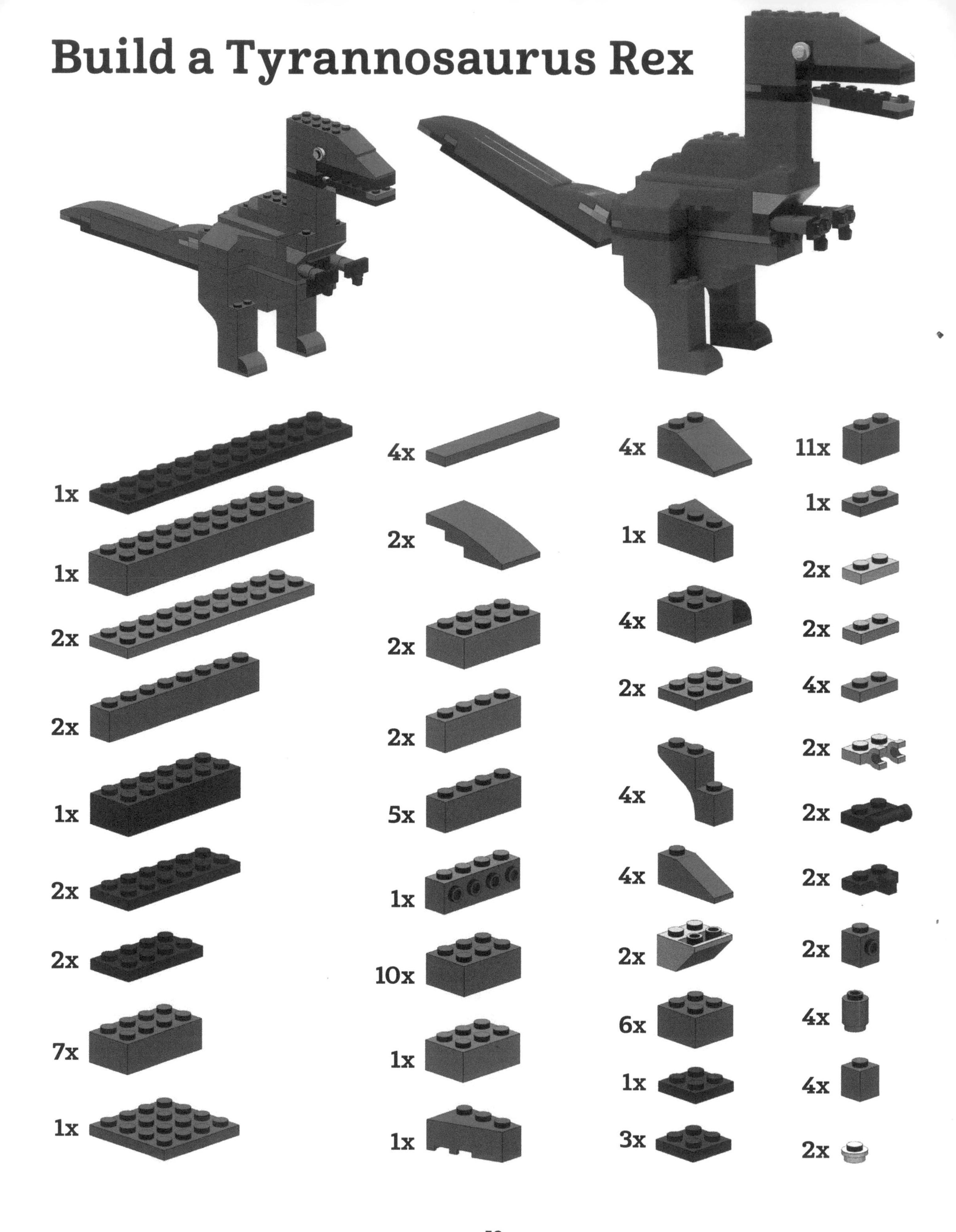

1x
1x
2x
2x
1x
2x
2x
7x
1x
4x
2x
2x
2x
5x
1x
10x
1x
1x
4x
1x
4x
2x
4x
4x
2x
6x
1x
3x
11x
1x
2x
2x
4x
2x
2x
2x
2x
4x
4x
2x

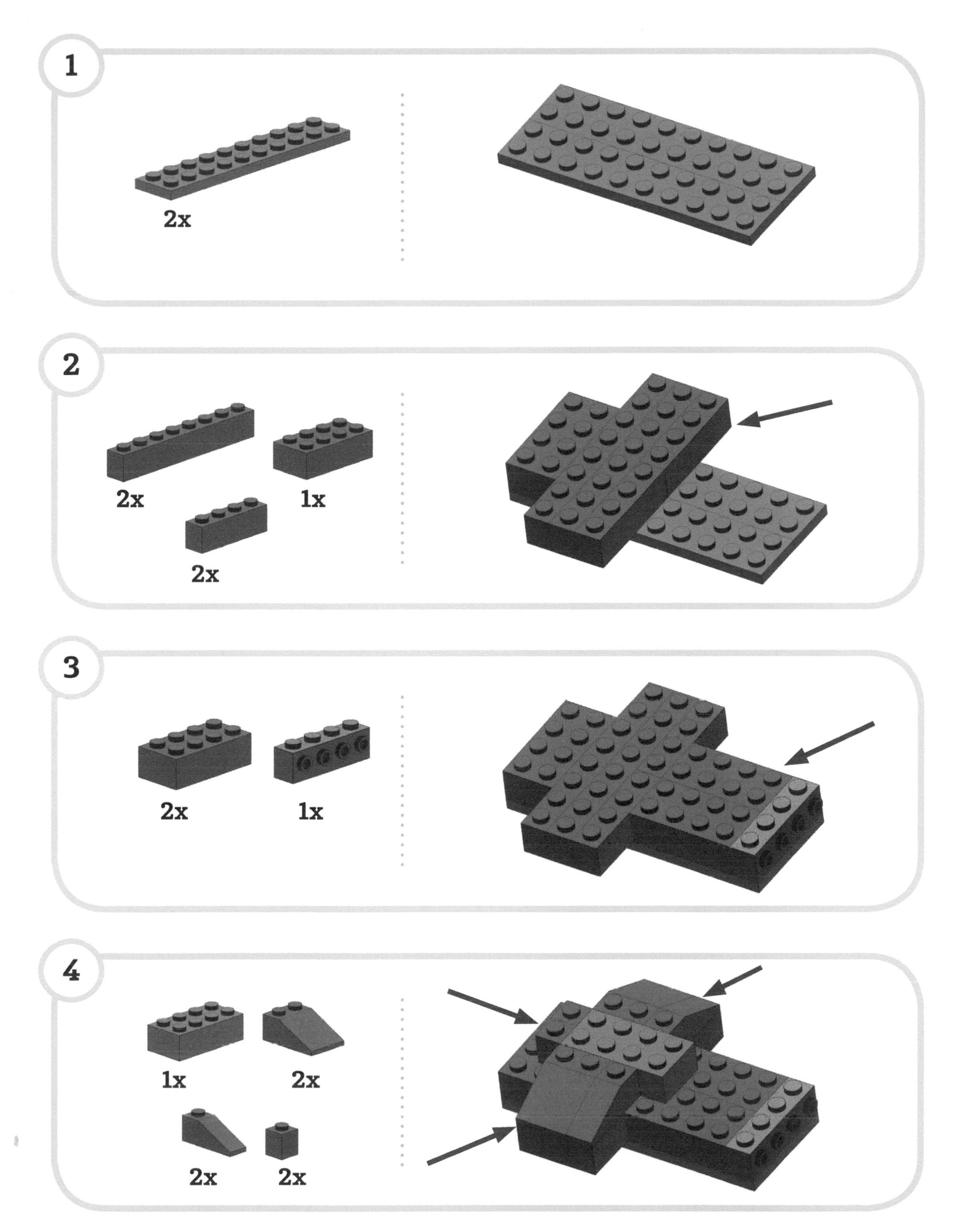
1
2x
2
2x
1x
2x
3
2x
1x
4
1x
2x
2x
2x

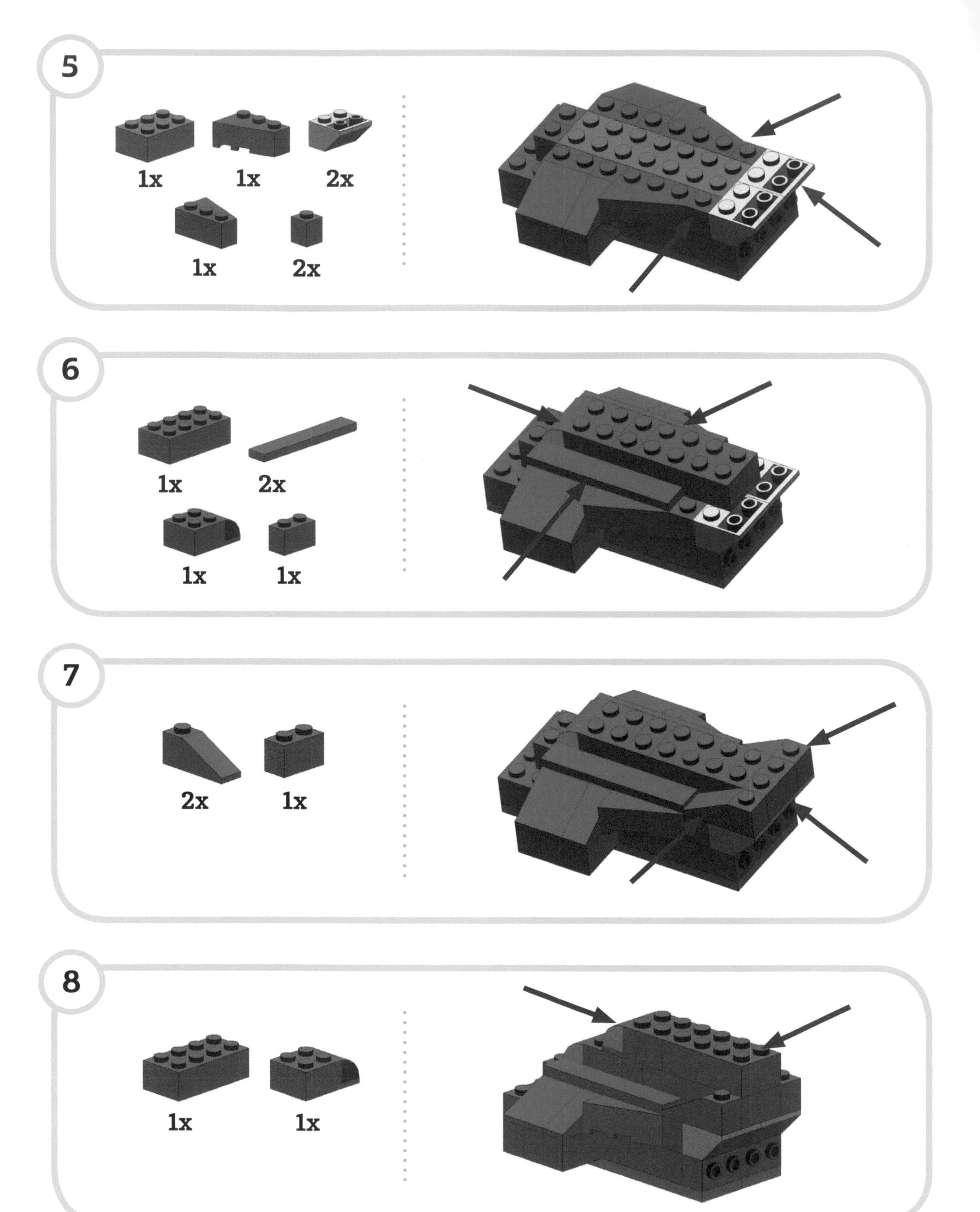
5
1x
1x
2x
1x
2x
6
1x
2x
1x
1x
7
2x
1x
8
1x
1x

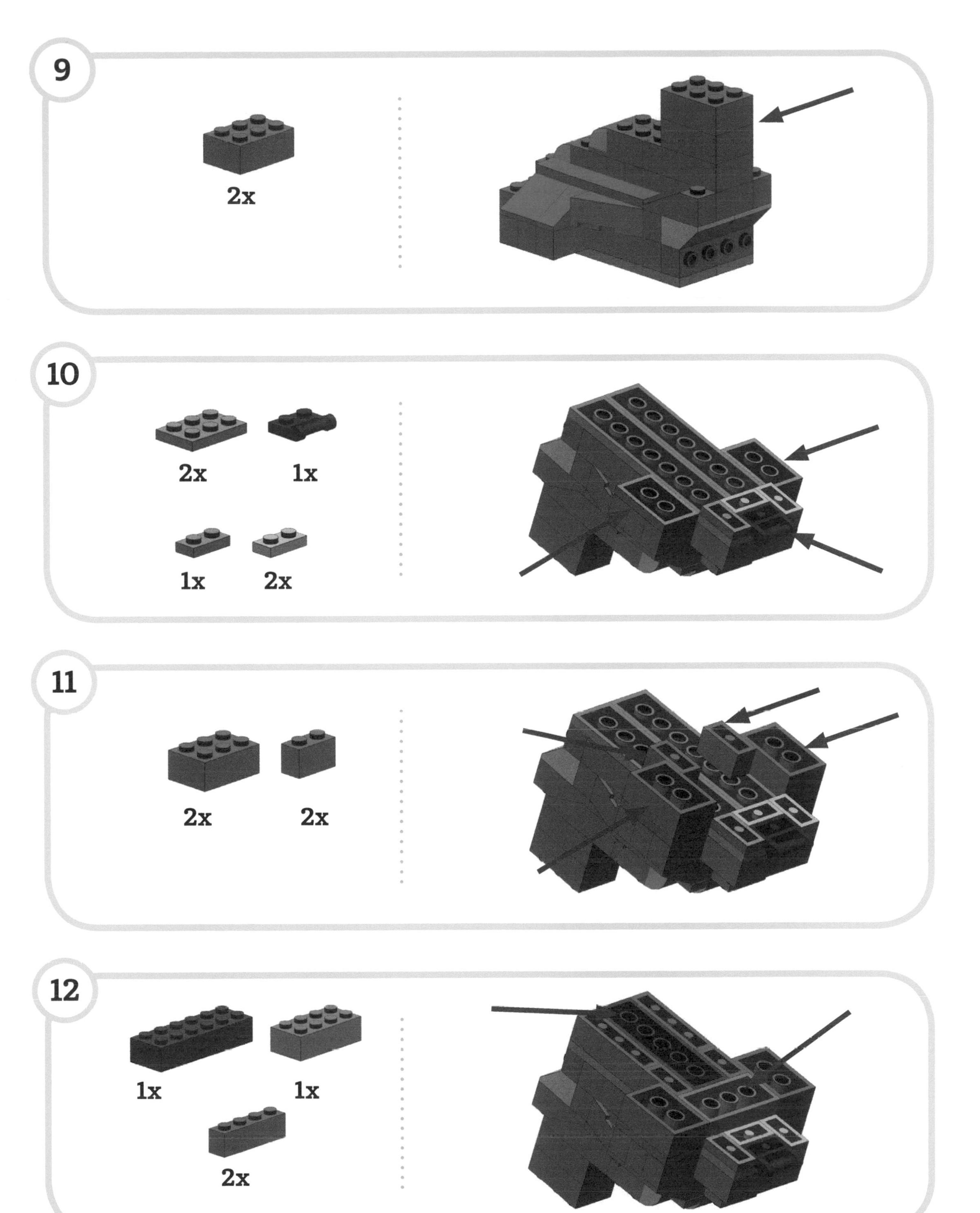
9
2x
10
2x
1x
1x
2x
11
2x
2x
12
1x
1x
2x

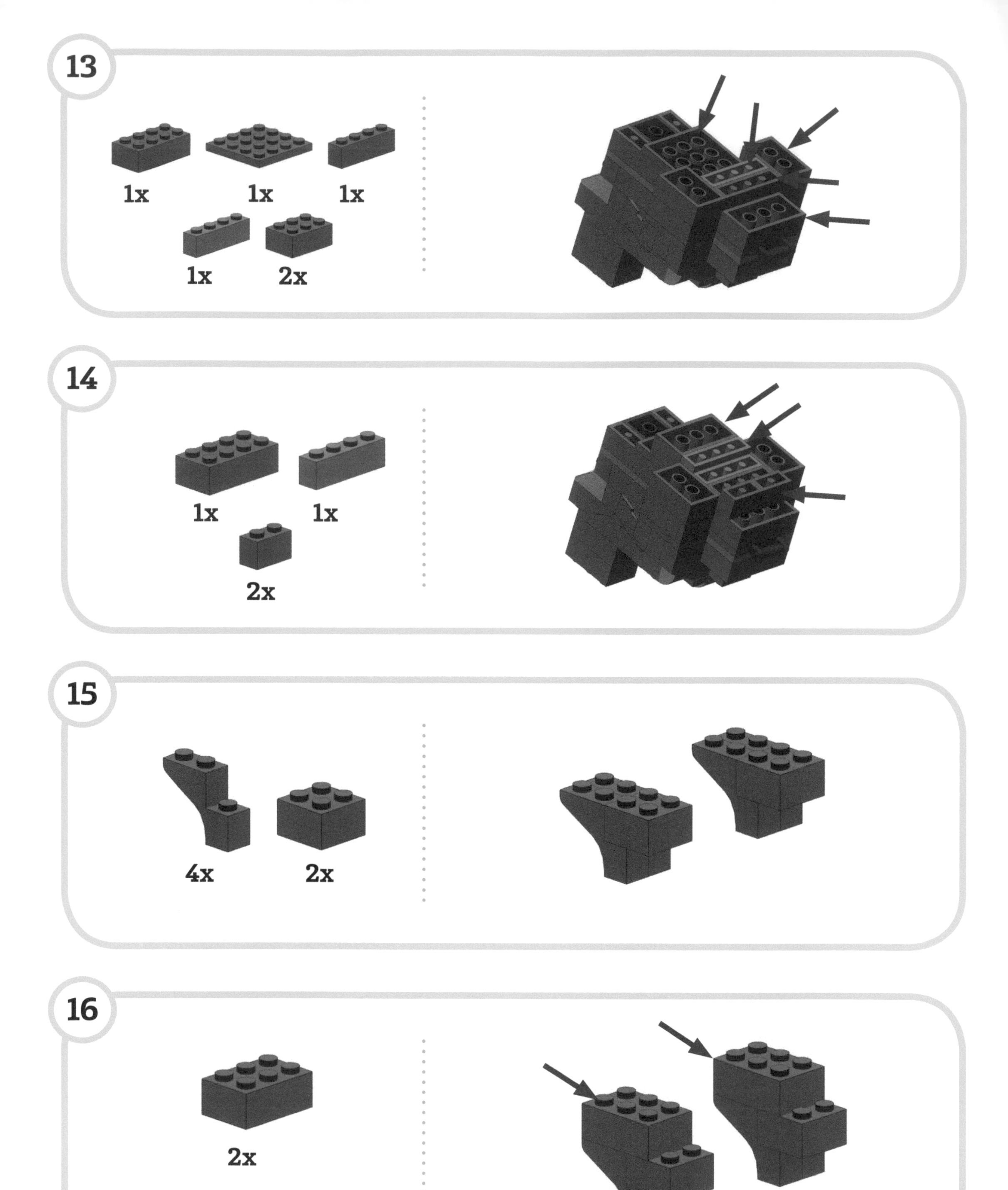
13
1x
1x
1x
1x
2x
14
1x
1x
2x
15
4x
2x
16
2x

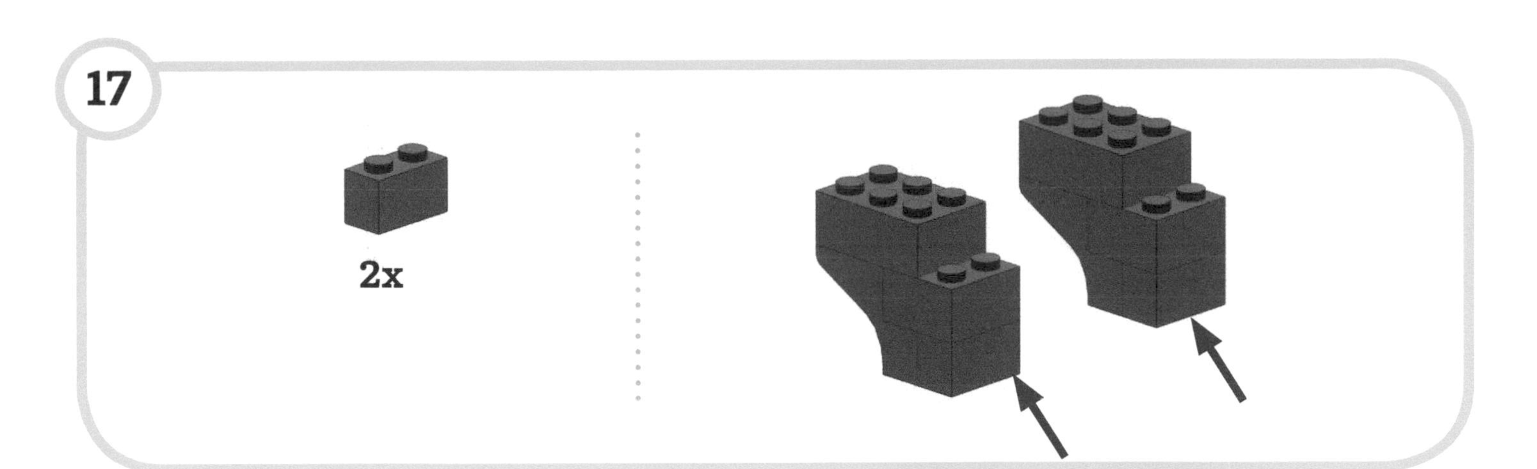
17
2x

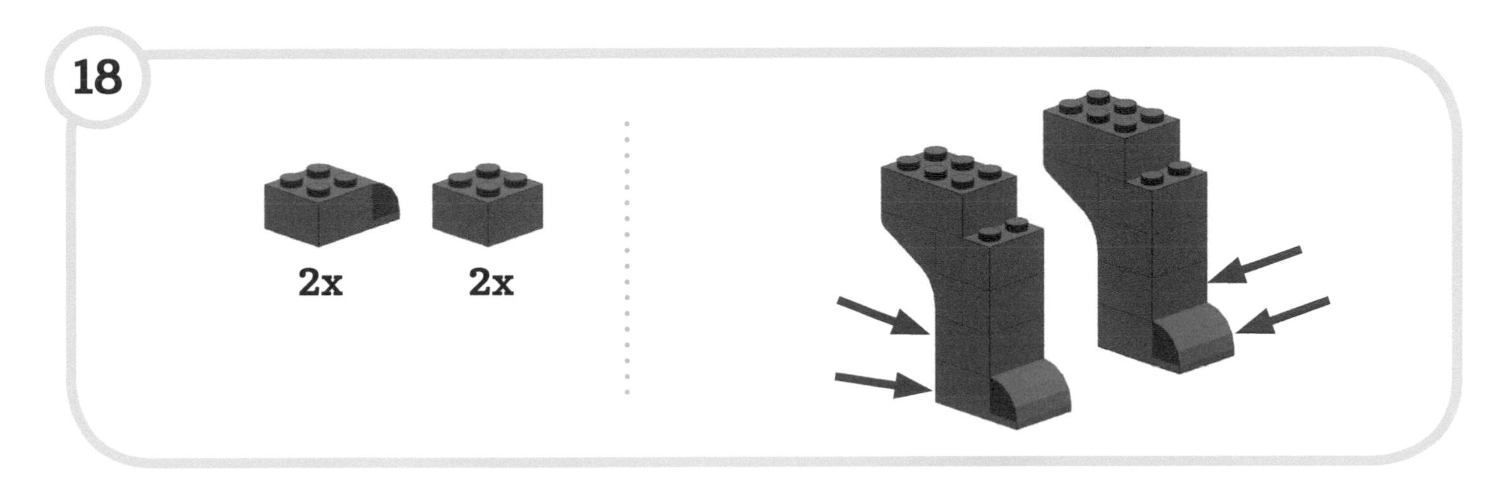
18
2x
2x

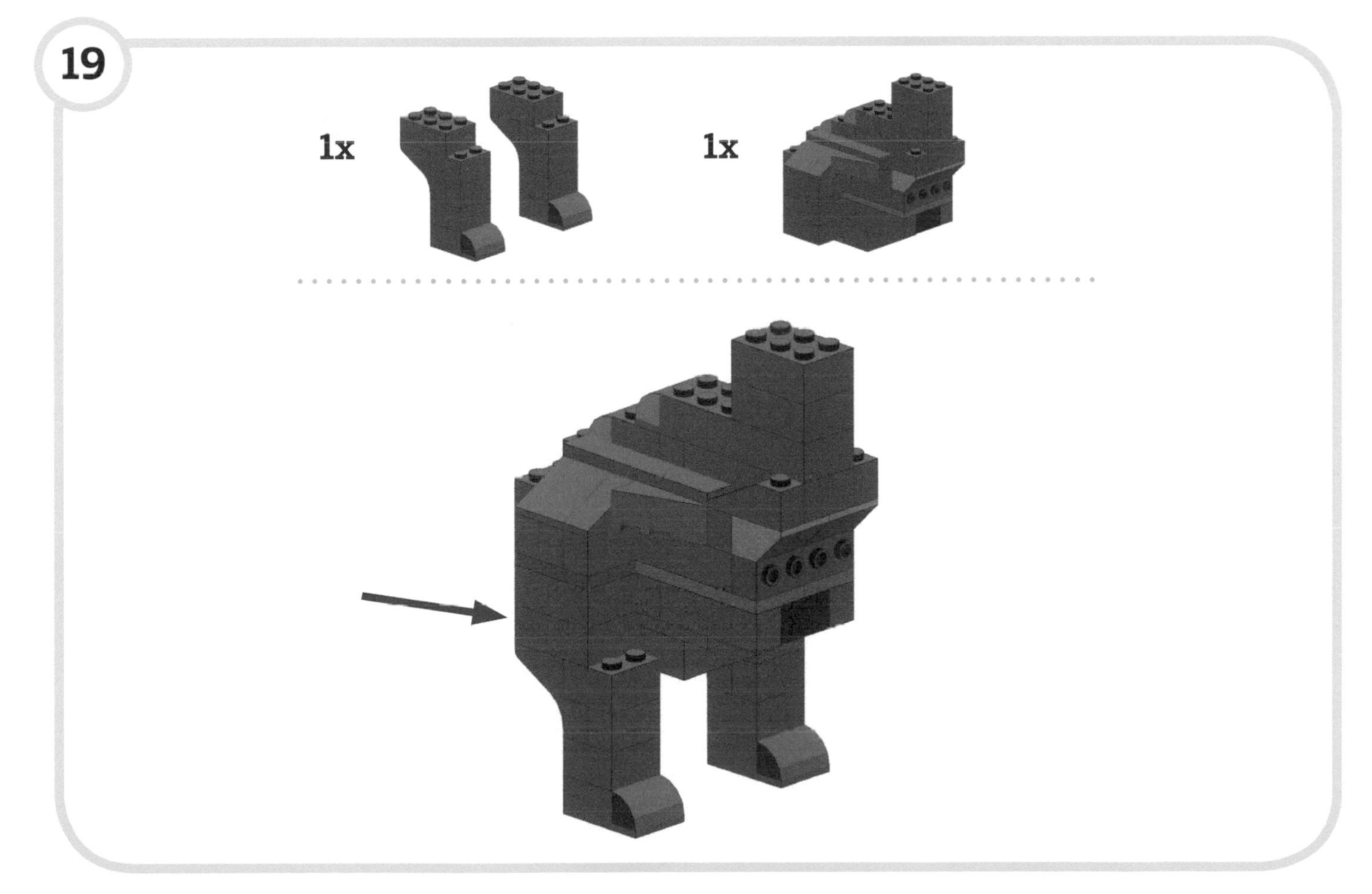
19
1x
1x

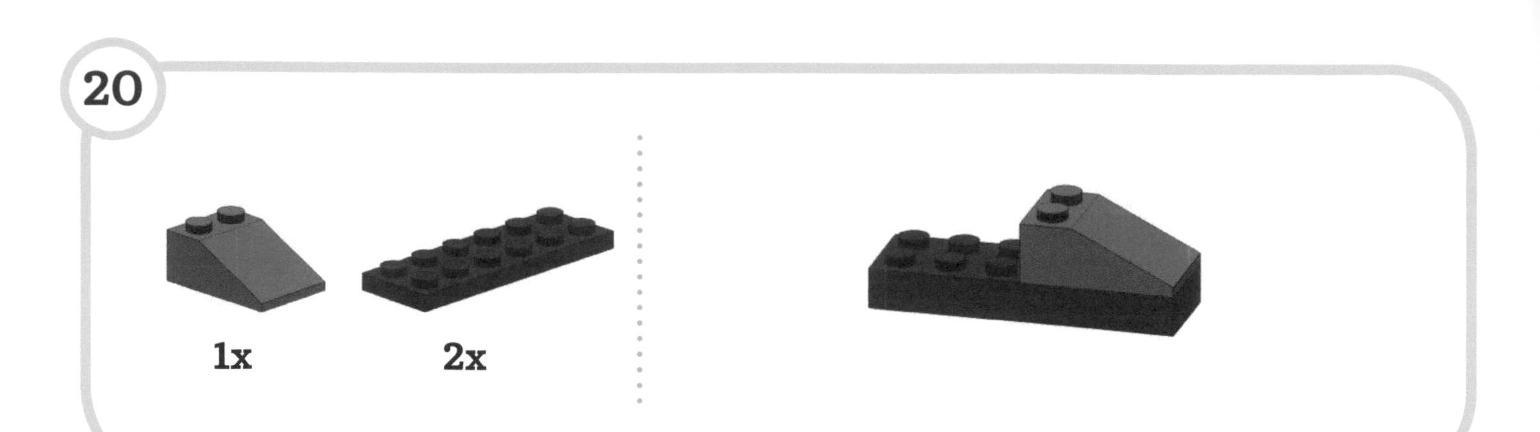
20
1x
2x

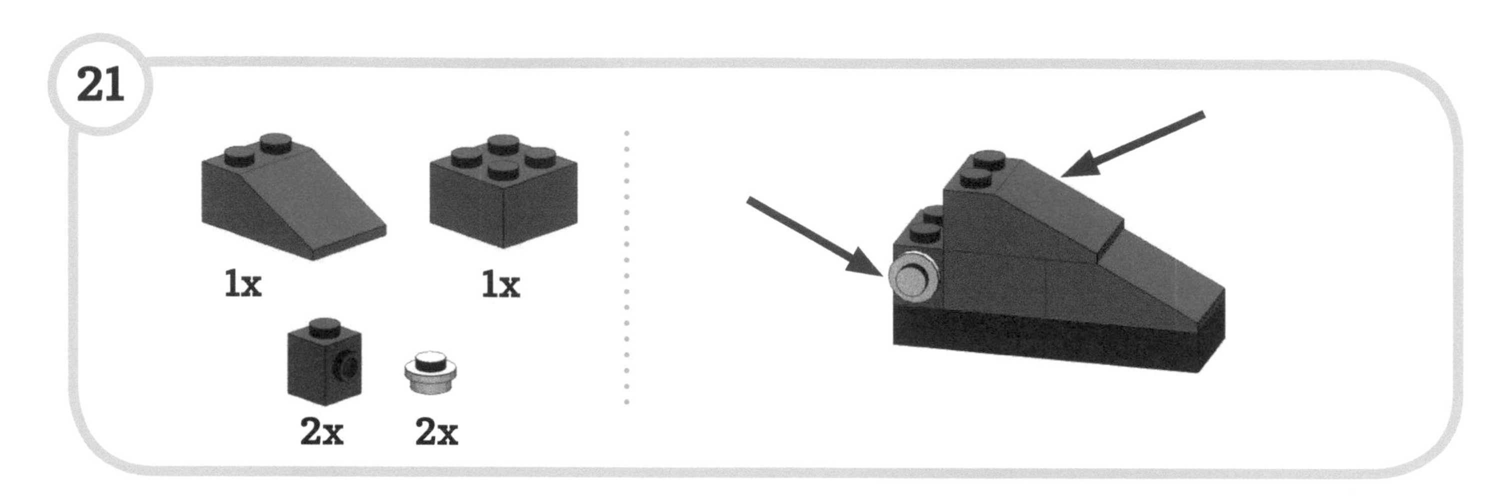
21
1x
1x
2x
2x

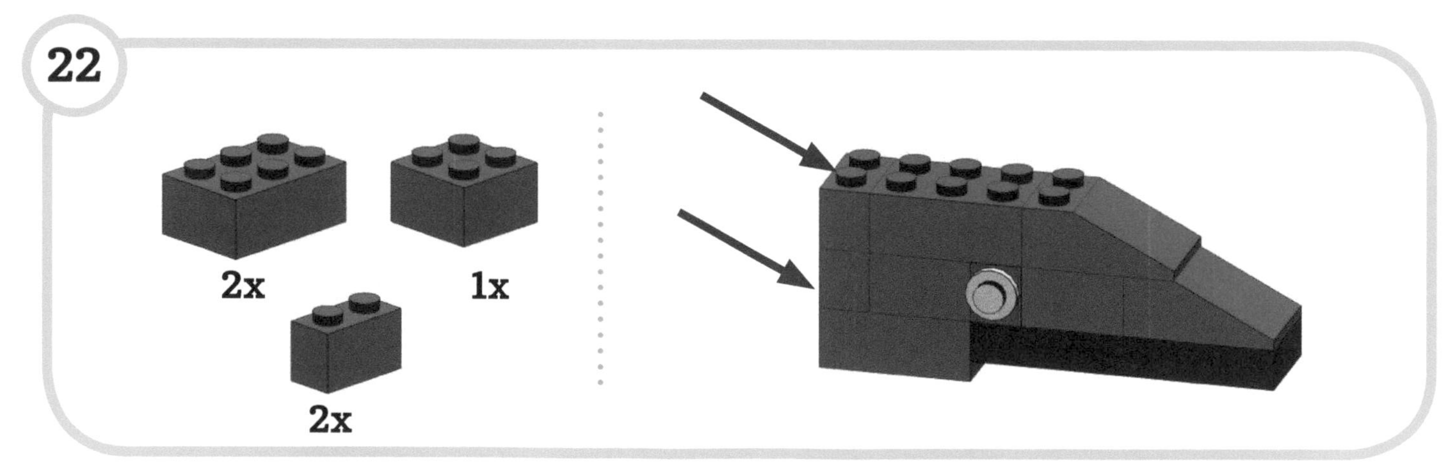
22
2x
1x
2x

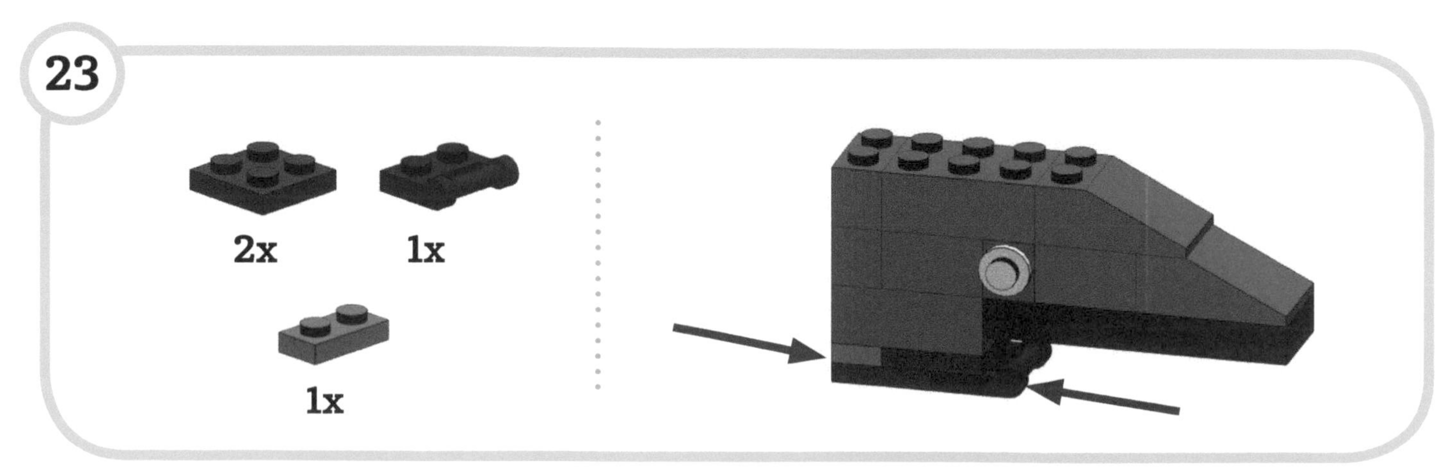
23
2x
1x
1x

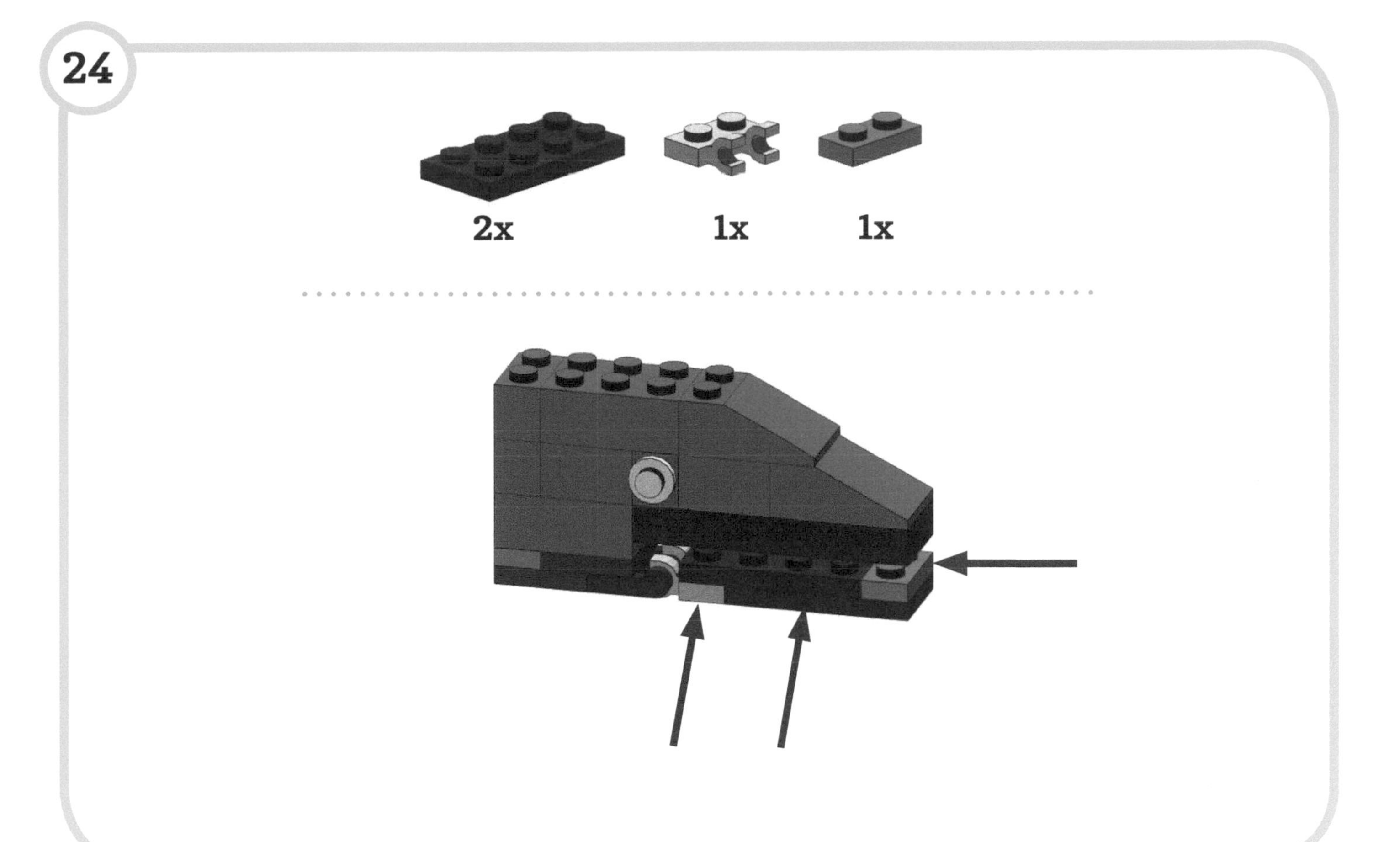
24
2x
1x
1x

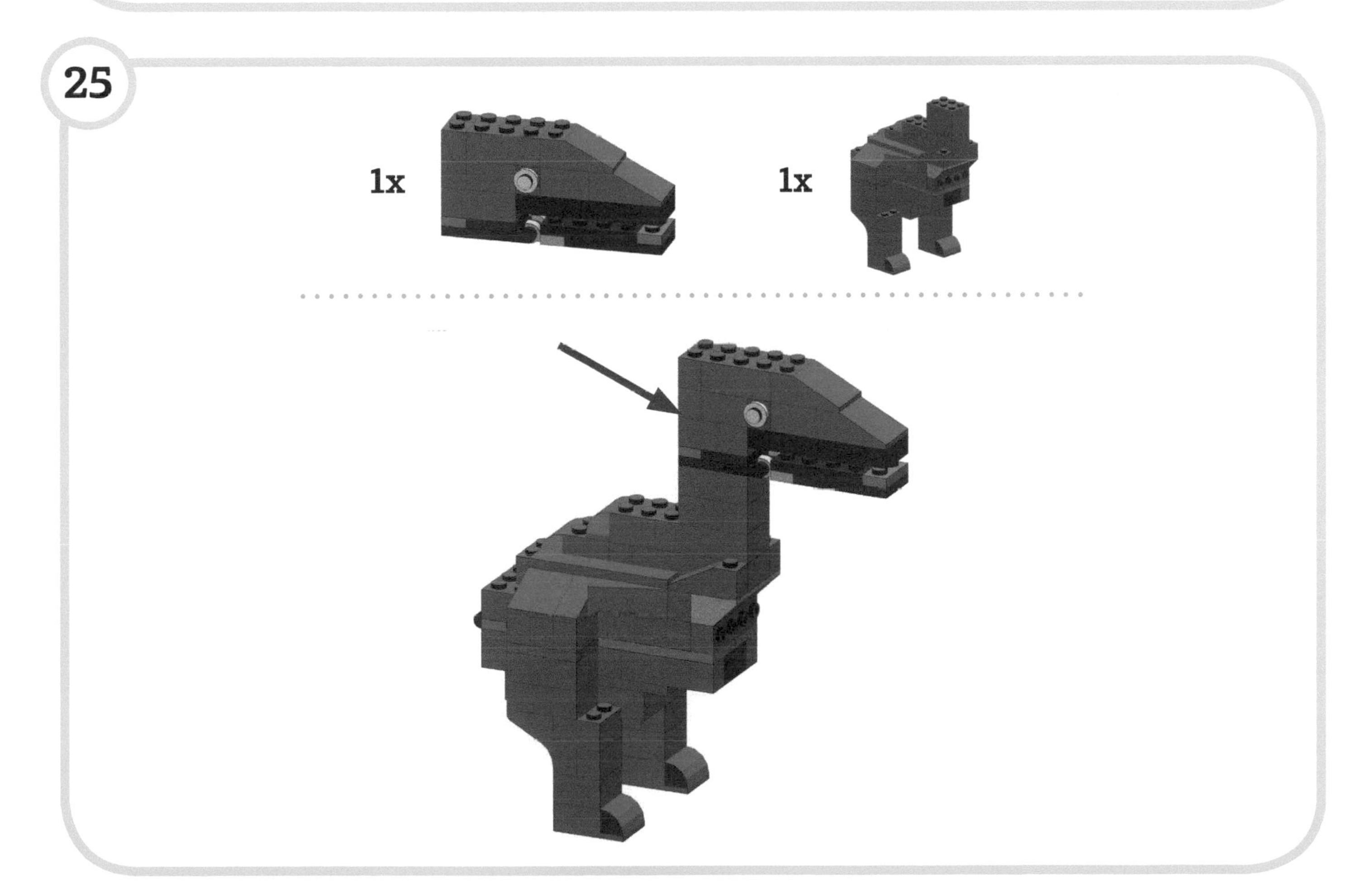
25
1x
1x

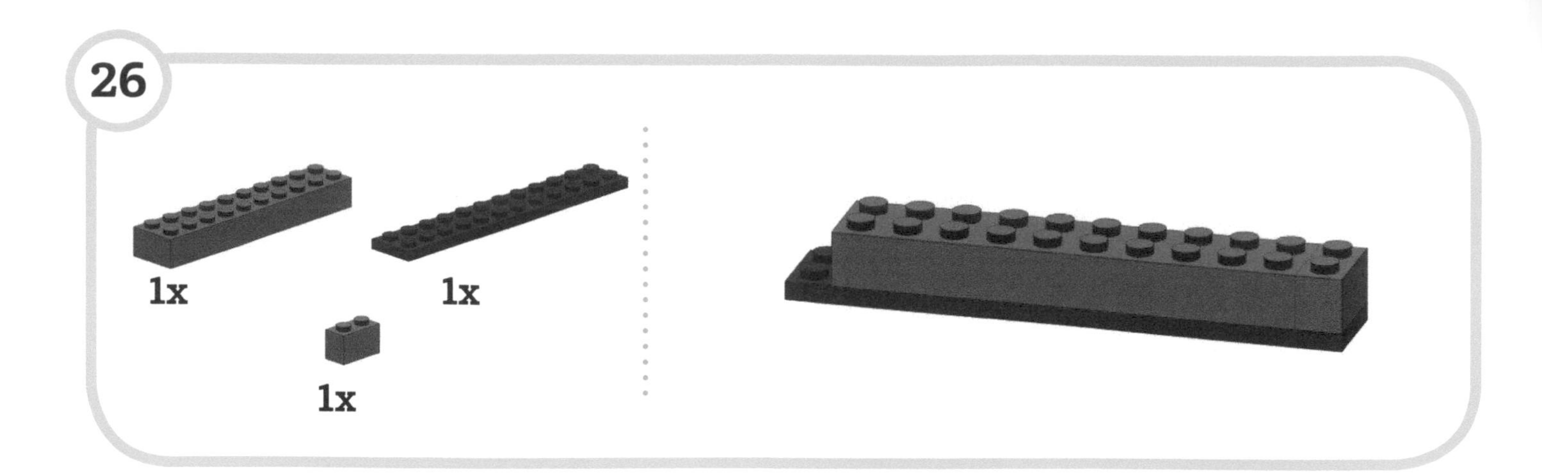
26
1x
1x
1x

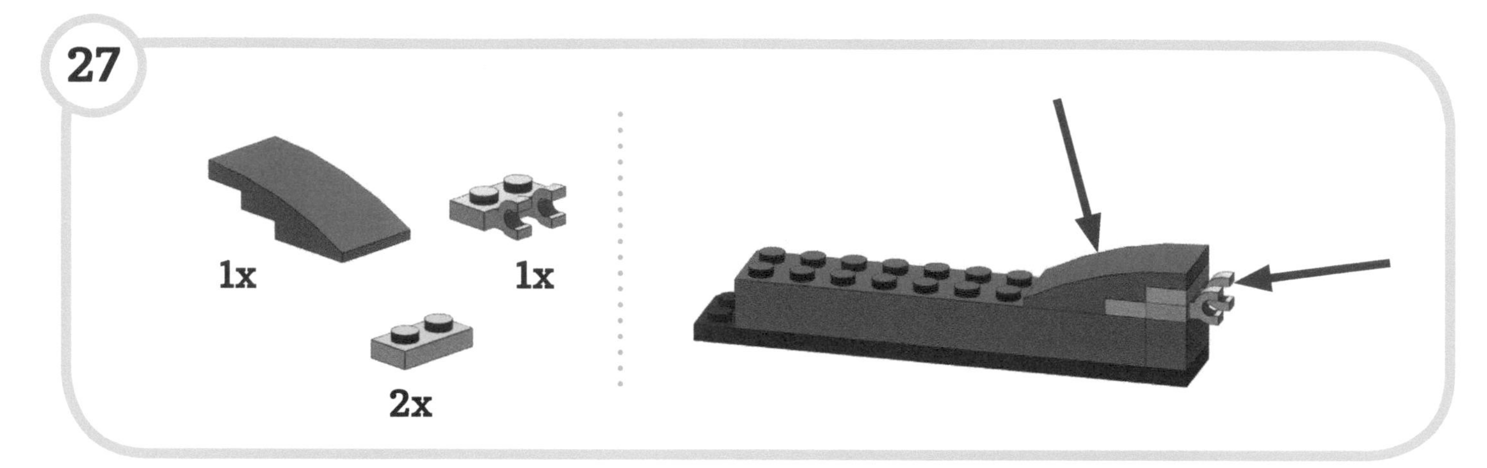
27
1x
1x
2x

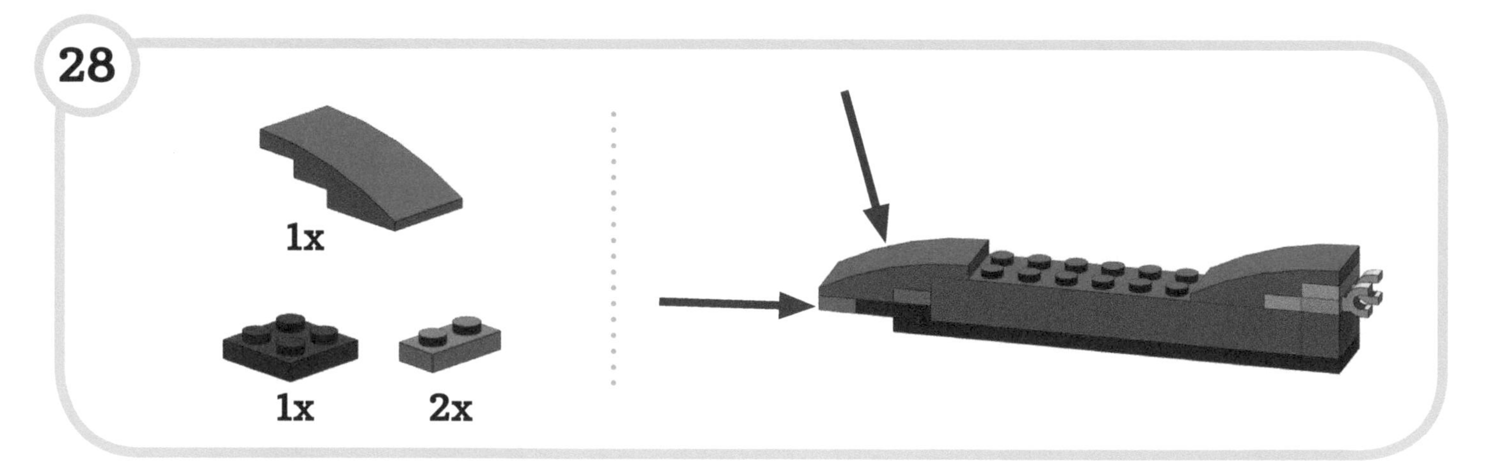
28
1x
1x
2x

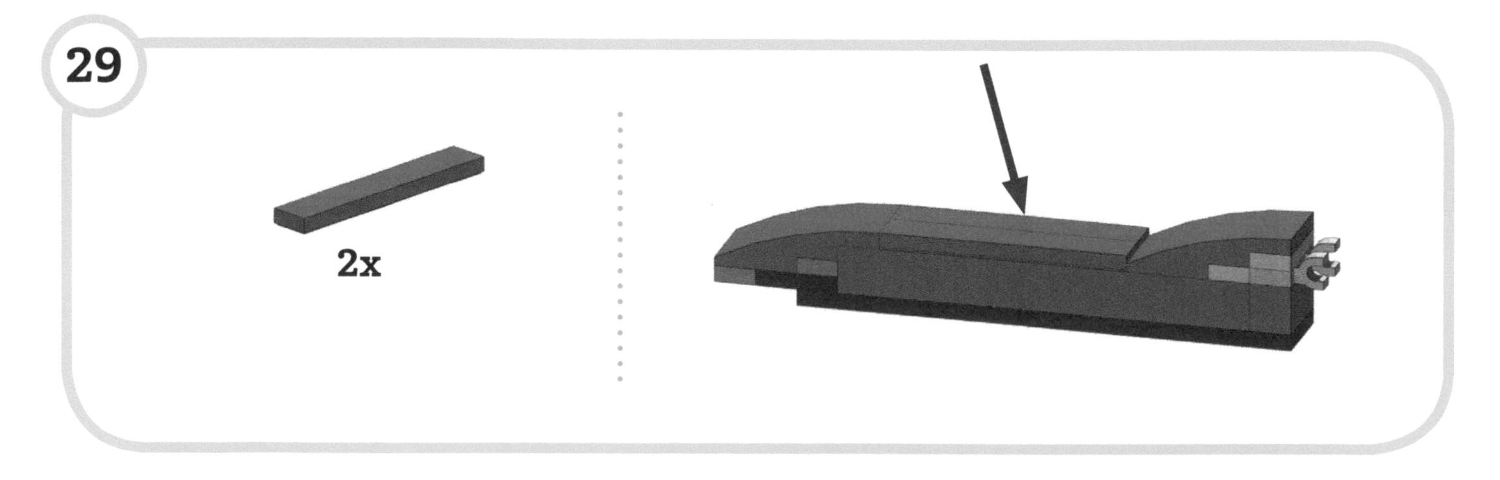
29
2x

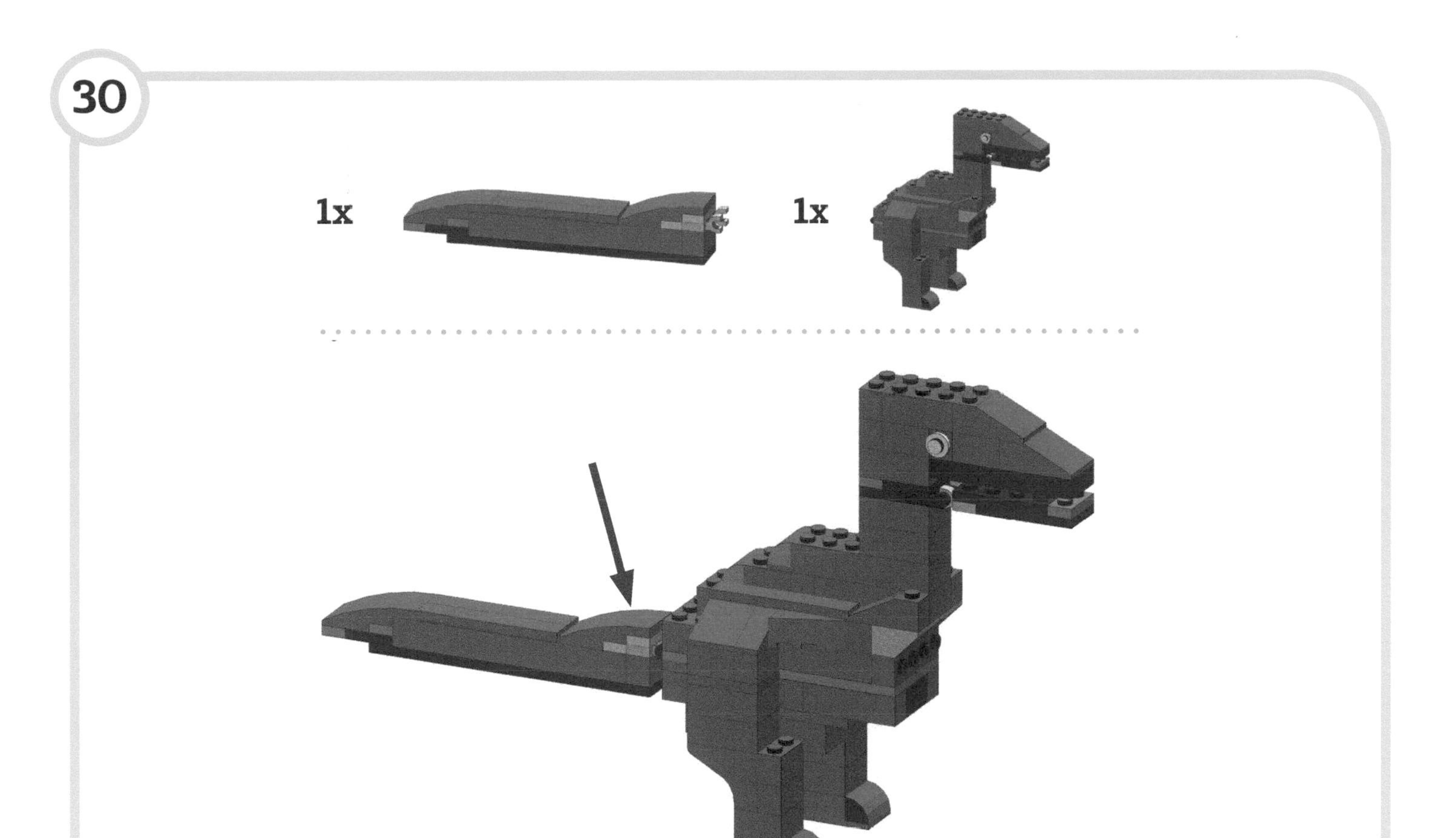
30
1x
1x

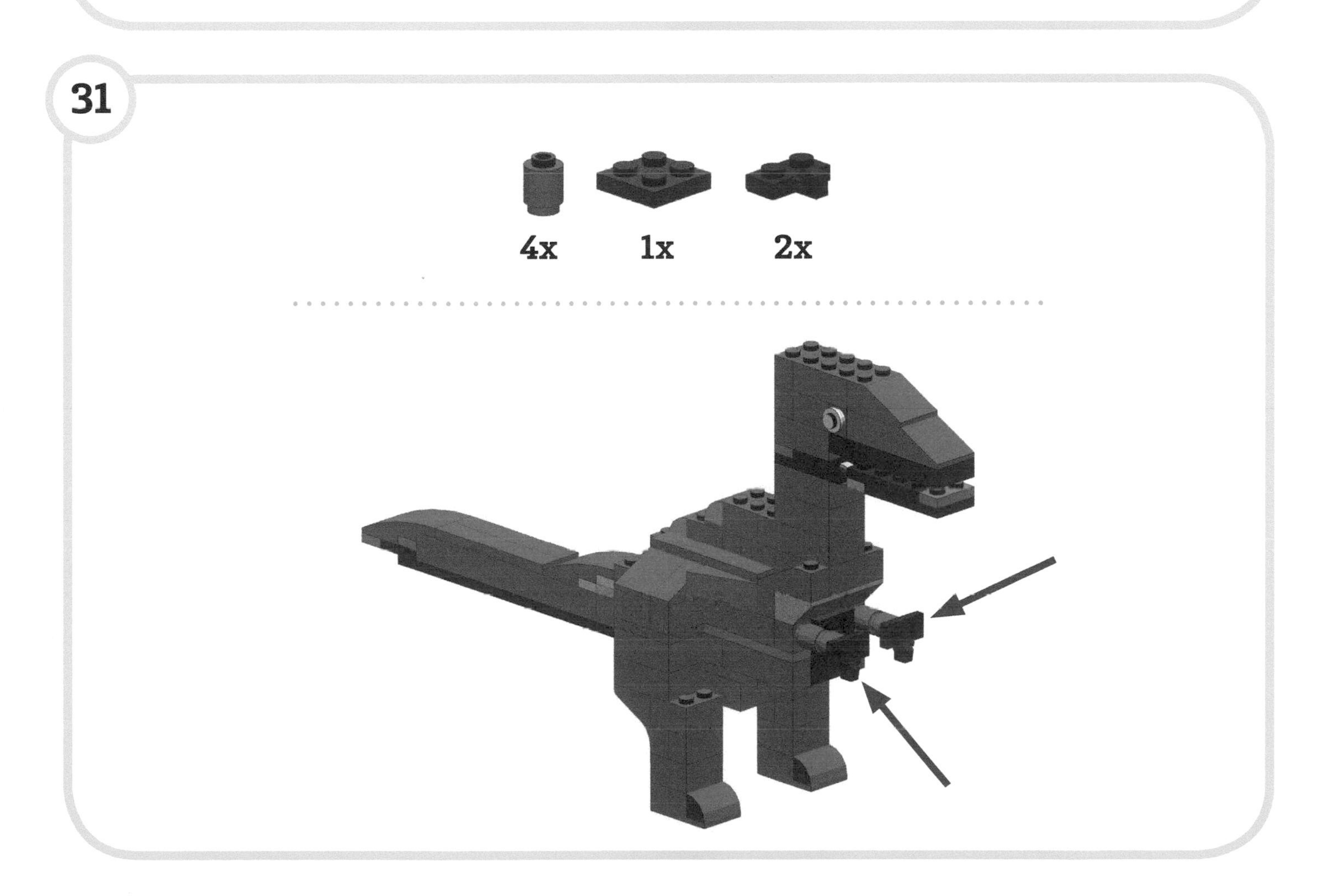
31
4x
1x
2x

Build an Ankylosaurus

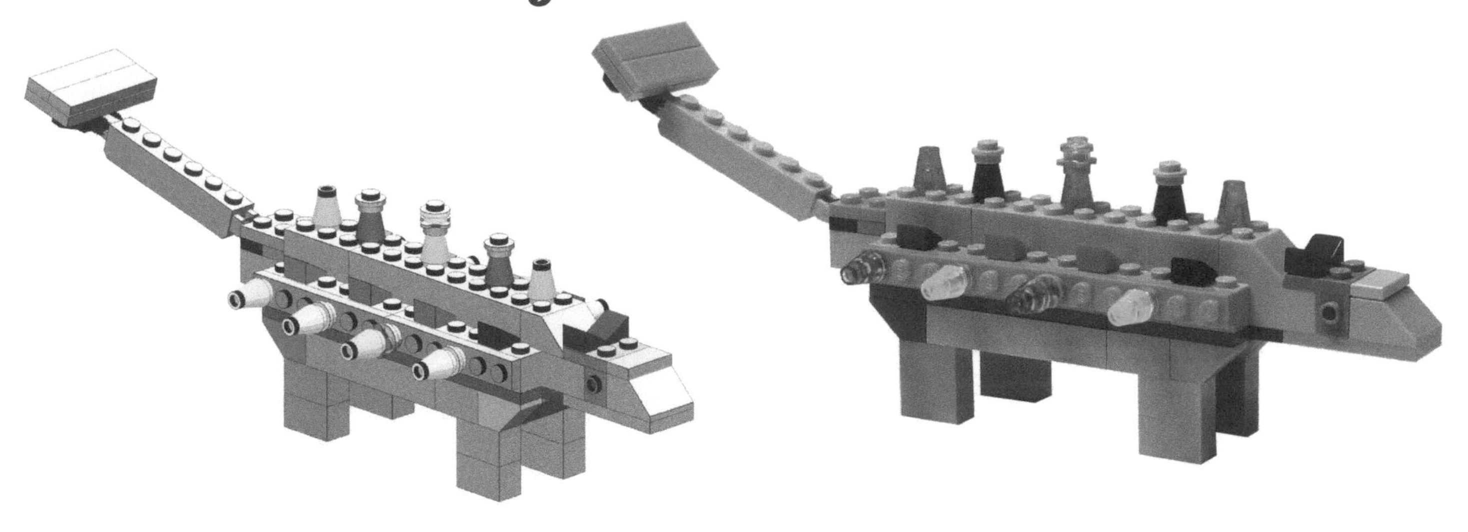

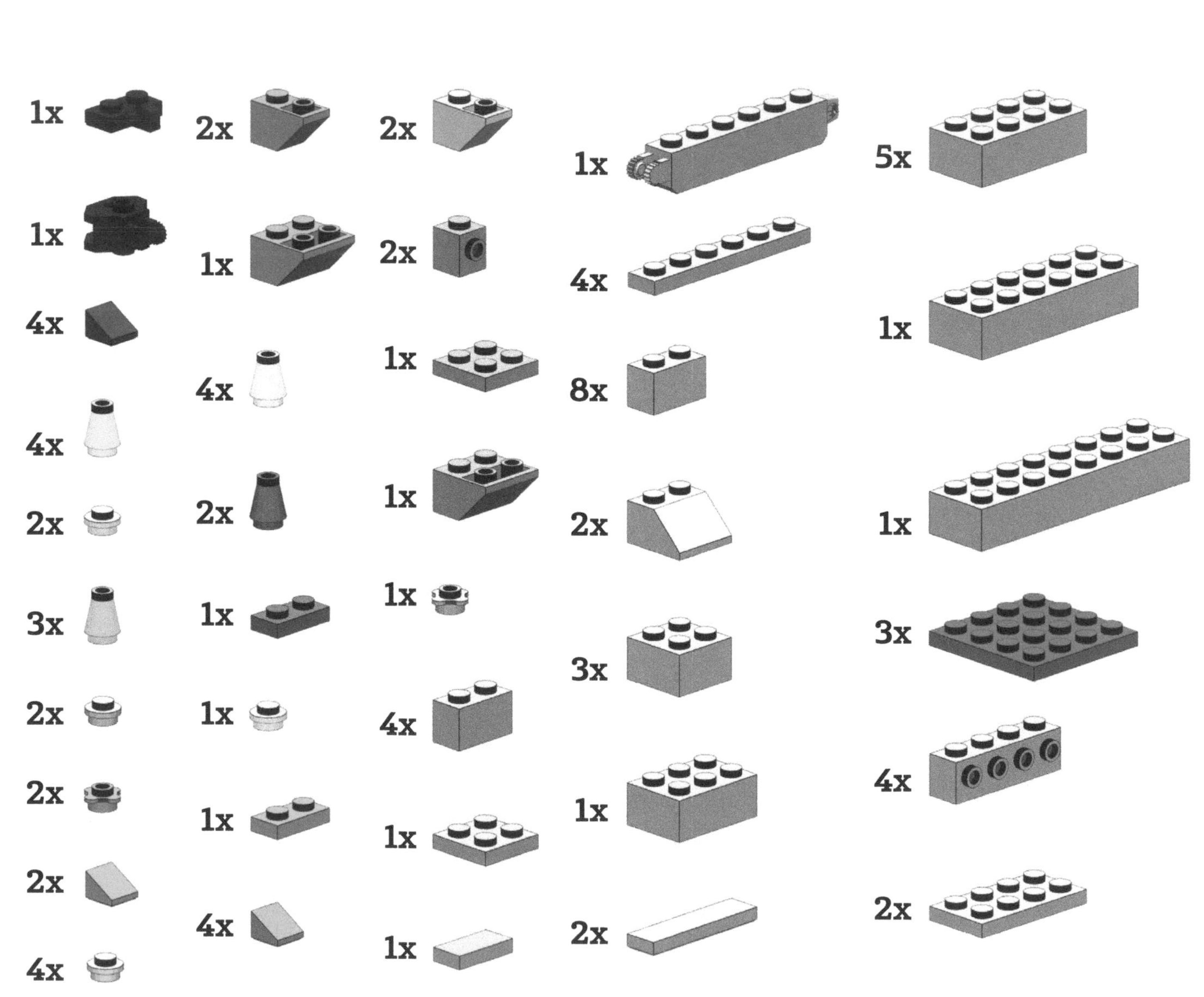
1x
1x
4x
4x
2x
3x
2x
2x
2x
4x
2x
1x
4x
2x
1x
1x
1x
4x
2x
2x
1x
1x
1x
4x
1x
1x
1x
4x
8x
2x
3x
1x
2x
5x
1x
1x
3x
4x
2x

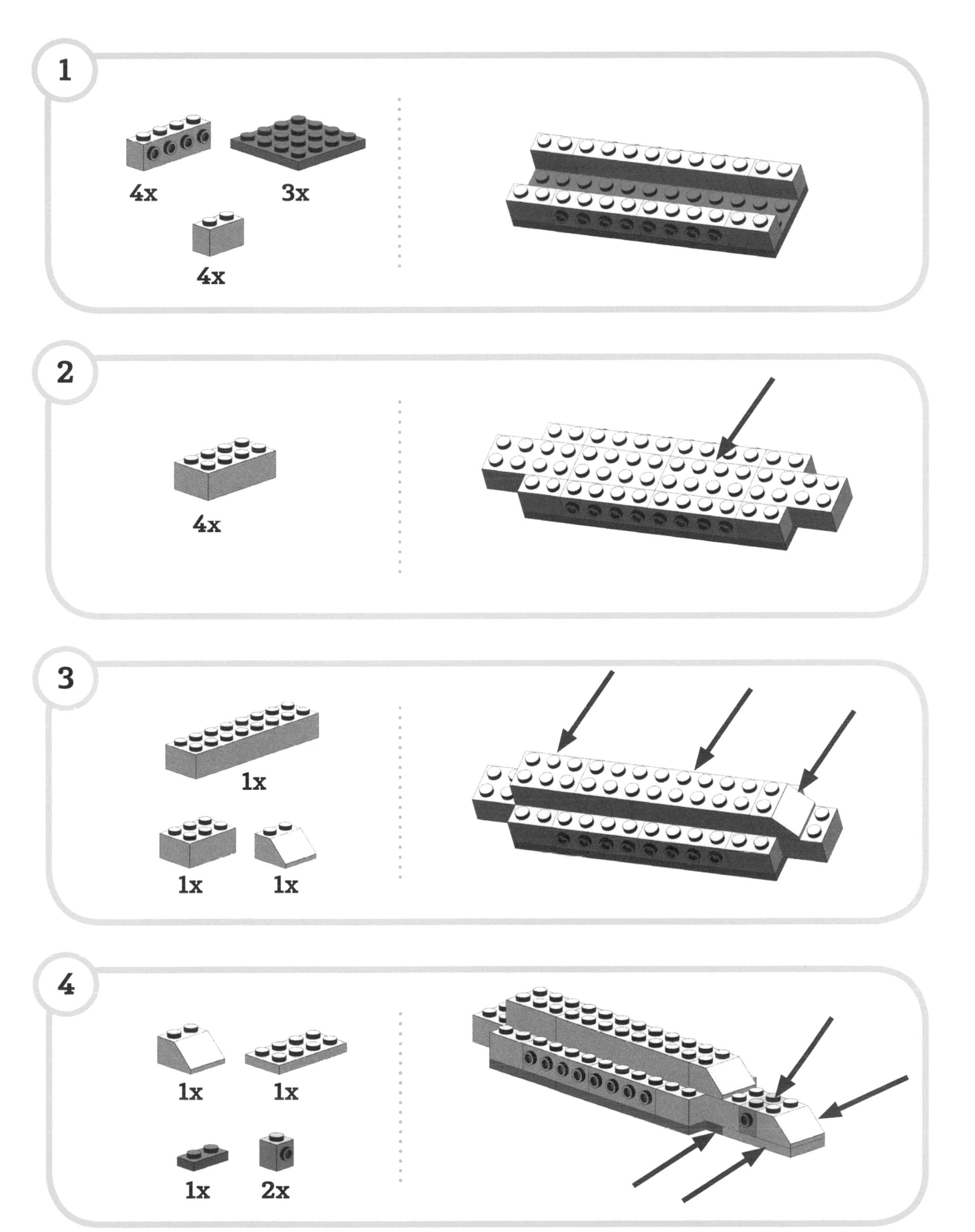
1
4x
3x
4x
2
4x
3
1x
1x
1x
4
1x
1x
1x
2x

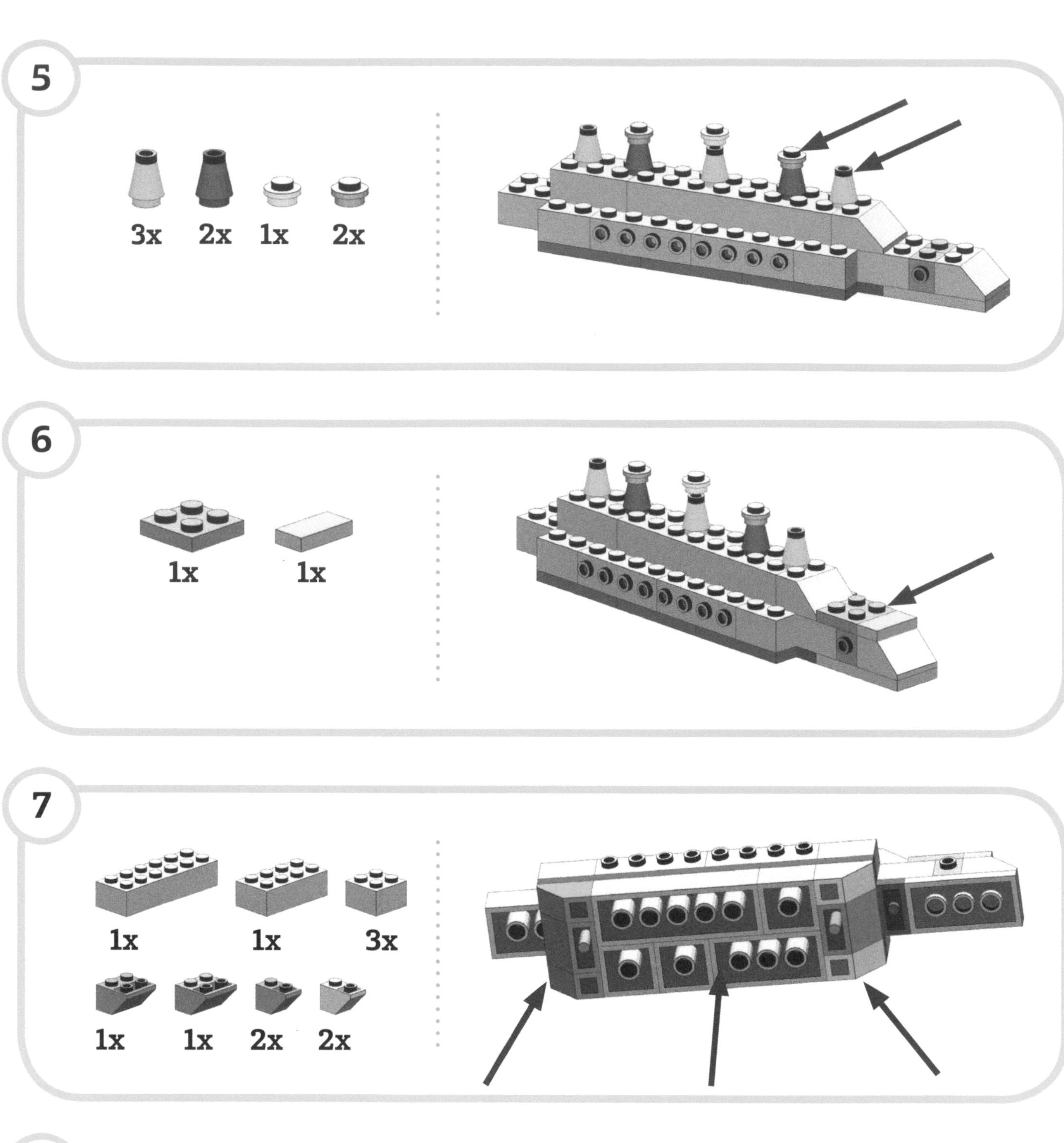
5
3x
2x
1x
2x
6
1x
1x
7
1x
1x
3x
1x
1x
2x
2x

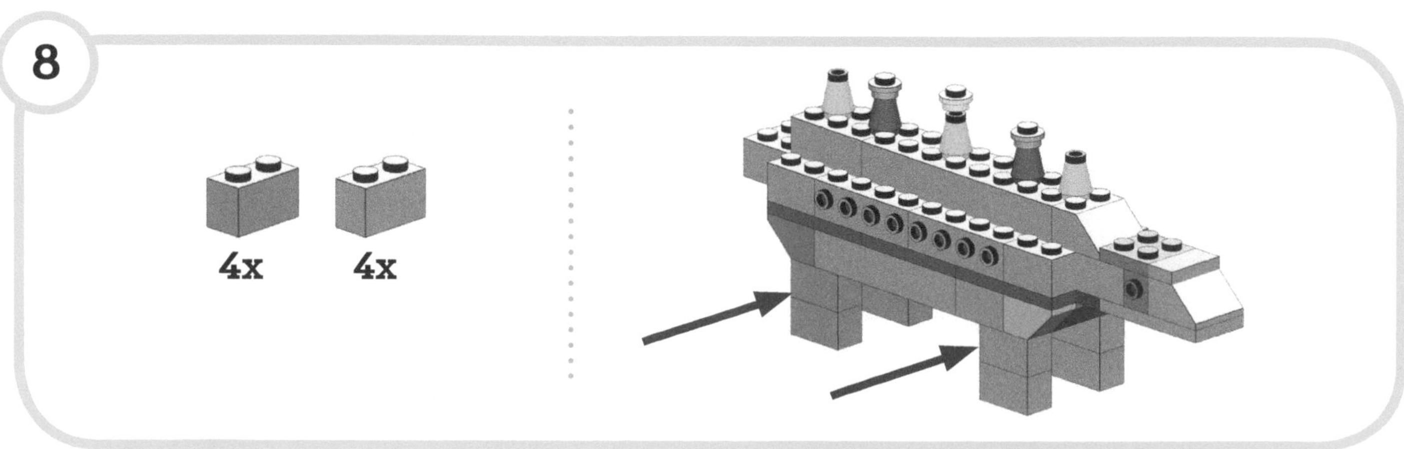
8
4x
4x

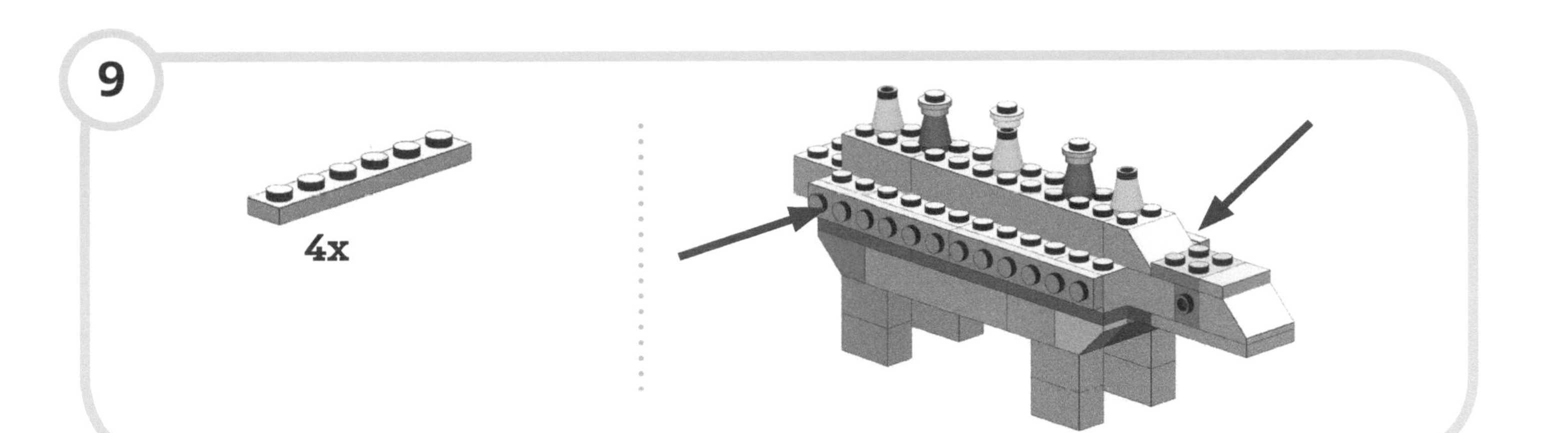
9
4x

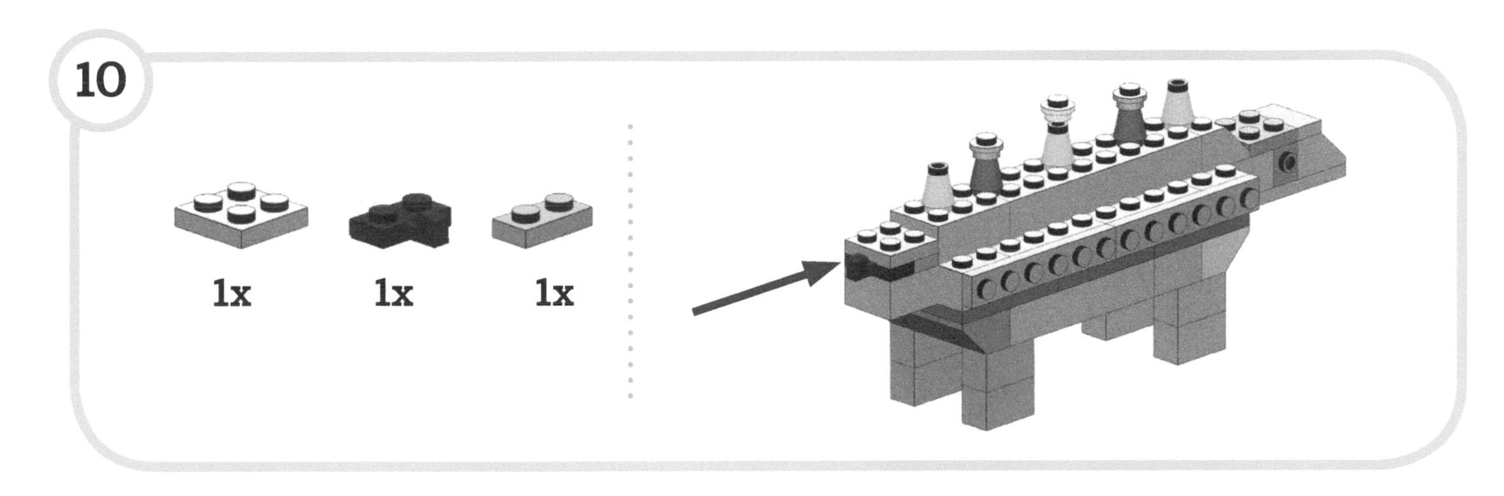
10
1x
1x
1x

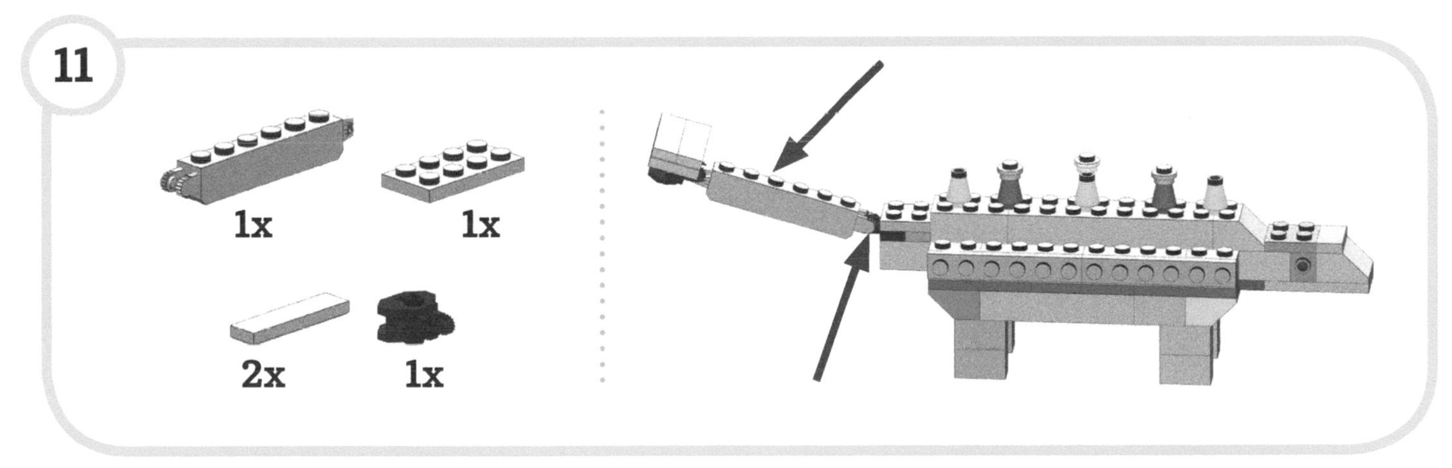
11
1x
1x
2x
1x

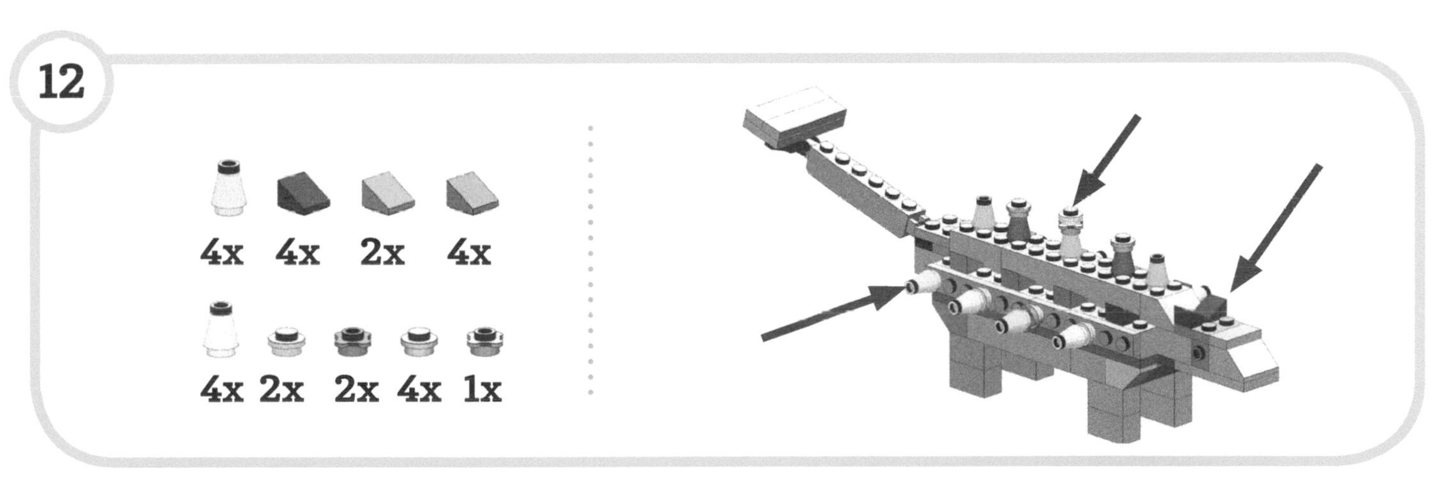
12
4x 4x 2x 4x
4x 2x 2x 4x 1x

Build a Saltopus

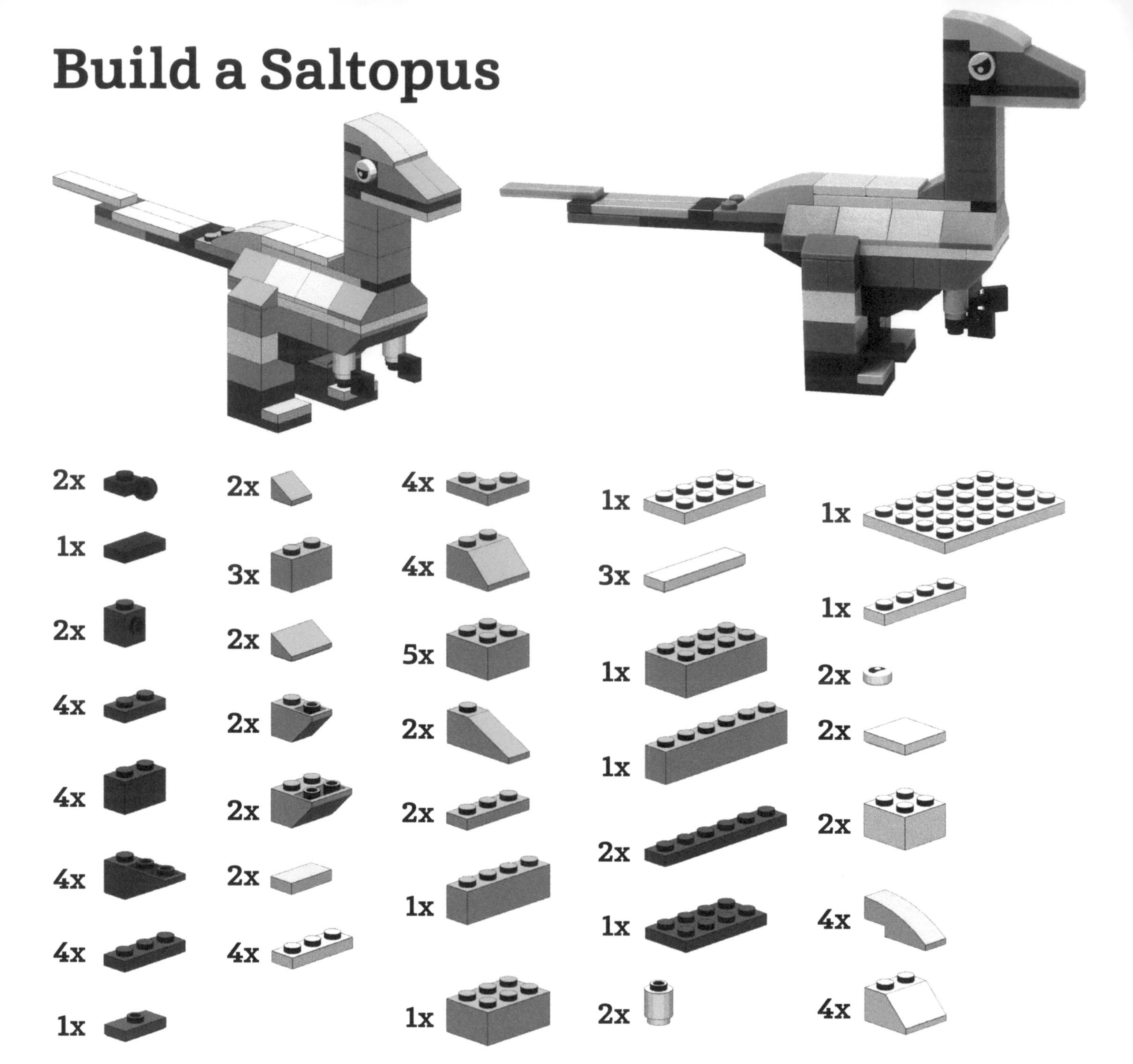

2x
1x
2x
4x
4x
4x
4x
1x
2x
3x
2x
2x
2x
2x
4x
4x
4x
5x
2x
2x
1x
1x
1x
3x
1x
1x
2x
1x
2x
1x
1x
2x
2x
2x
4x
4x

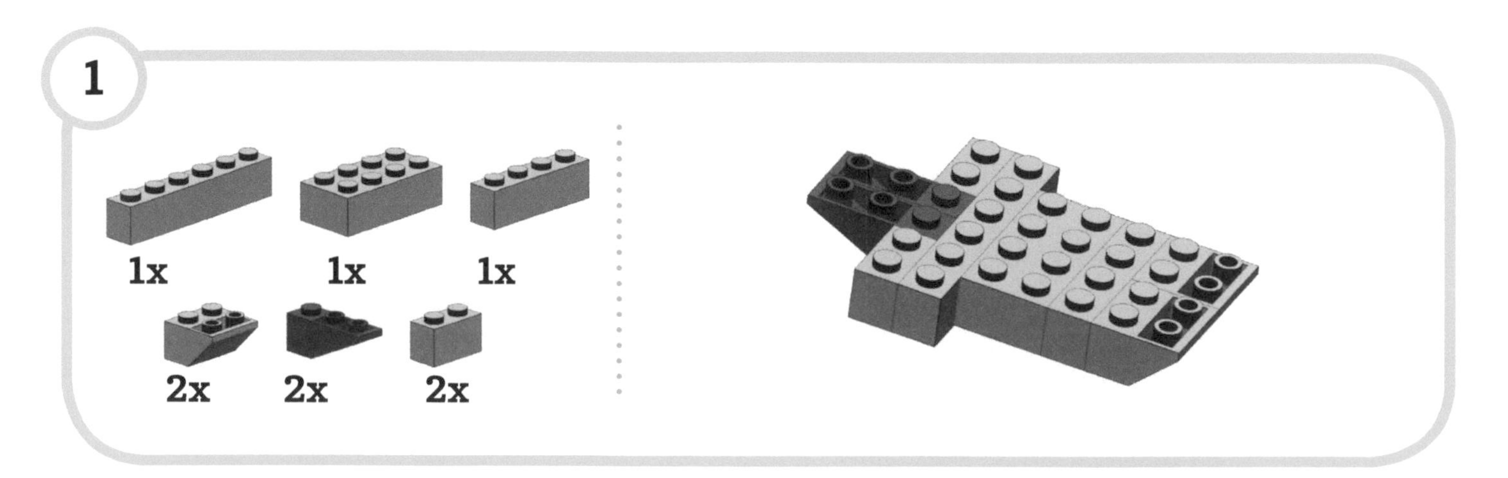

1
1x
1x
1x
2x
2x
2x

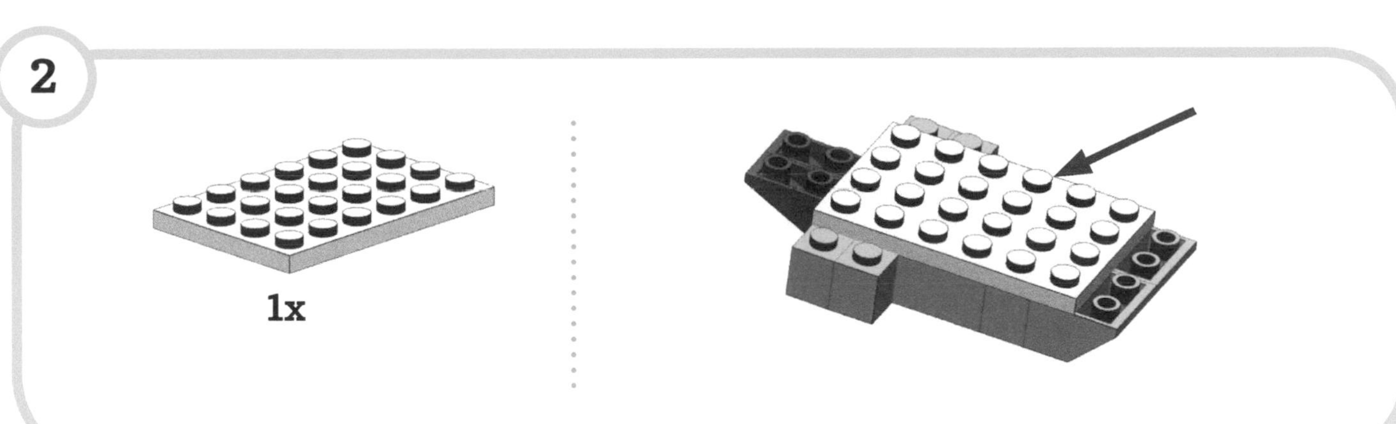
2
1x

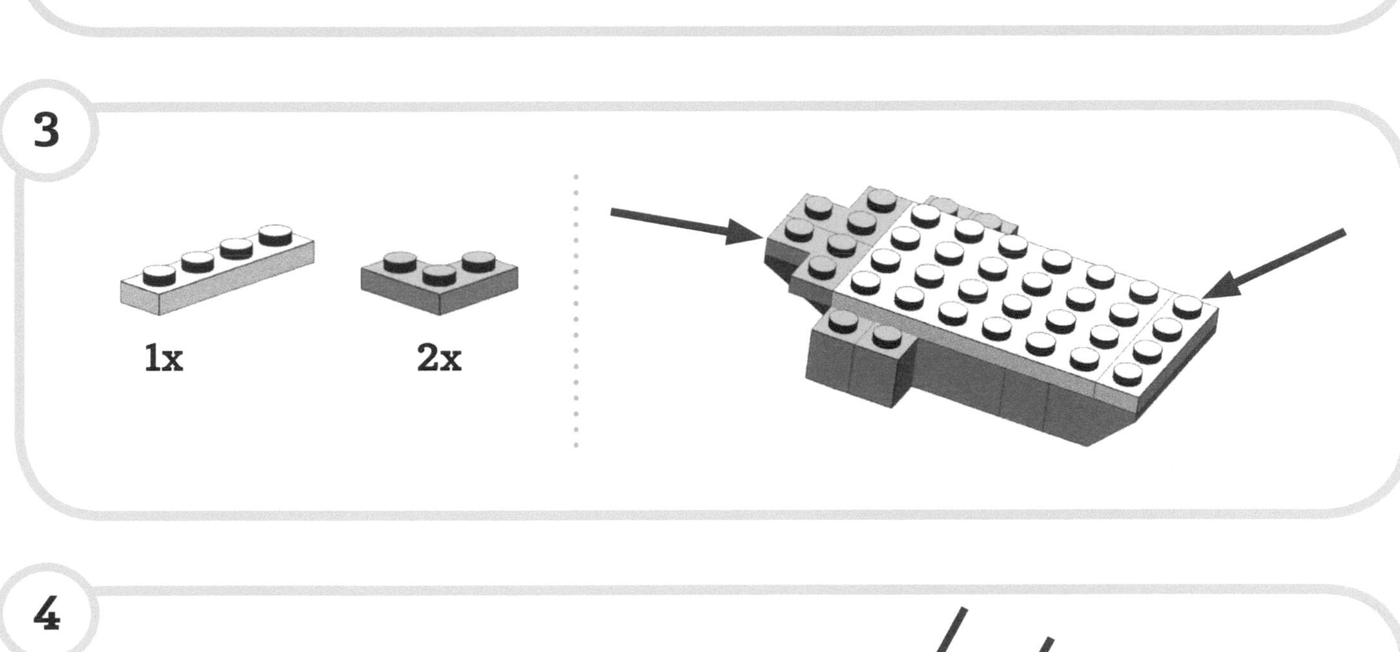
3
1x
2x

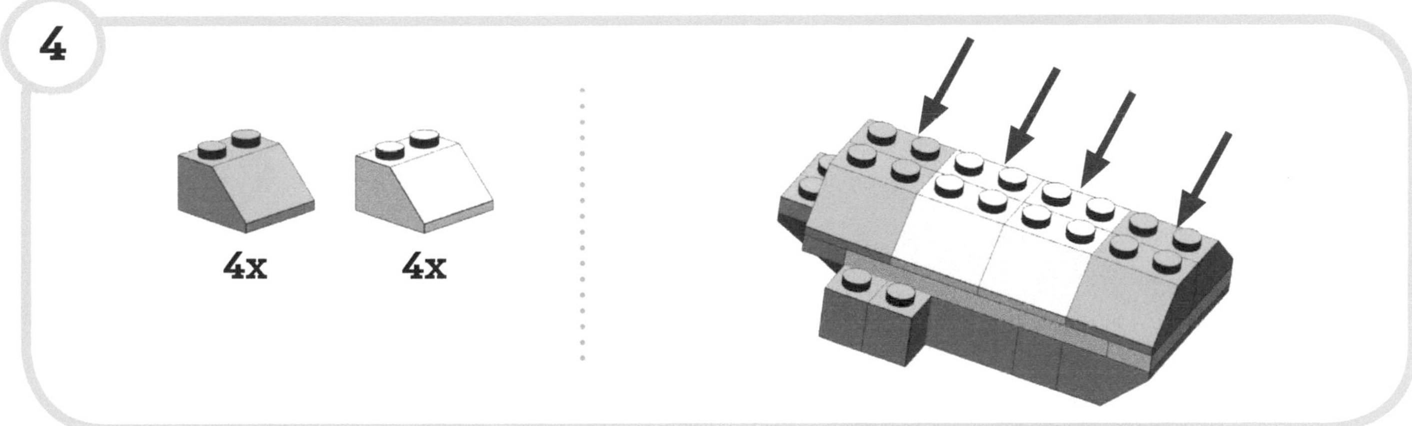
4
4x
4x

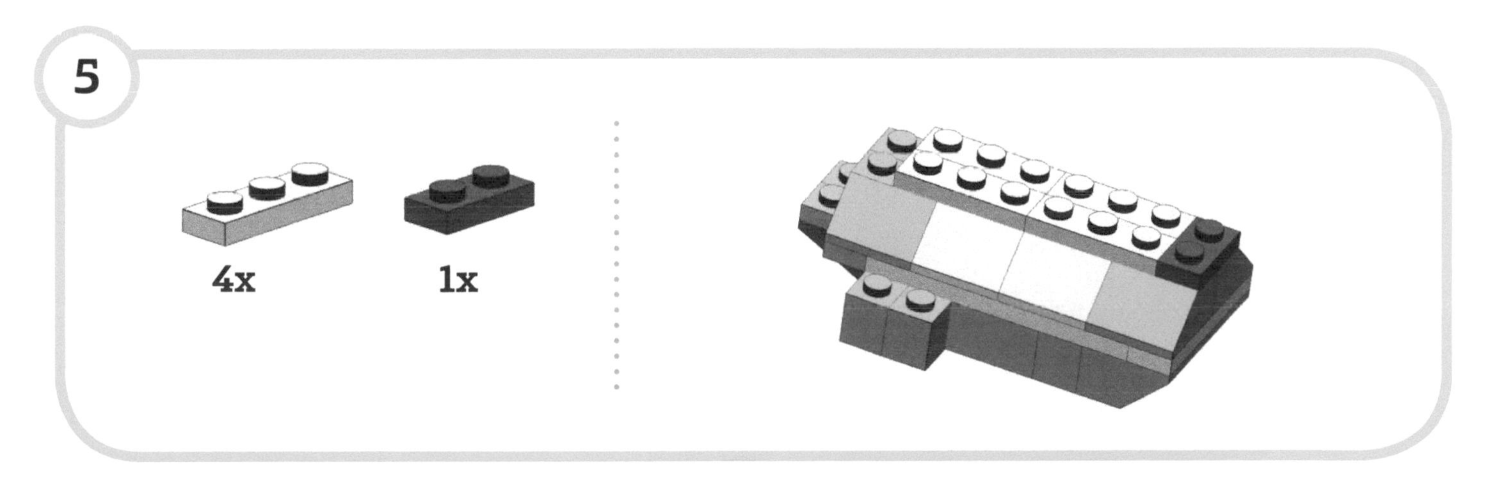
5
4x
1x

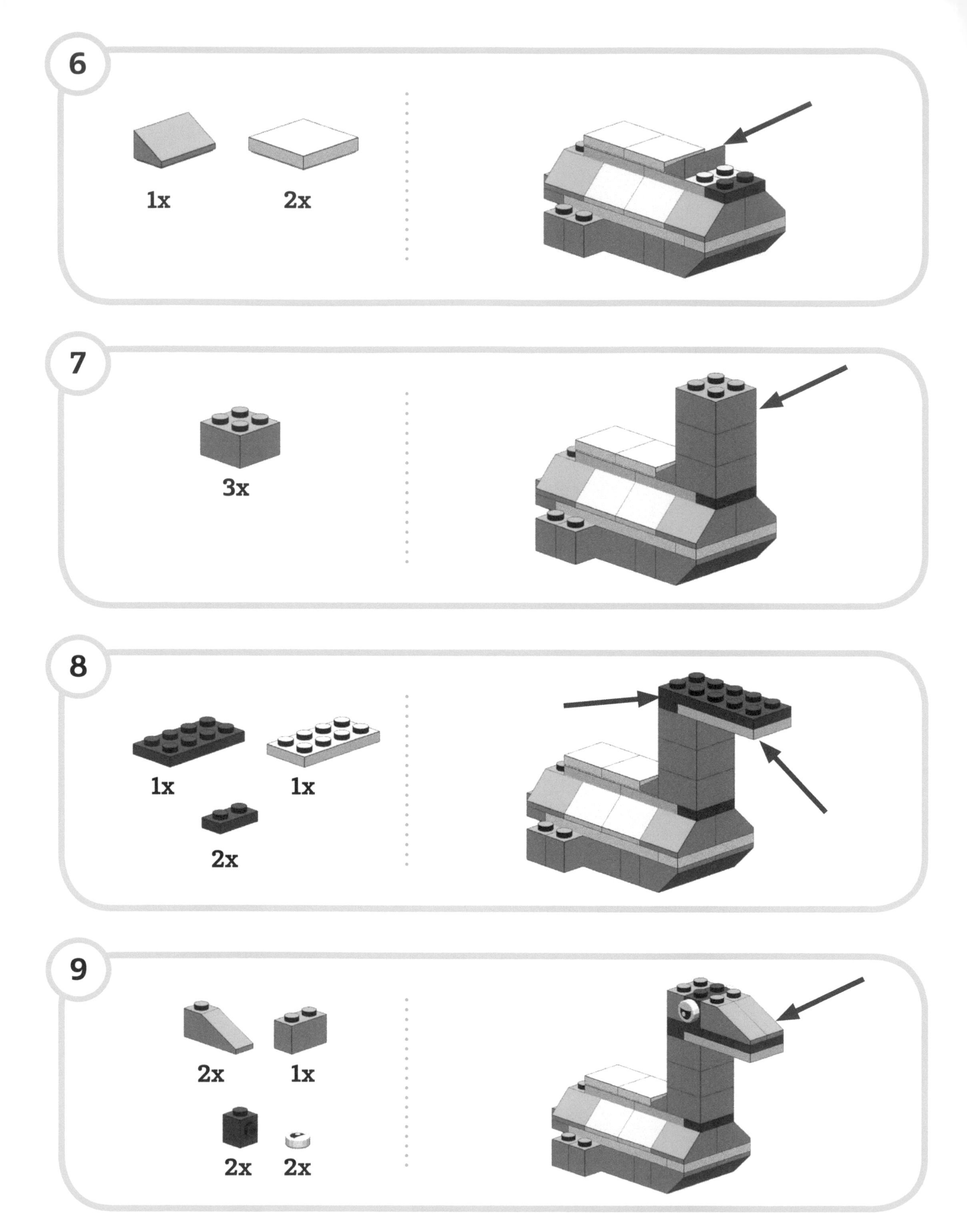
6
1x
2x
7
3x
8
1x
1x
2x
9
2x
1x
2x
2x

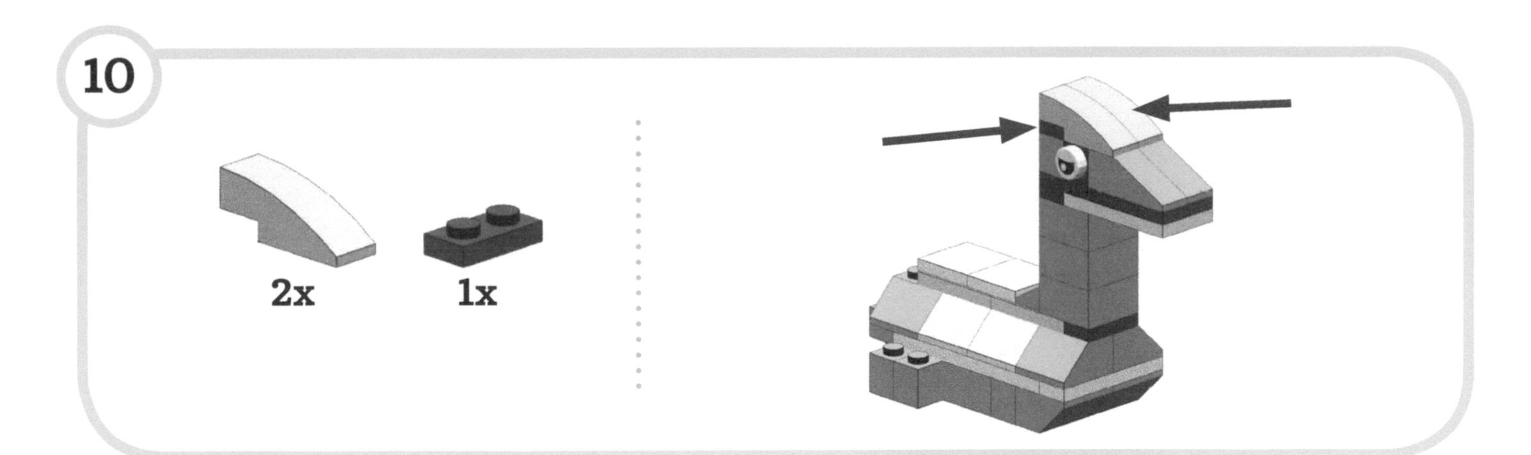
10
2x
1x

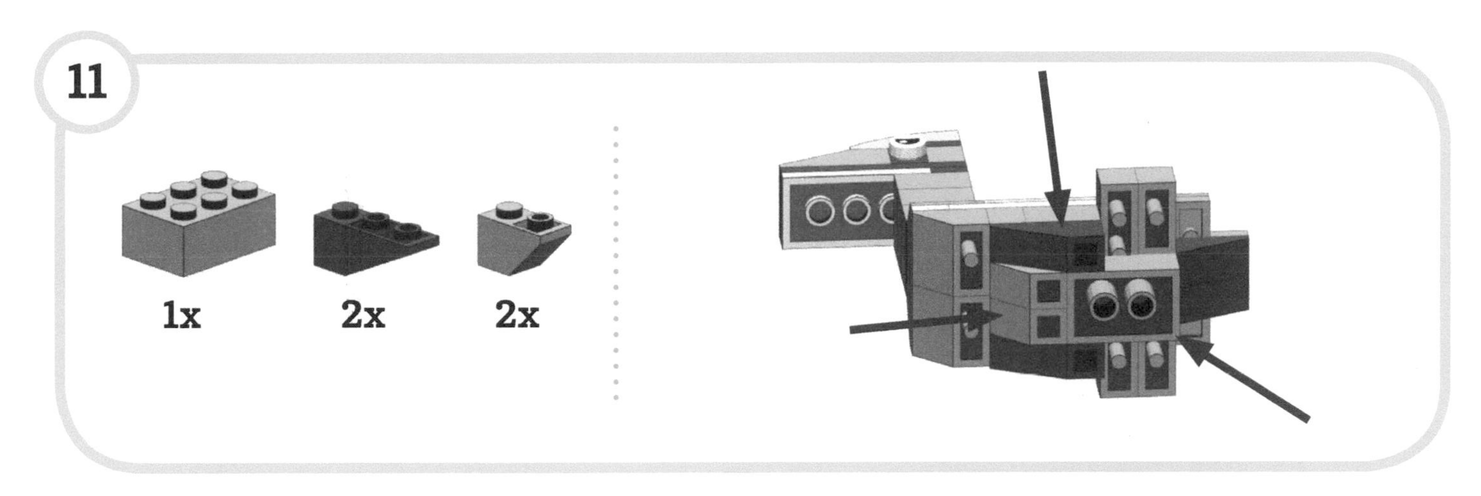
11
1x
2x
2x

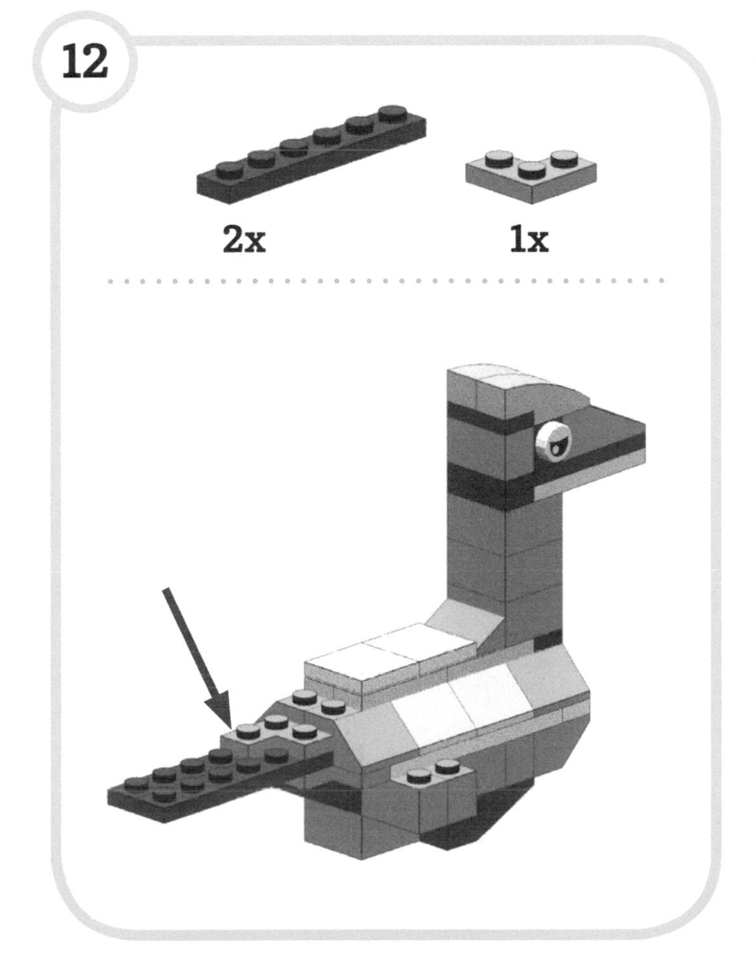
12
2x
1x

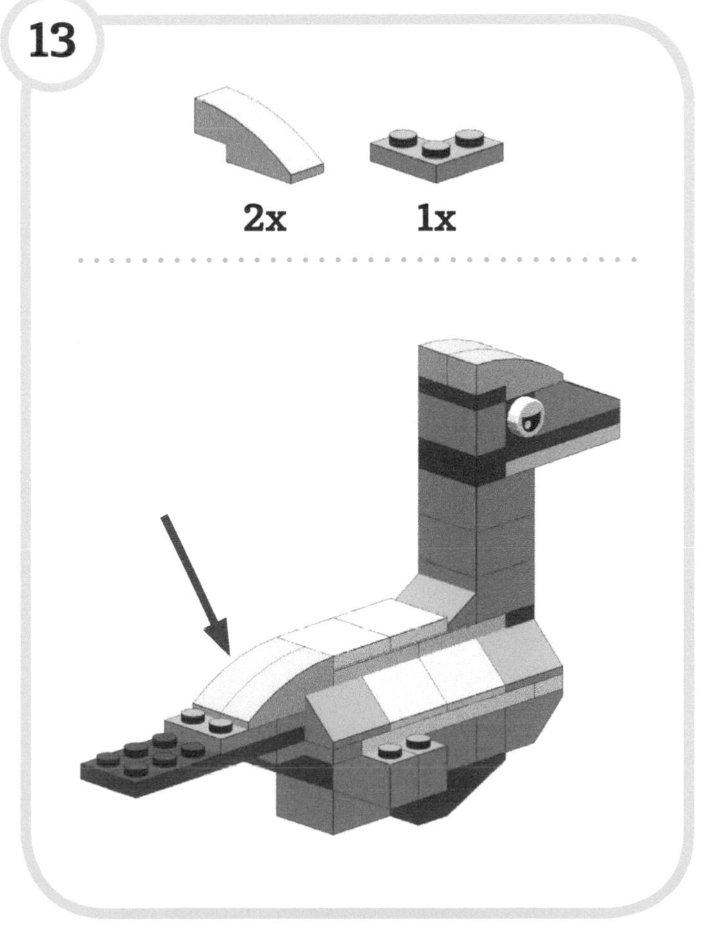
13
2x
1x

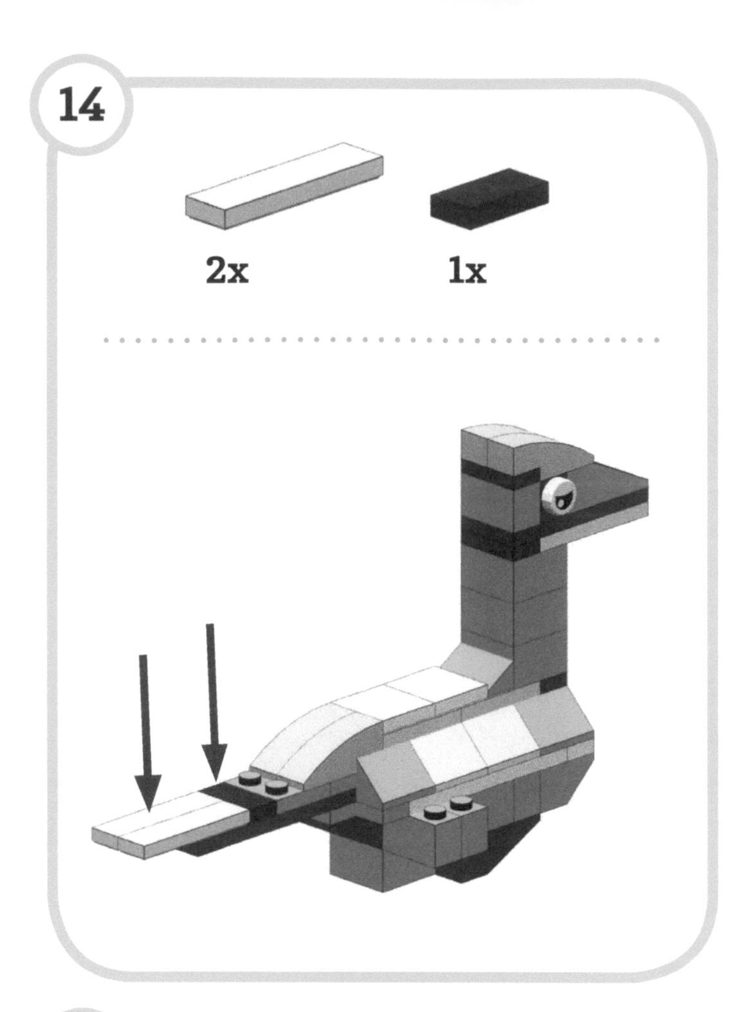
14
2x
1x

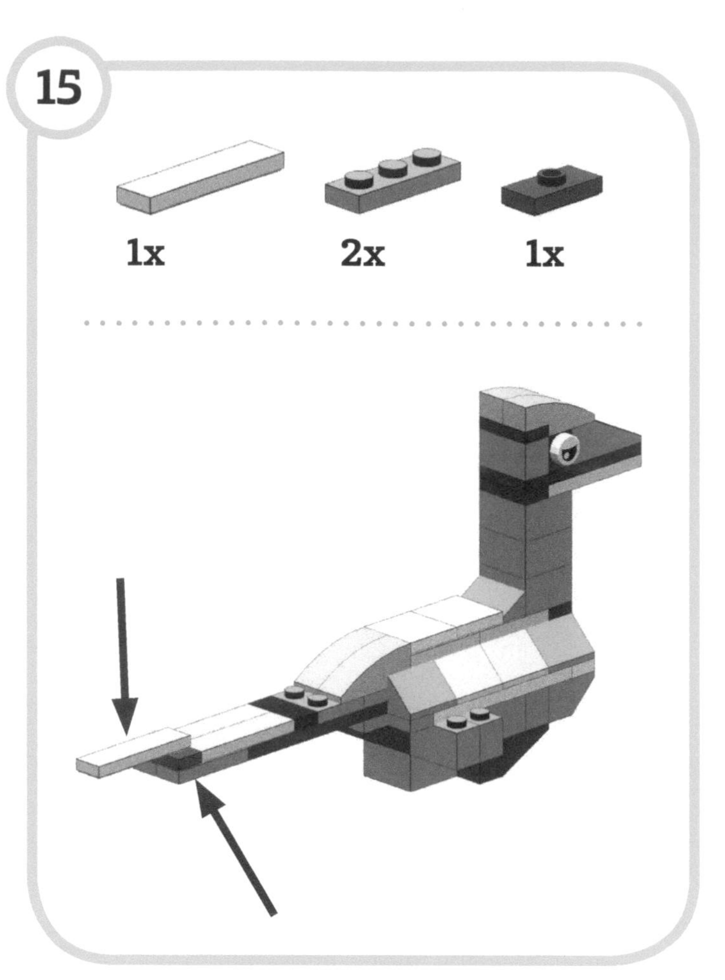
15
1x
2x
1x

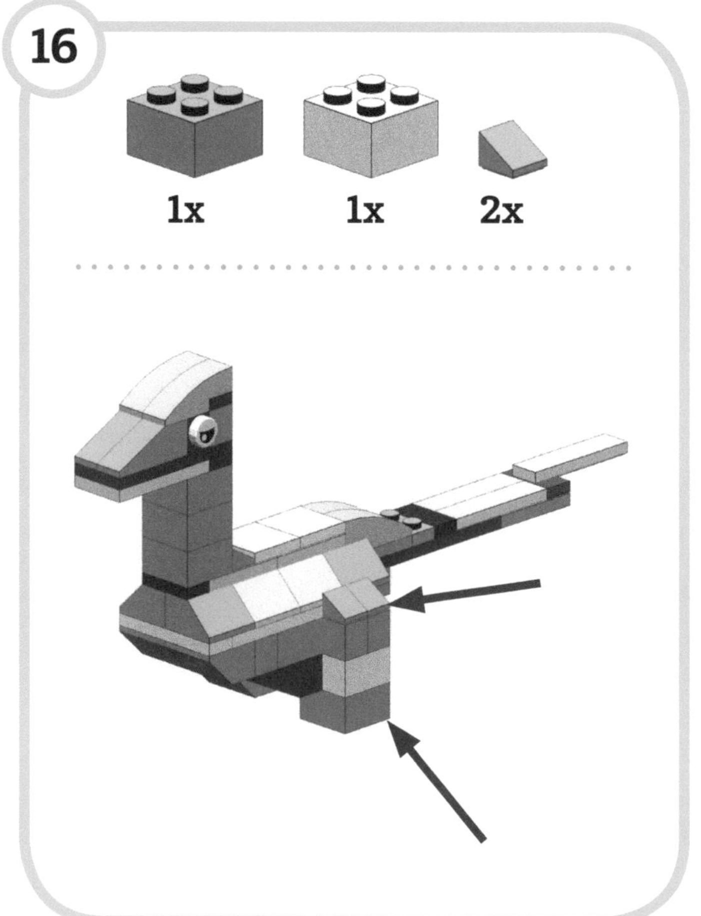
16
1x
1x
2x

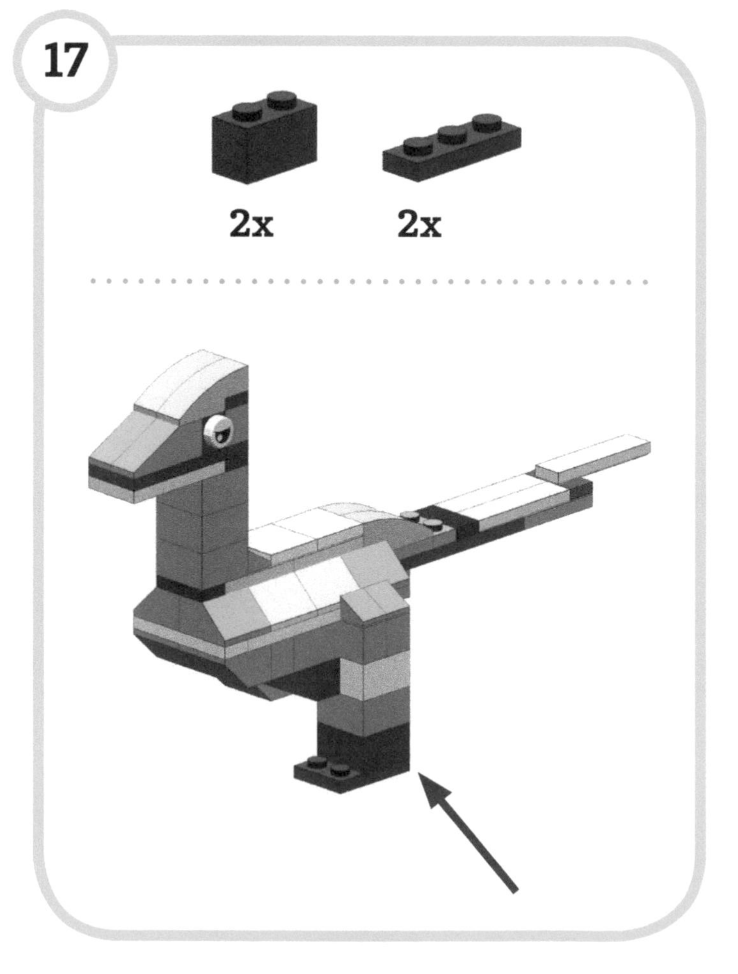
17
2x
2x

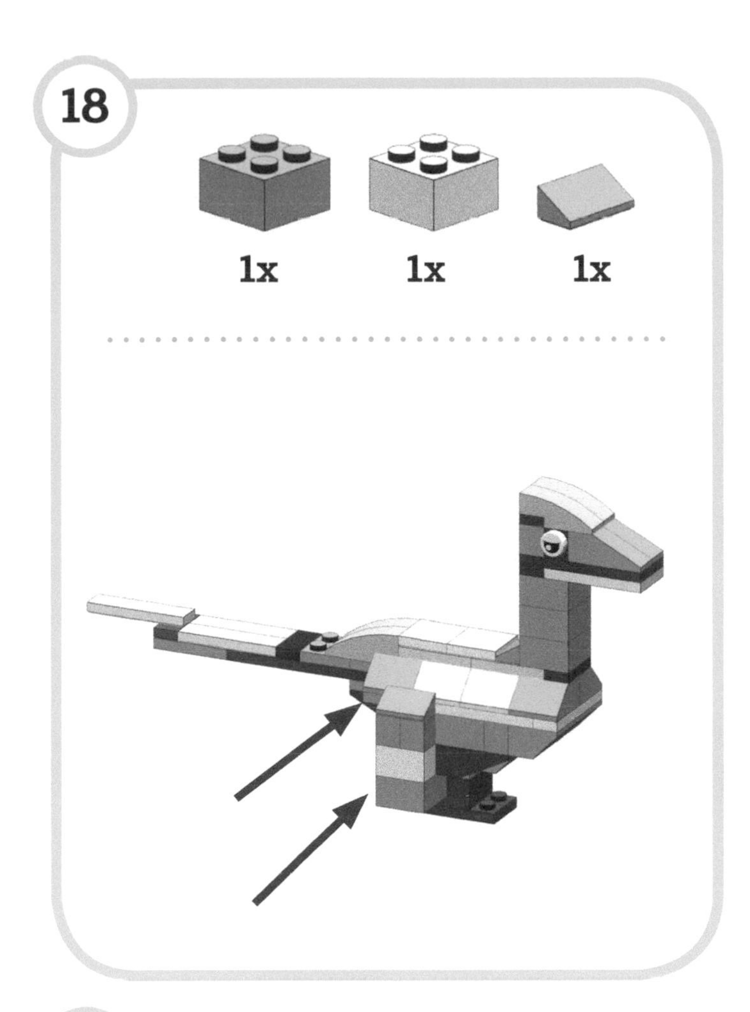
18
1x
1x
1x

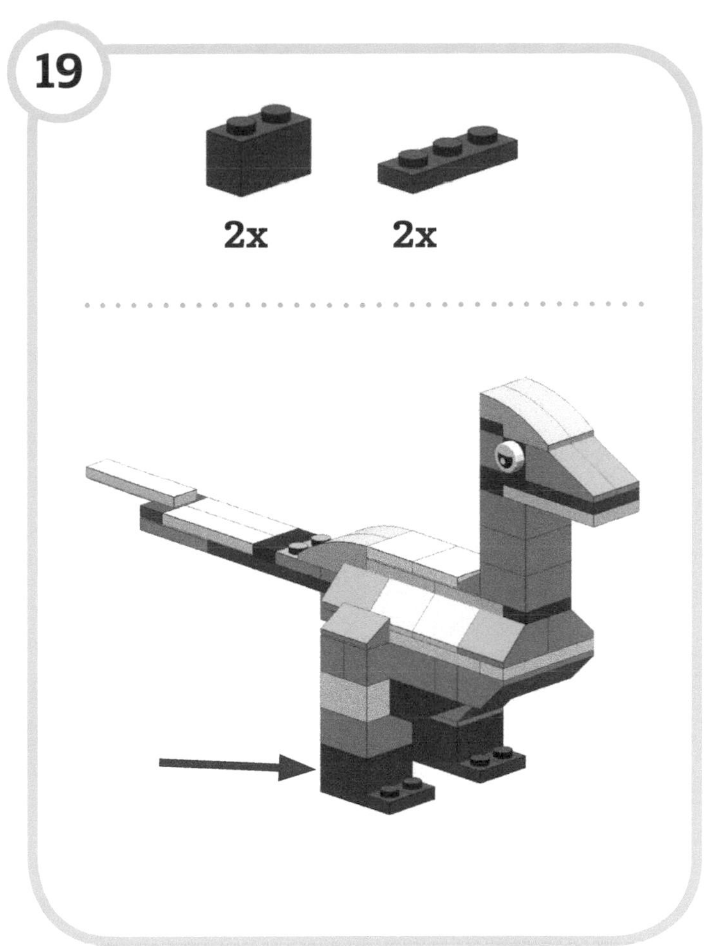
19
2x
2x

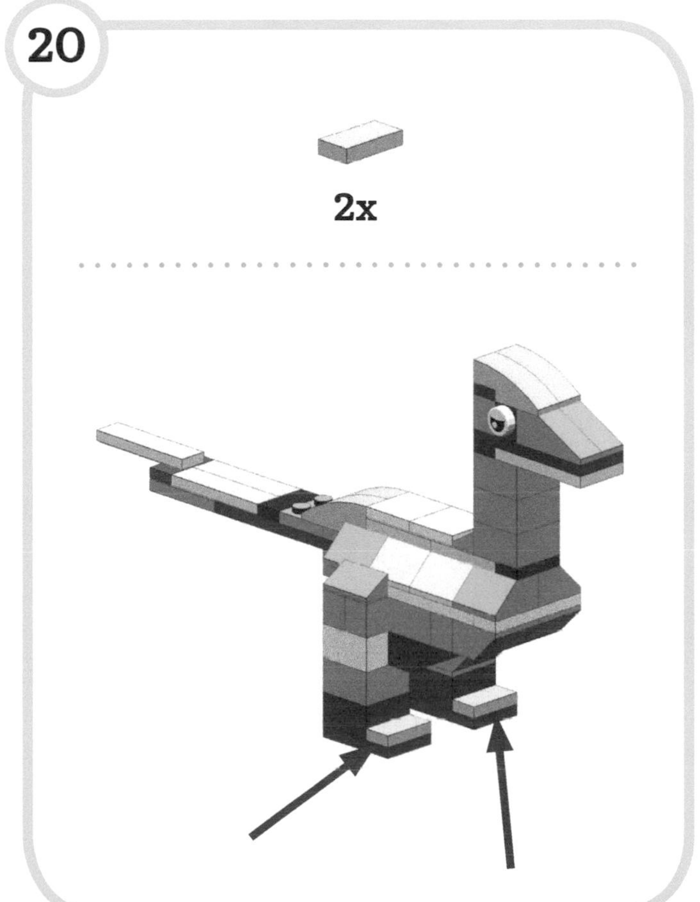
20
2x

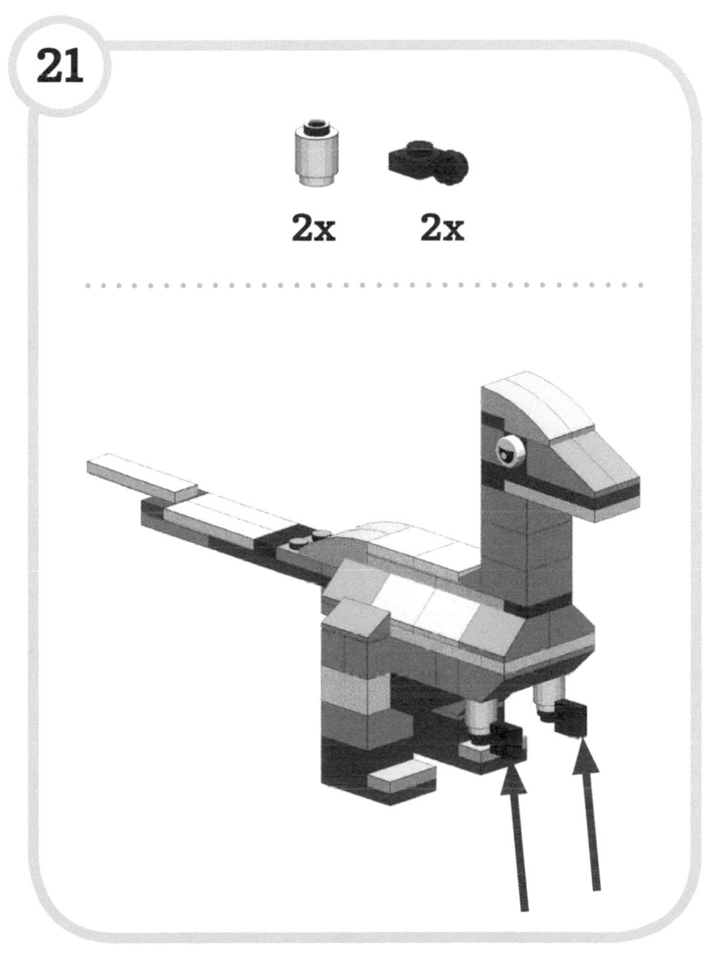
21
2x
2x

Build a Coelophysis

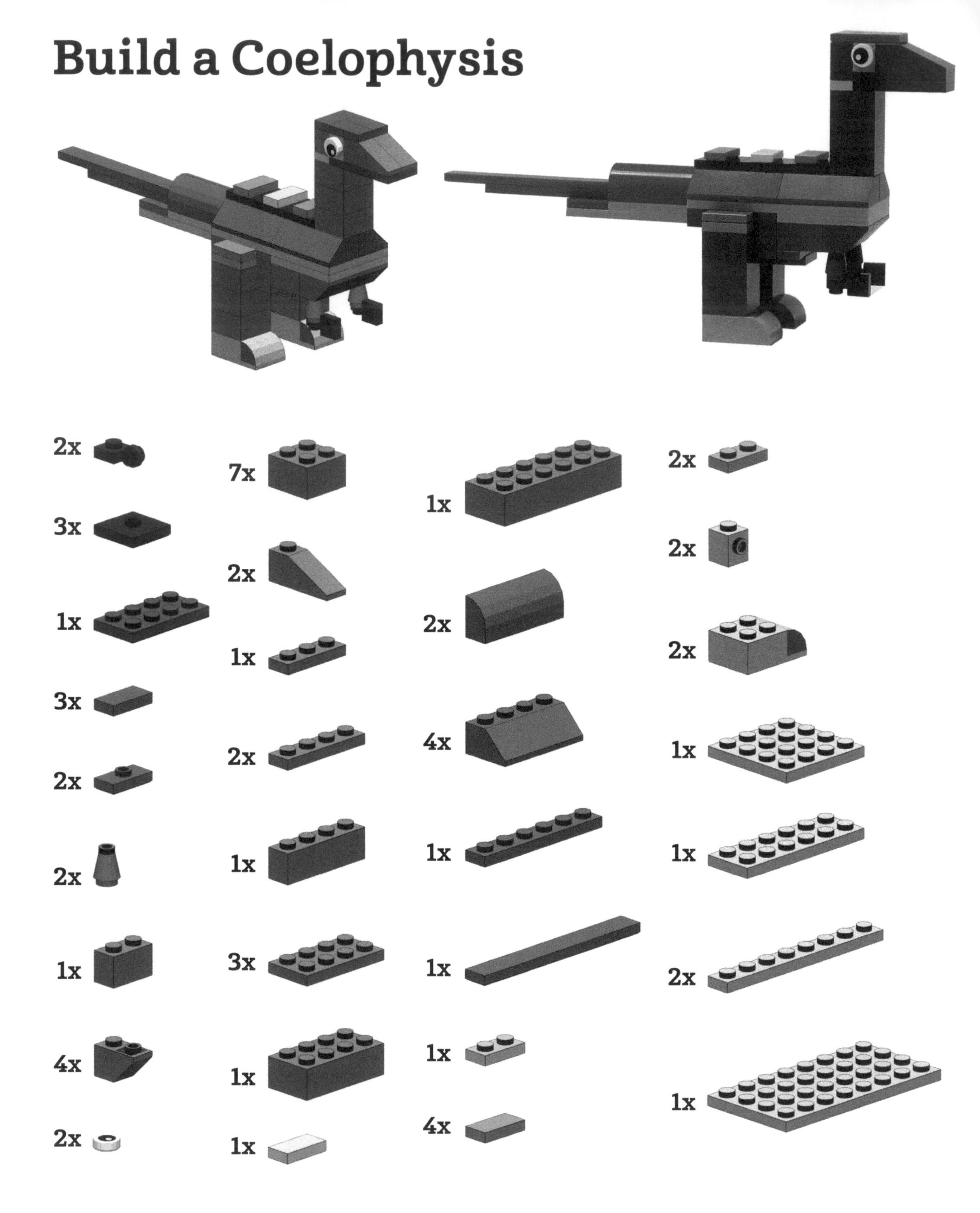
2x
3x
1x
3x
2x
2x
1x
4x
2x
7x
2x
1x
2x
1x
3x
1x
1x
1x
2x
4x
1x
1x
1x
4x
2x
2x
2x
1x
1x
2x
1x

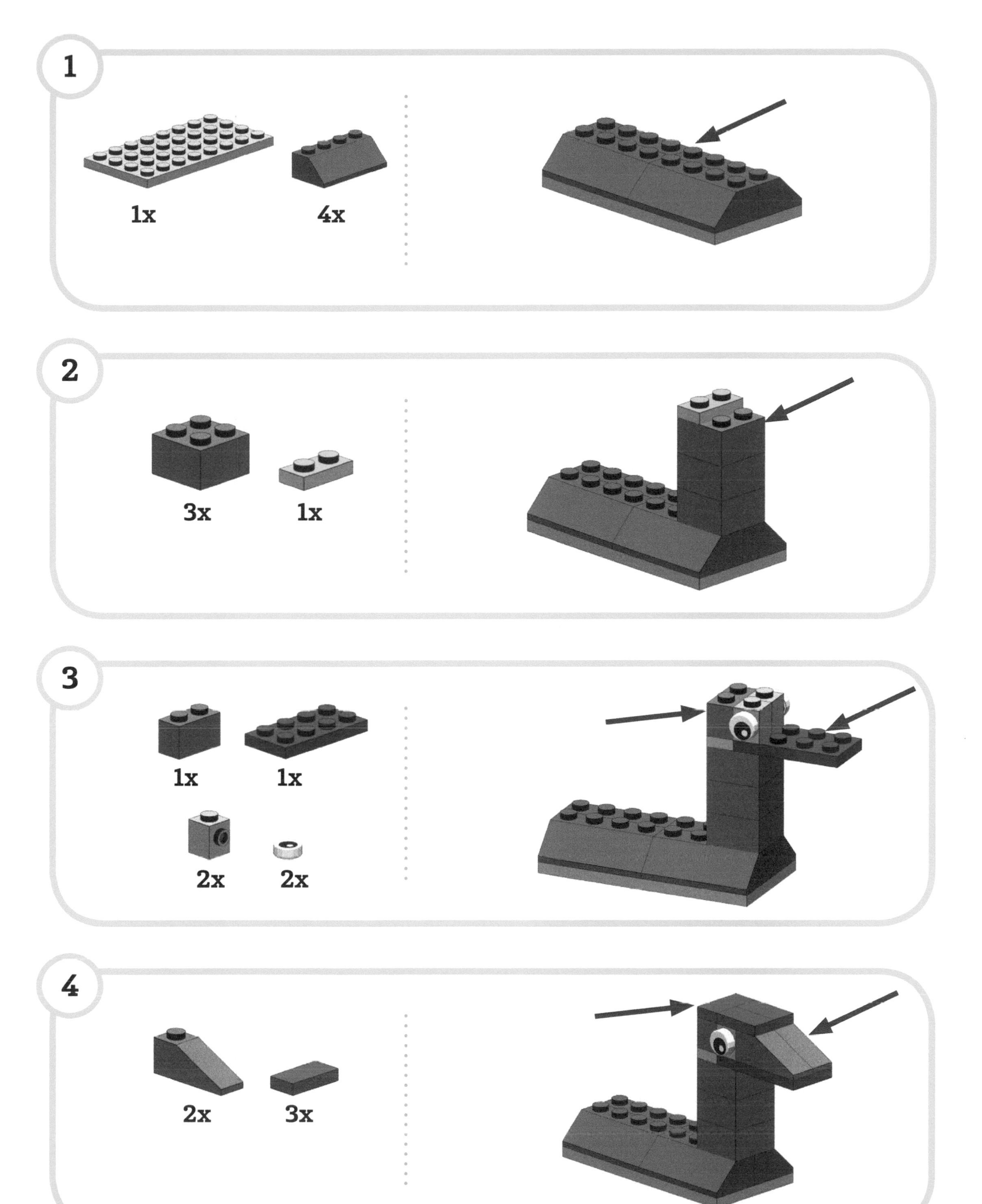
1
1x
4x
2
3x
1x
3
1x
1x
2x
2x
4
2x
3x

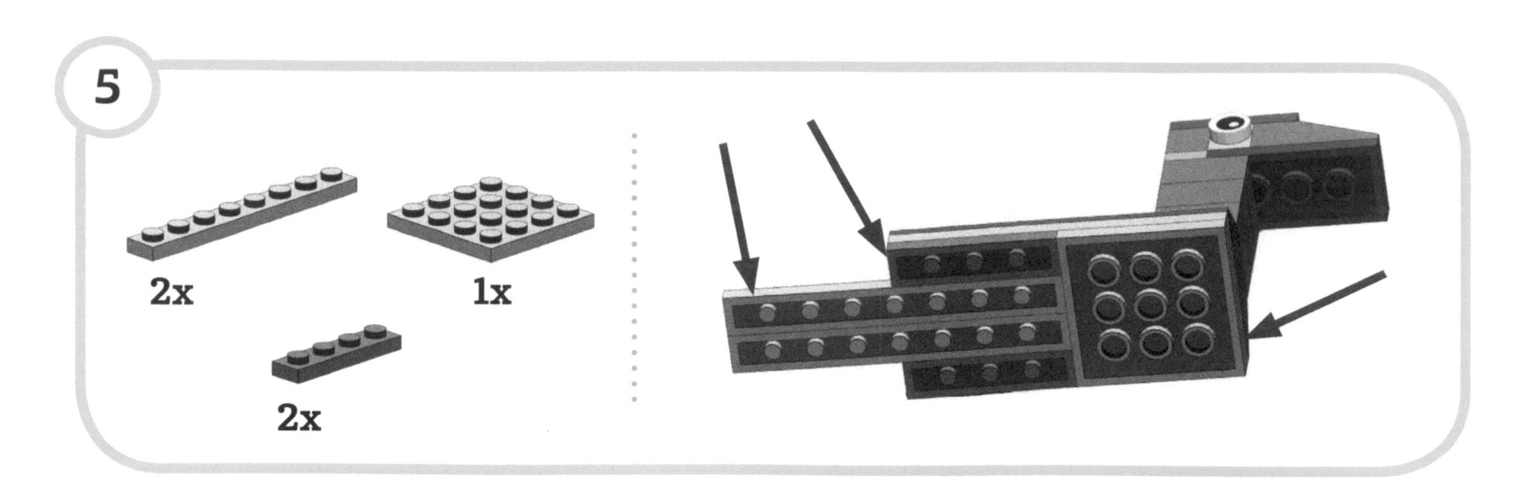
5
2x
1x
2x

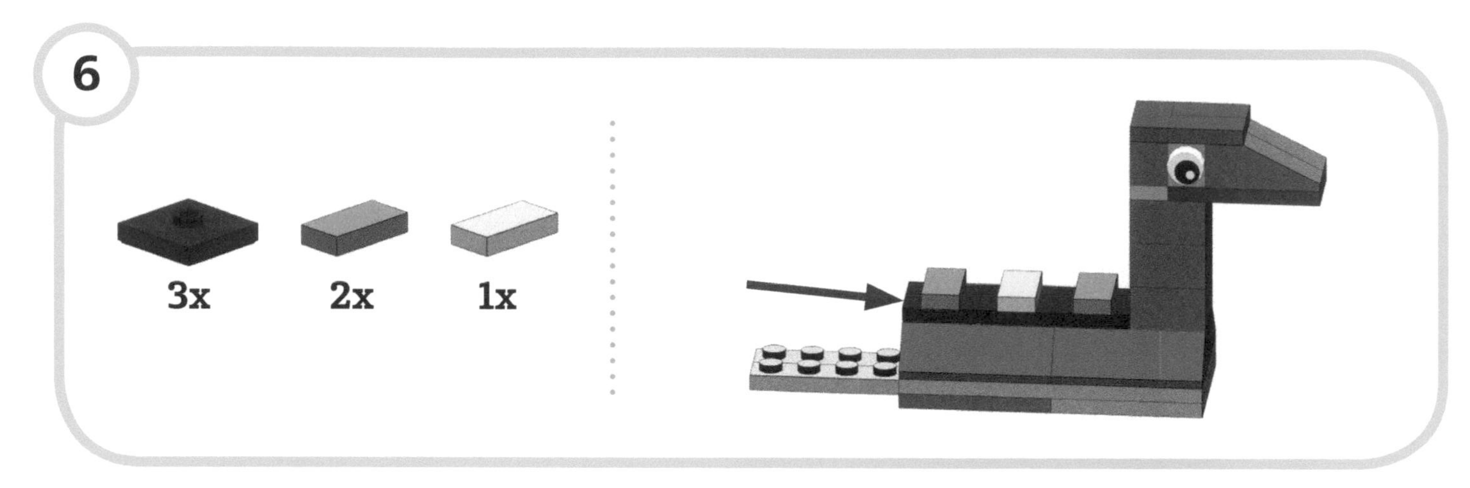
6
3x
2x
1x

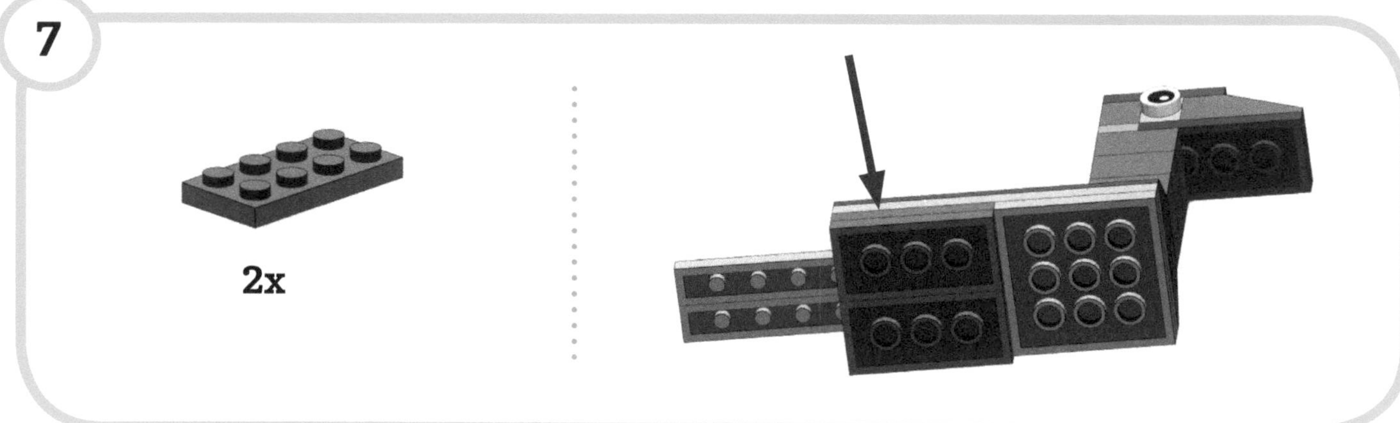
7
2x

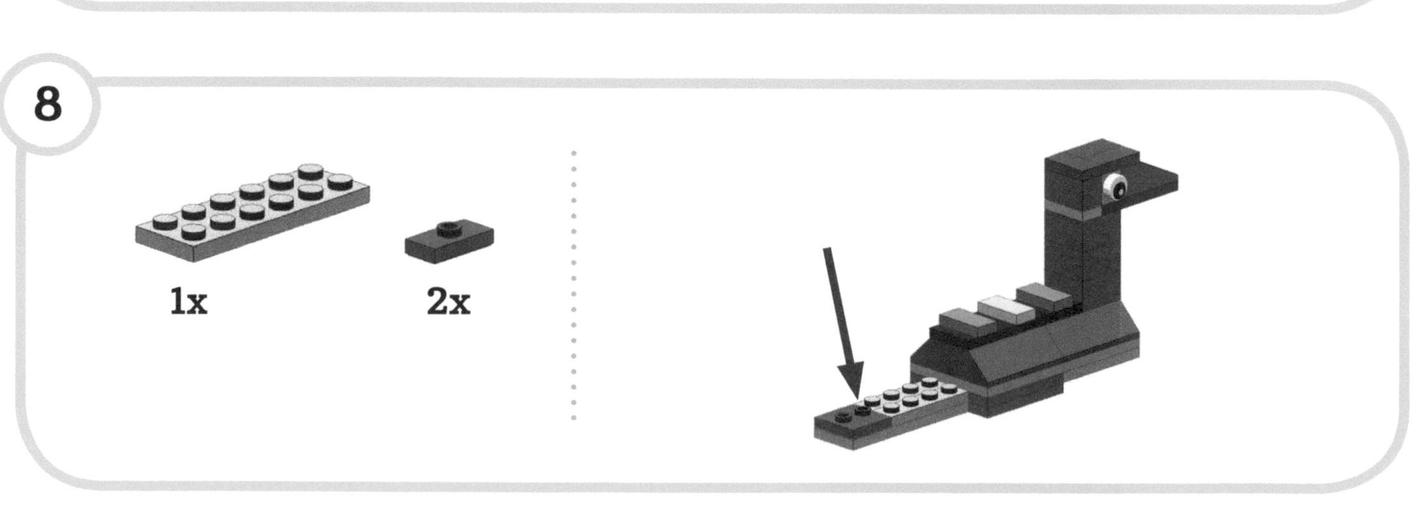
8
1x
2x

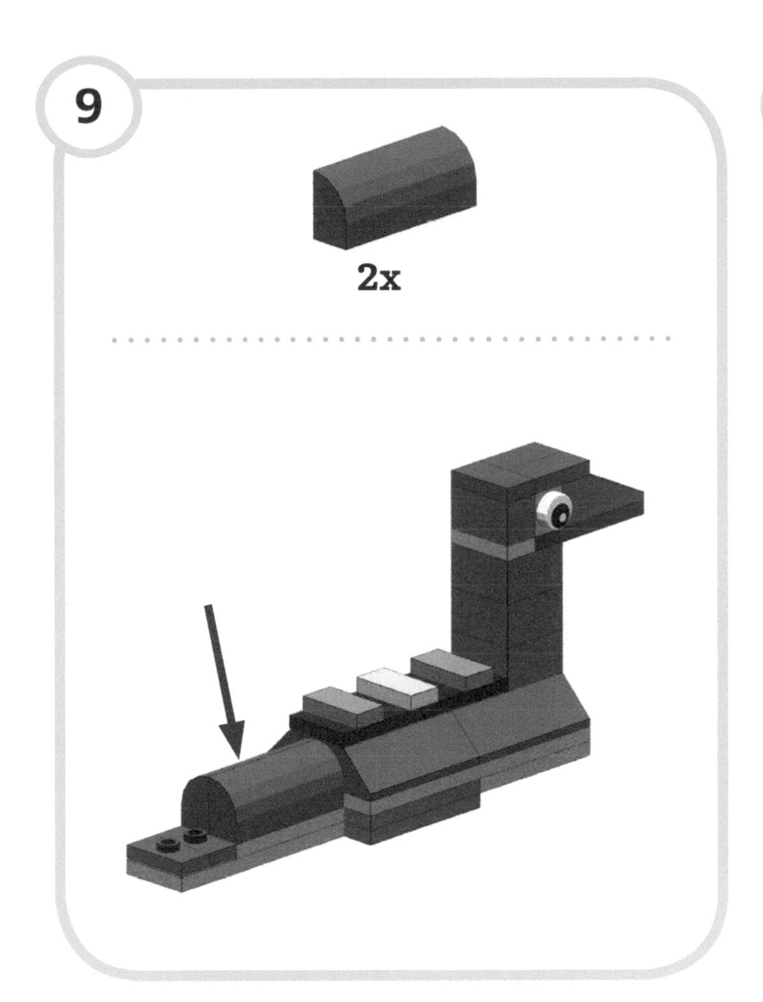
9
2x

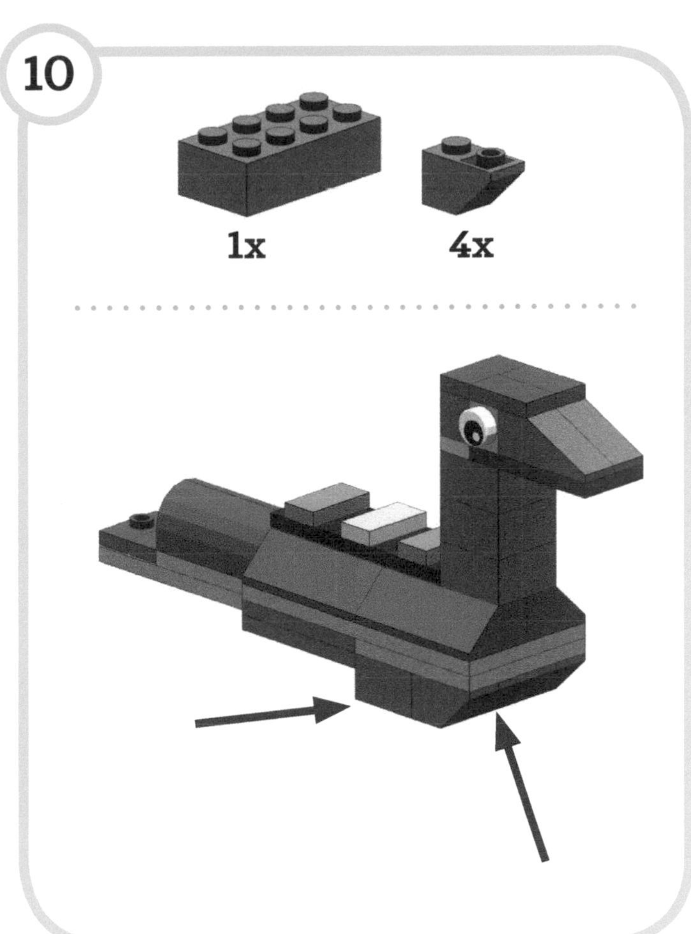
10
1x
4x

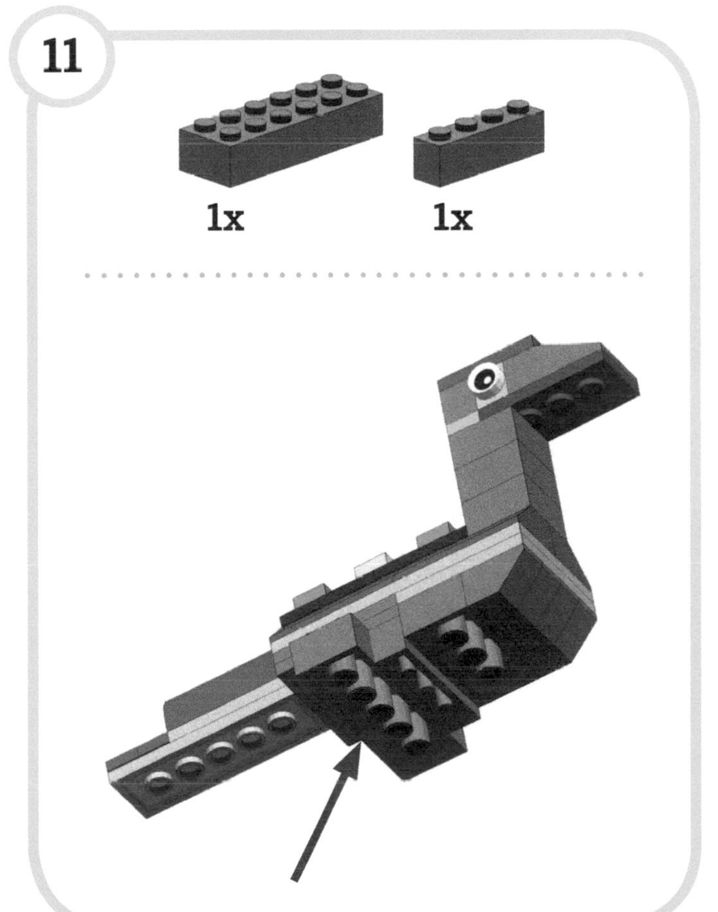
11
1x
1x

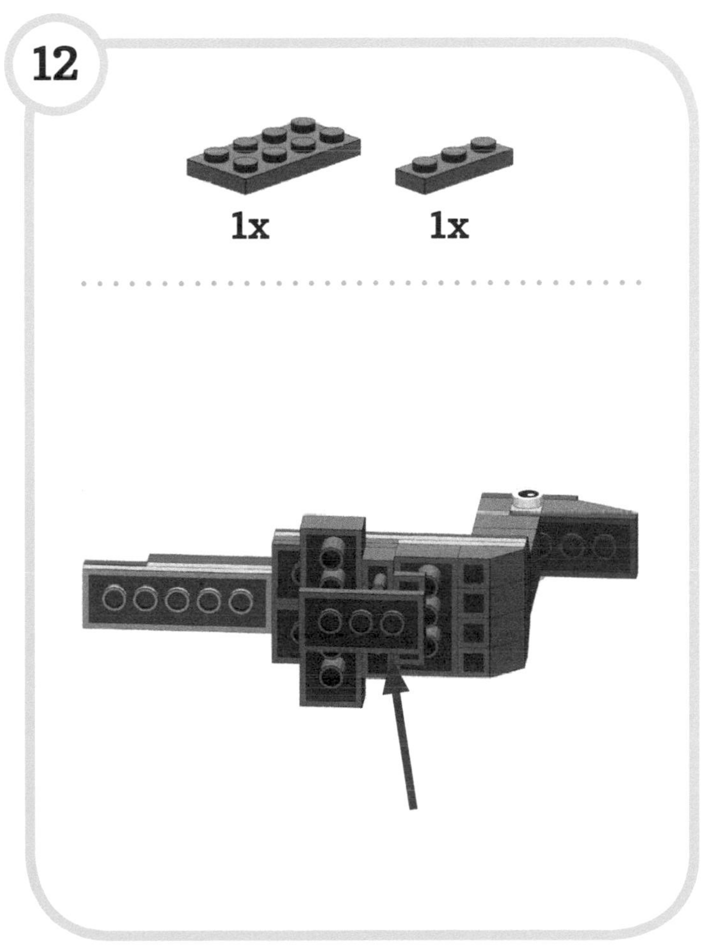
12
1x
1x

13

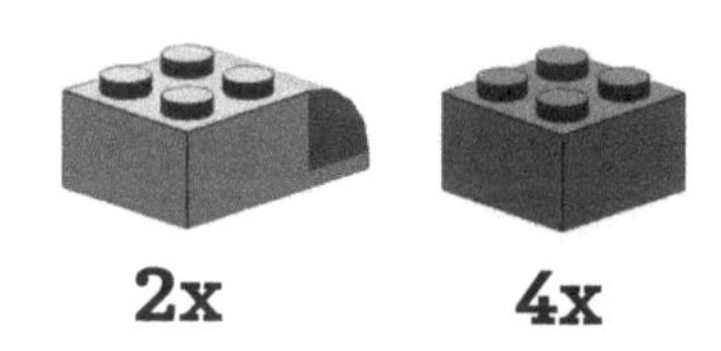
2x
4x

14

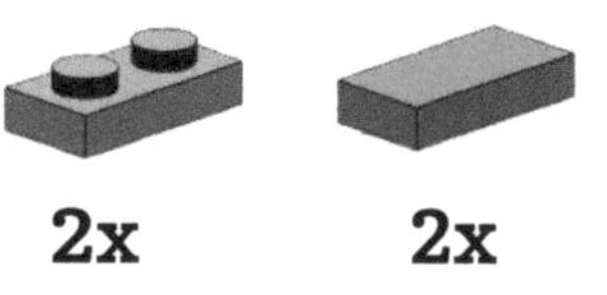
2x
2x

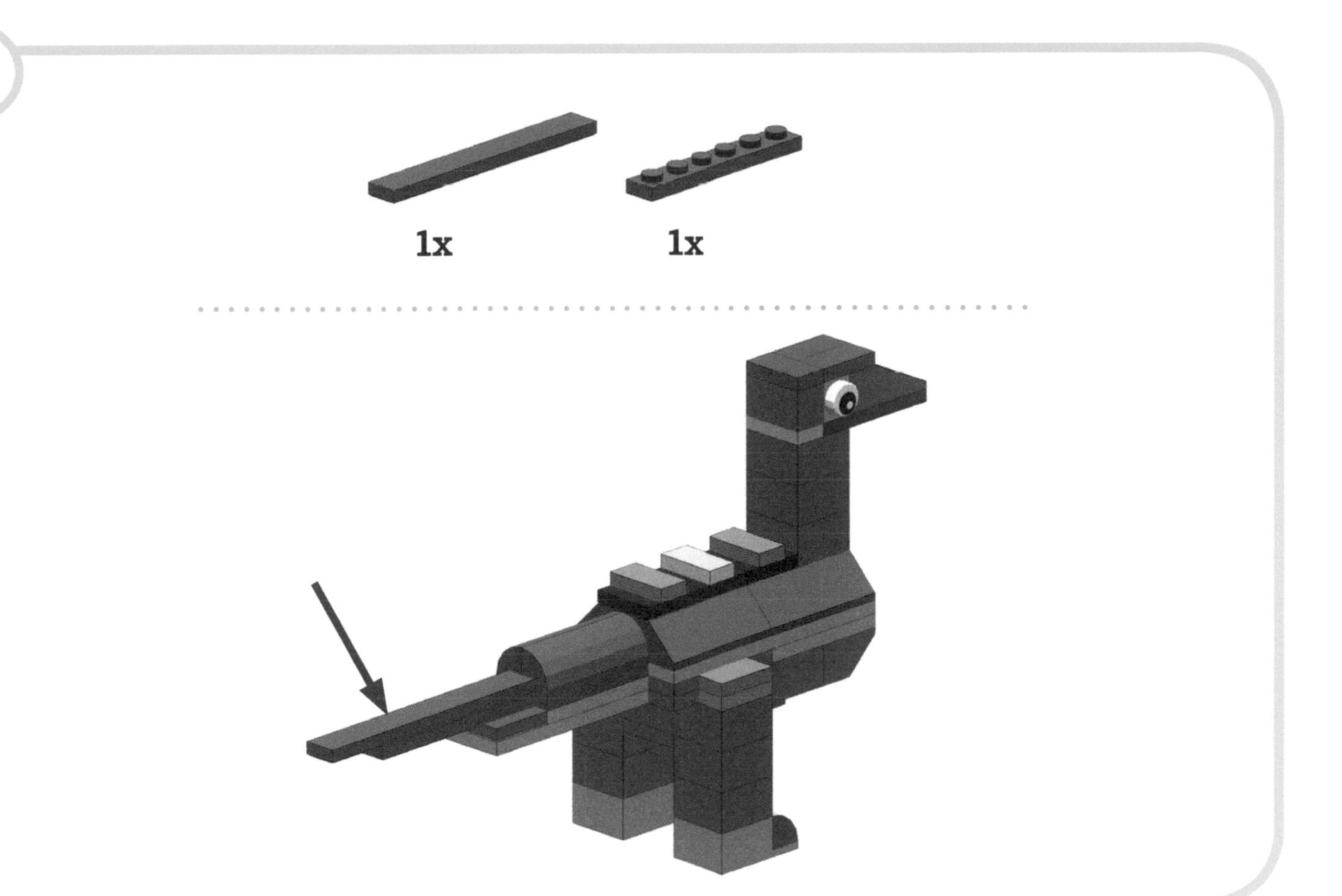
15
1x
1x

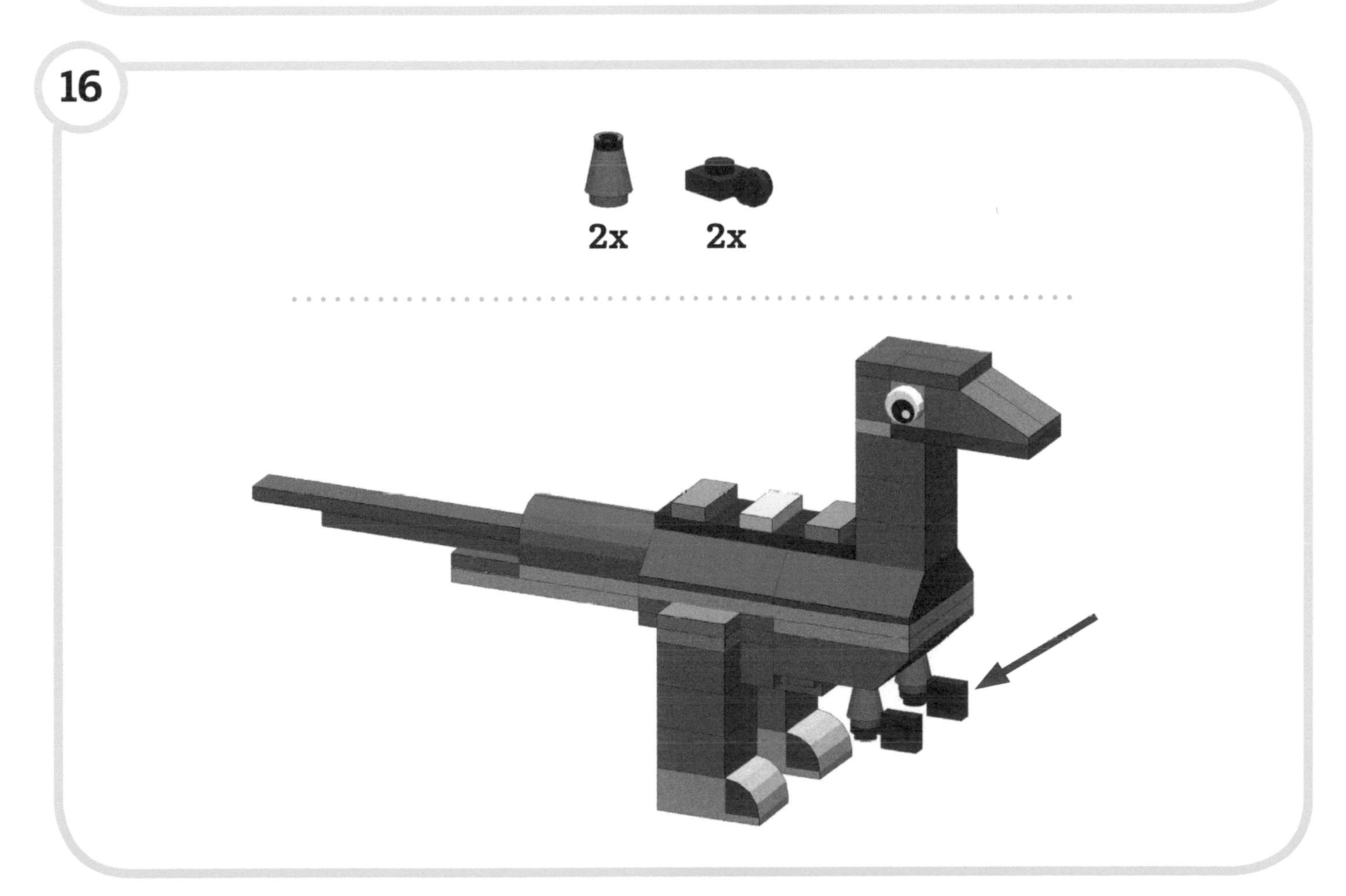
16
2x
2x

Baby Dinos

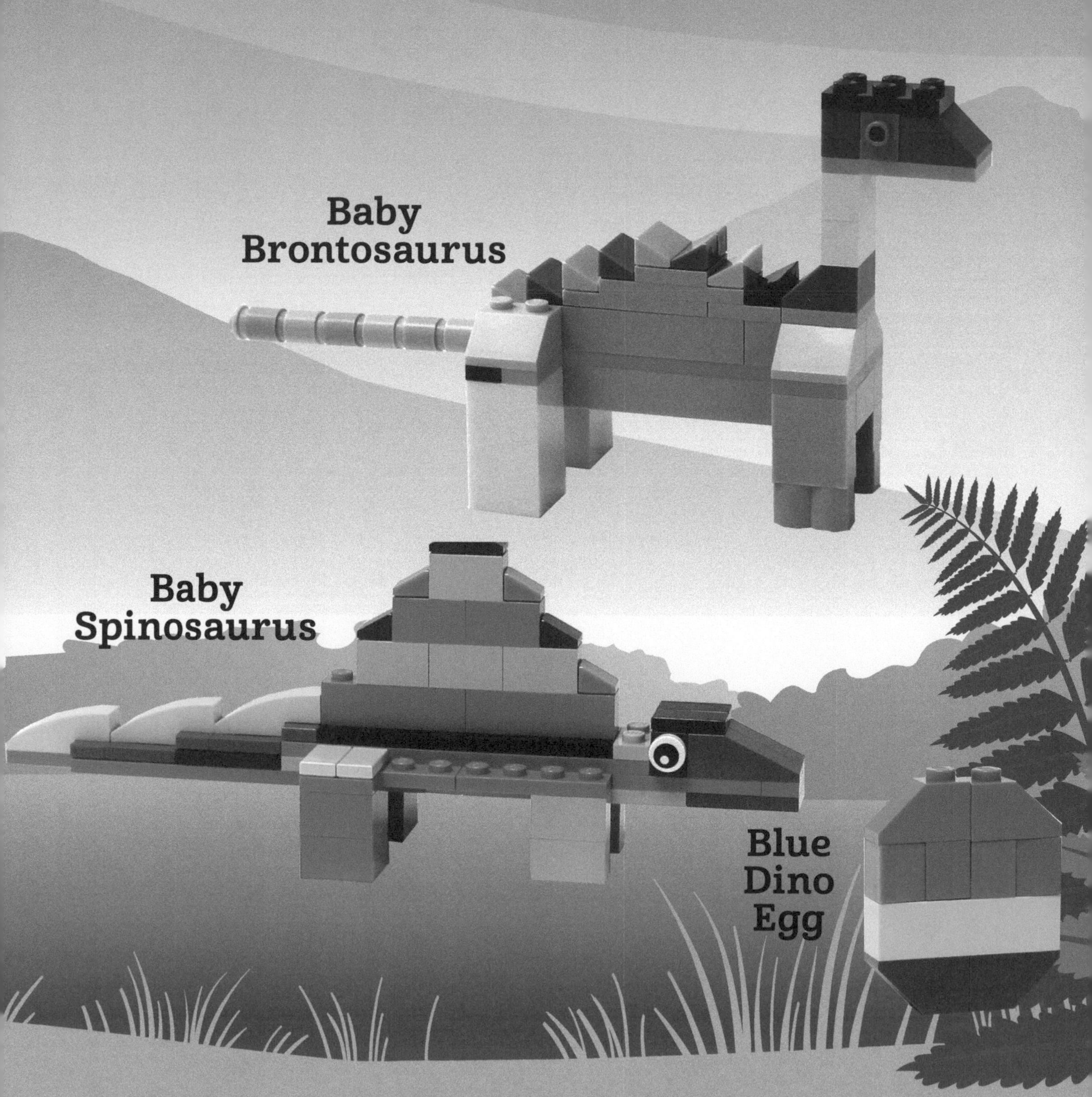
Baby
Brontosaurus
Baby
Spinosaurus
Blue
Dino
Egg

Baby Triceratops

Green Dino Egg

Red Dino Egg

Build a Baby Brontosaurus

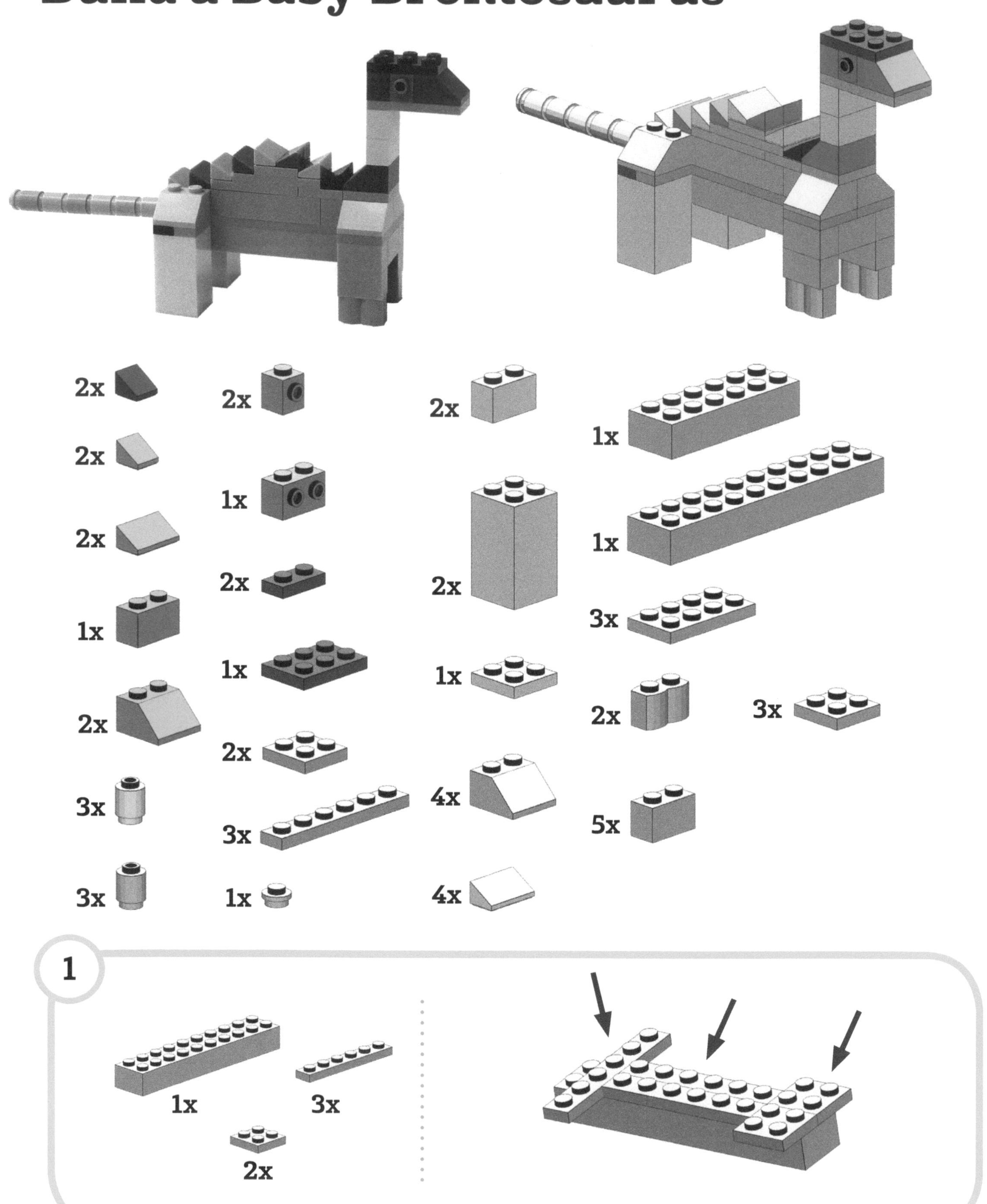

2x
2x
2x
1x
2x
3x
3x
2x
1x
2x
1x
2x
3x
1x
2x
2x
1x
4x
4x
1x
1x
3x
2x
3x
5x
1
1x
3x
2x

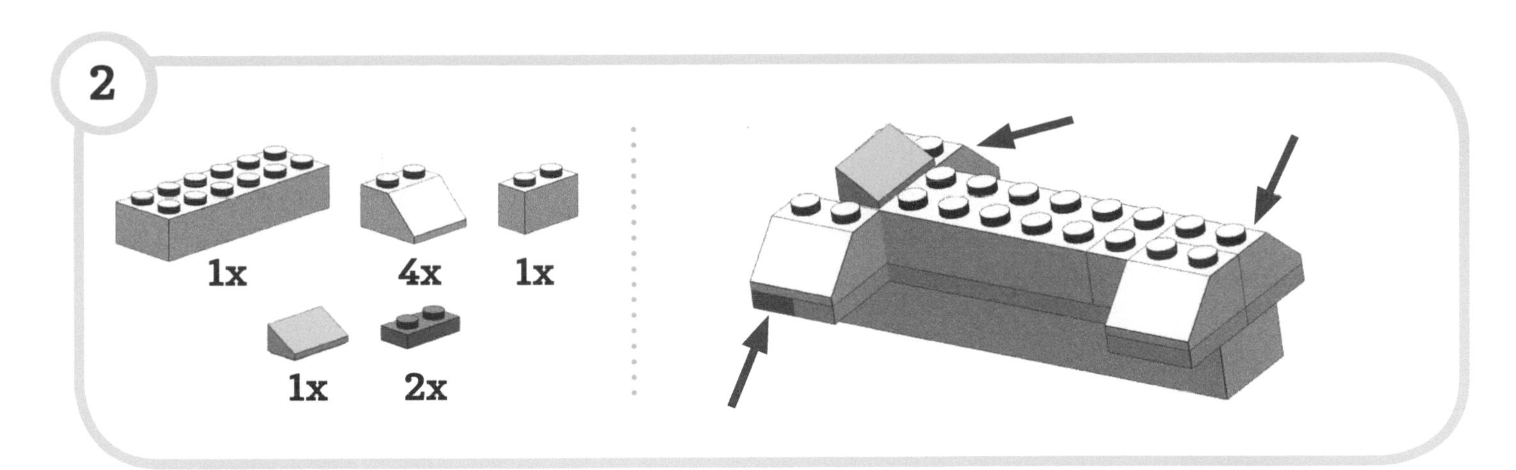
2
1x
4x
1x
1x
2x

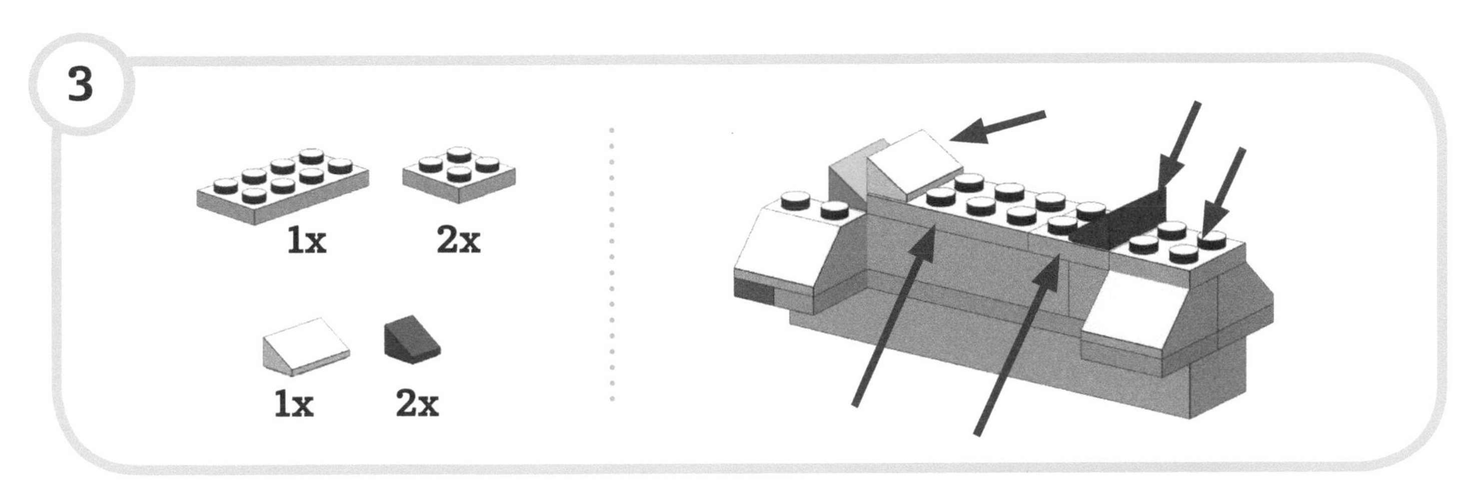
3
1x
2x
1x
2x

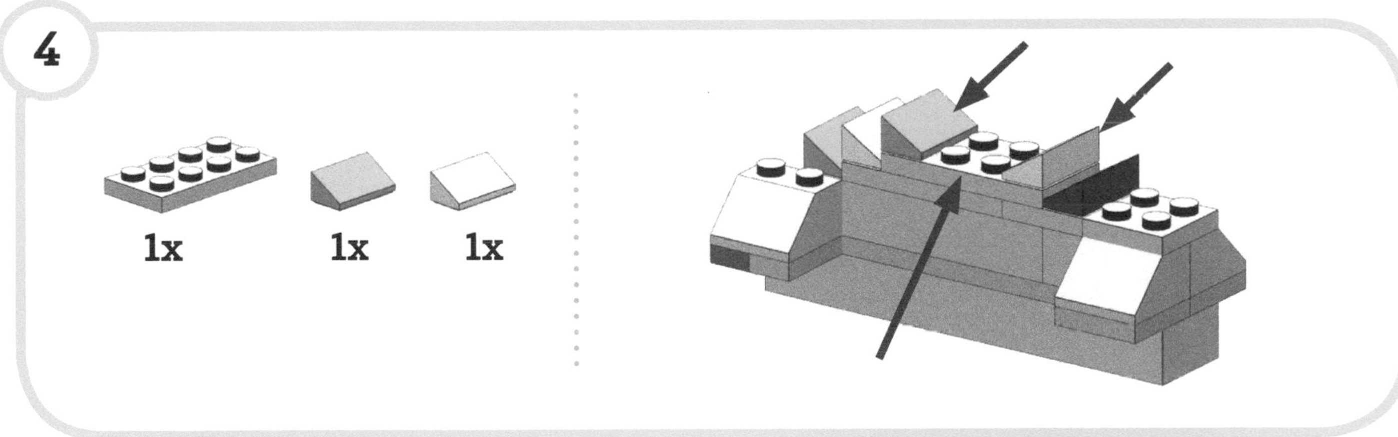
4
1x
1x
1x

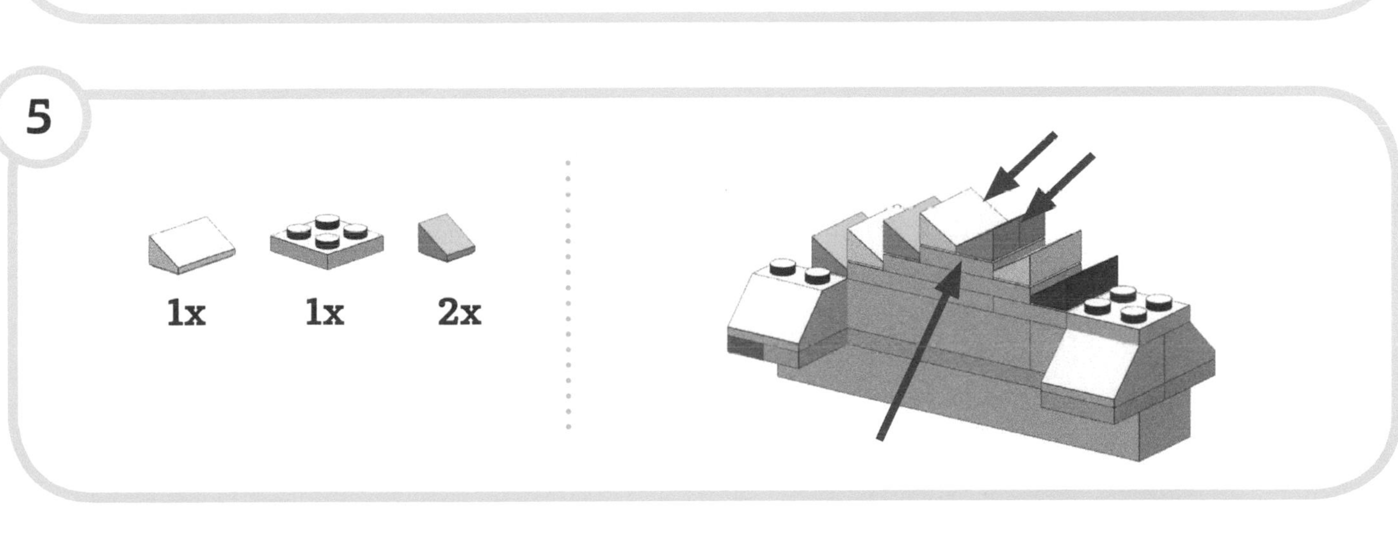
5
1x
1x
2x

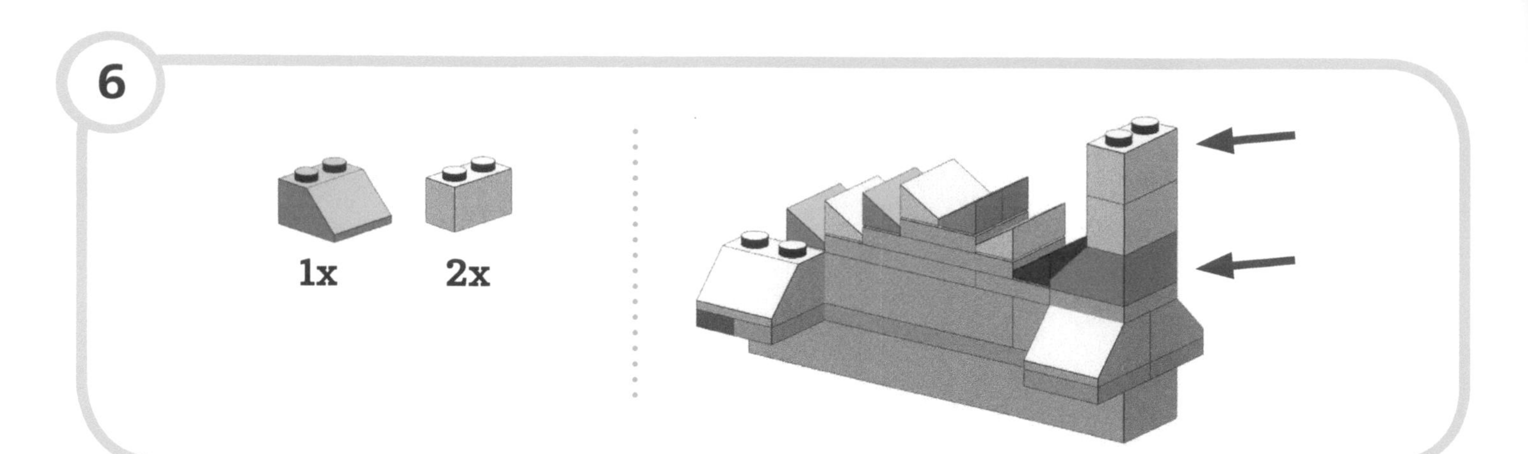
6
1x
2x

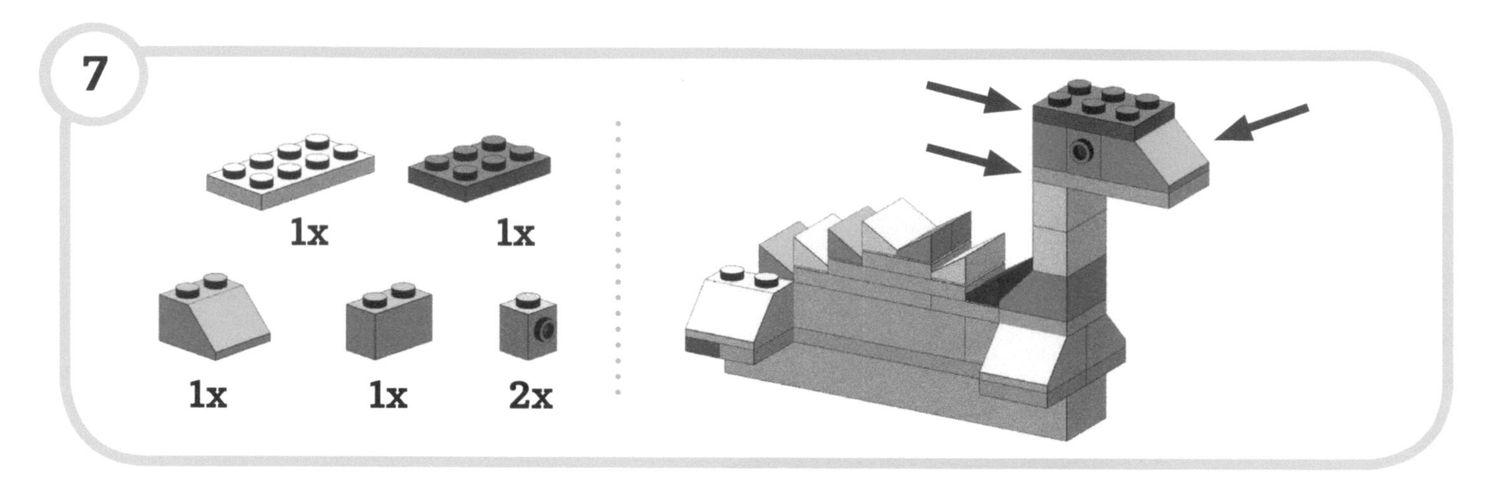
7
1x
1x
1x
1x
2x

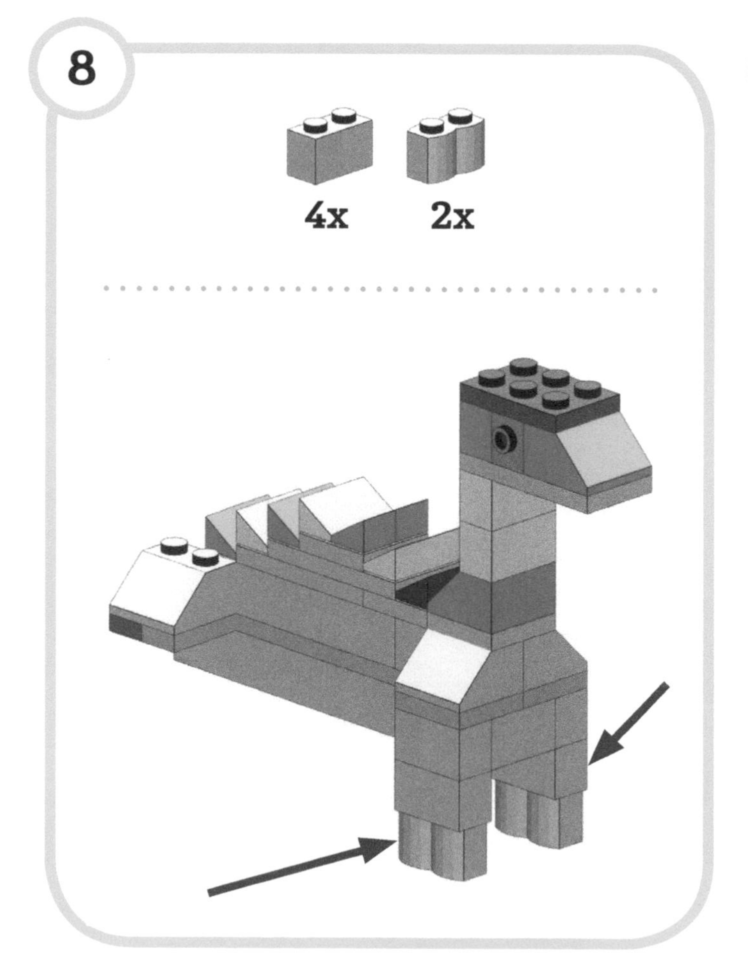
8
4x
2x

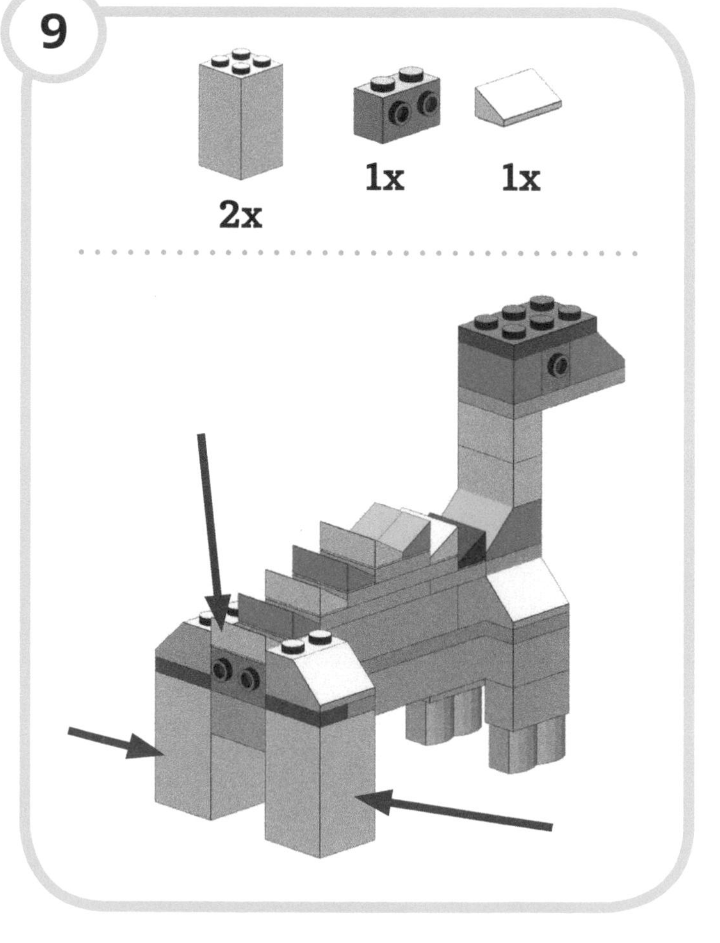
9
2x
1x
1x

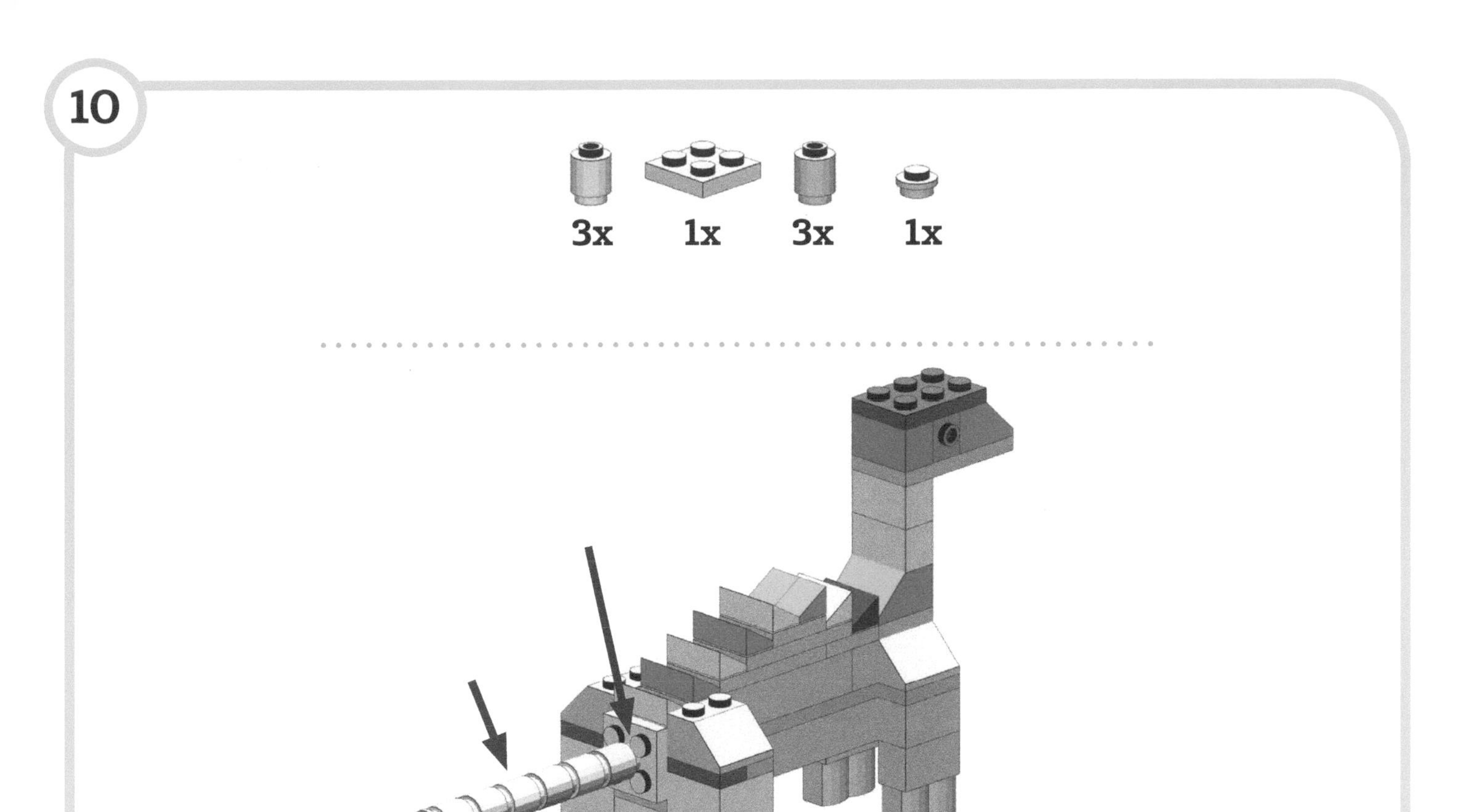
10
3x
1x
3x
1x

Build a Baby Triceratops

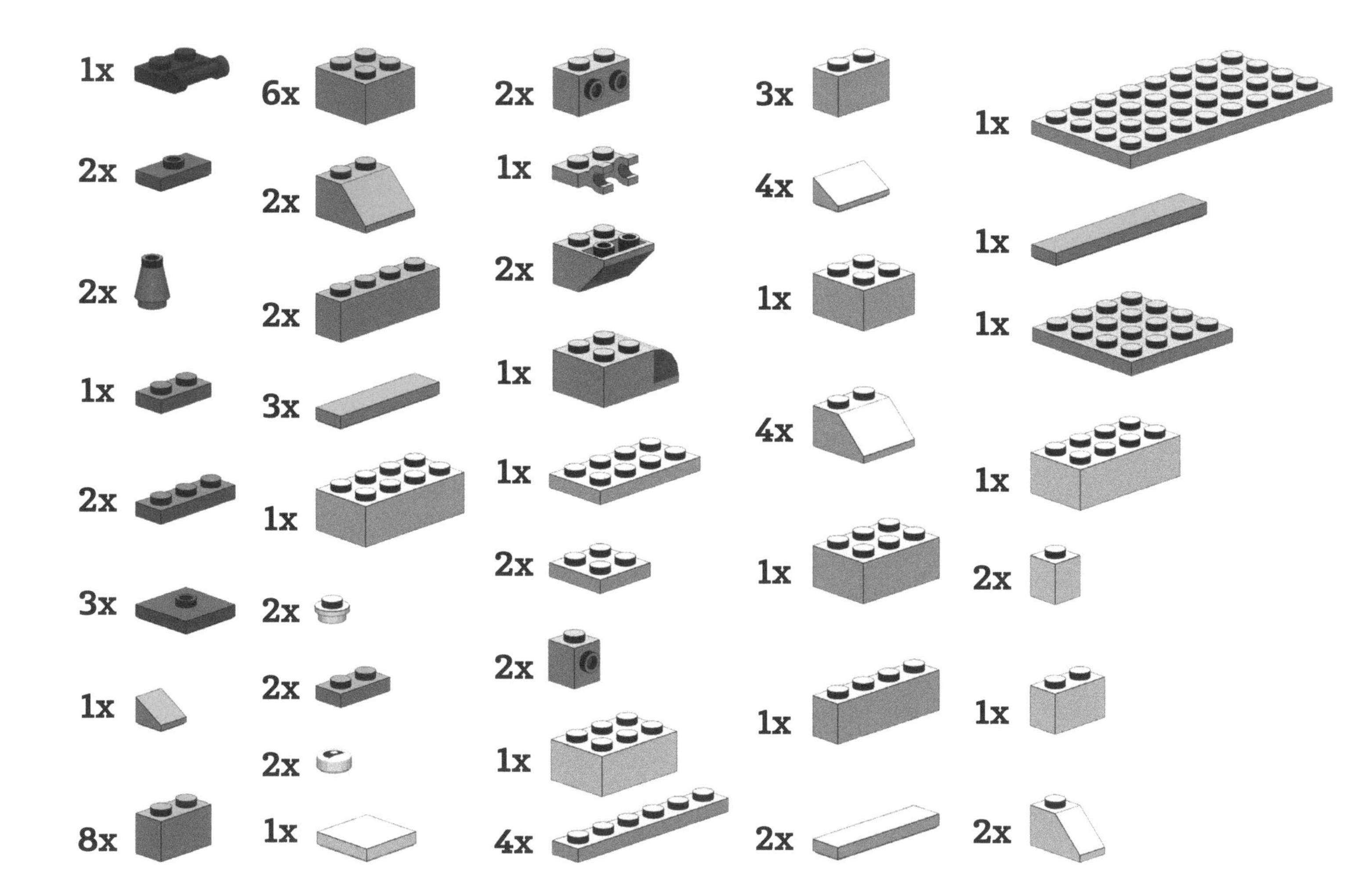
1x
2x
2x
1x
2x
3x
1x
8x
6x
2x
2x
3x
1x
2x
2x
2x
1x
2x
1x
2x
1x
1x
2x
2x
1x
4x
3x
4x
1x
4x
1x
1x
2x
1x
1x
1x
1x
2x
1x
2x

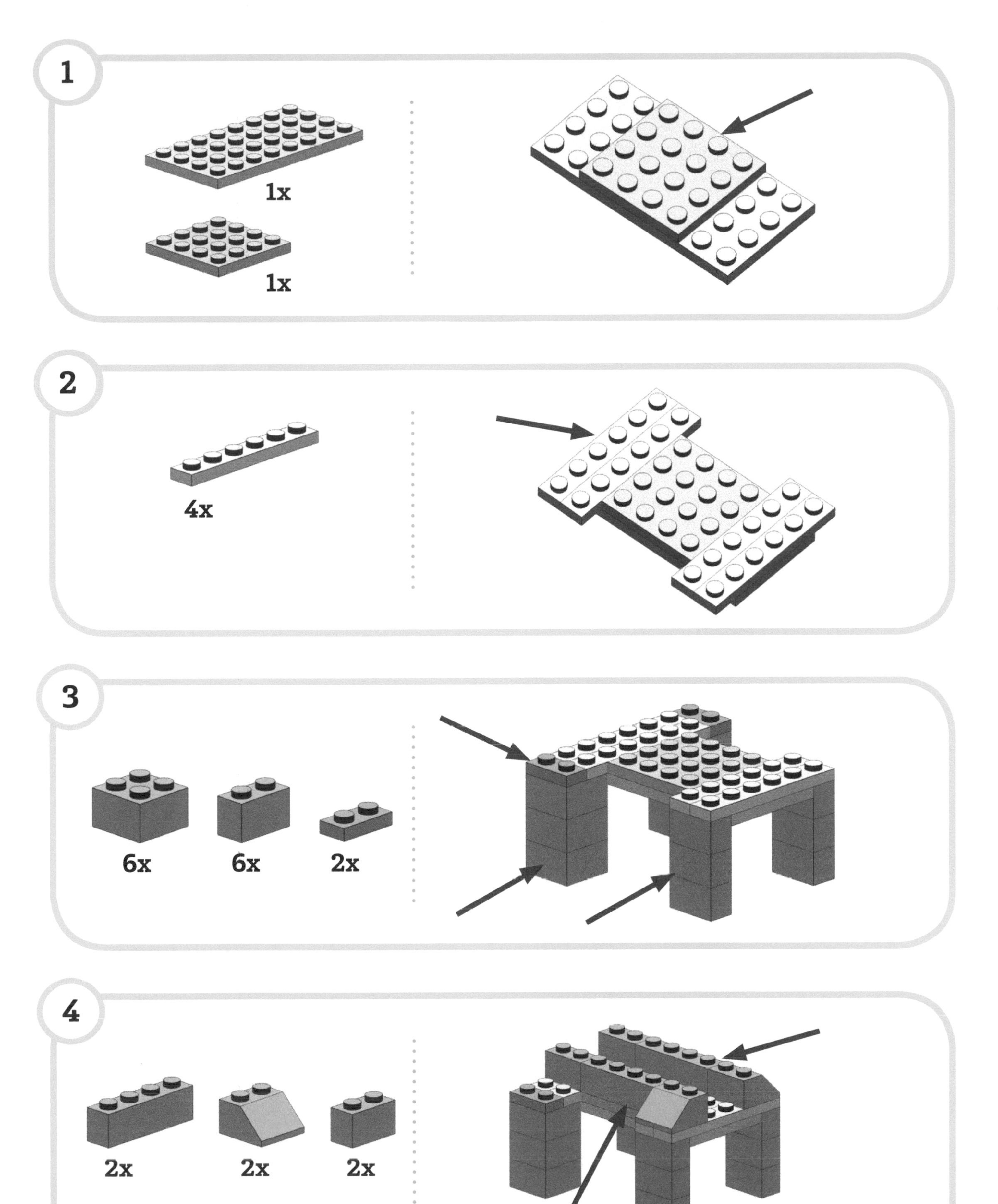
1
1x
1x
2
4x
3
6x
6x
2x
4
2x
2x
2x

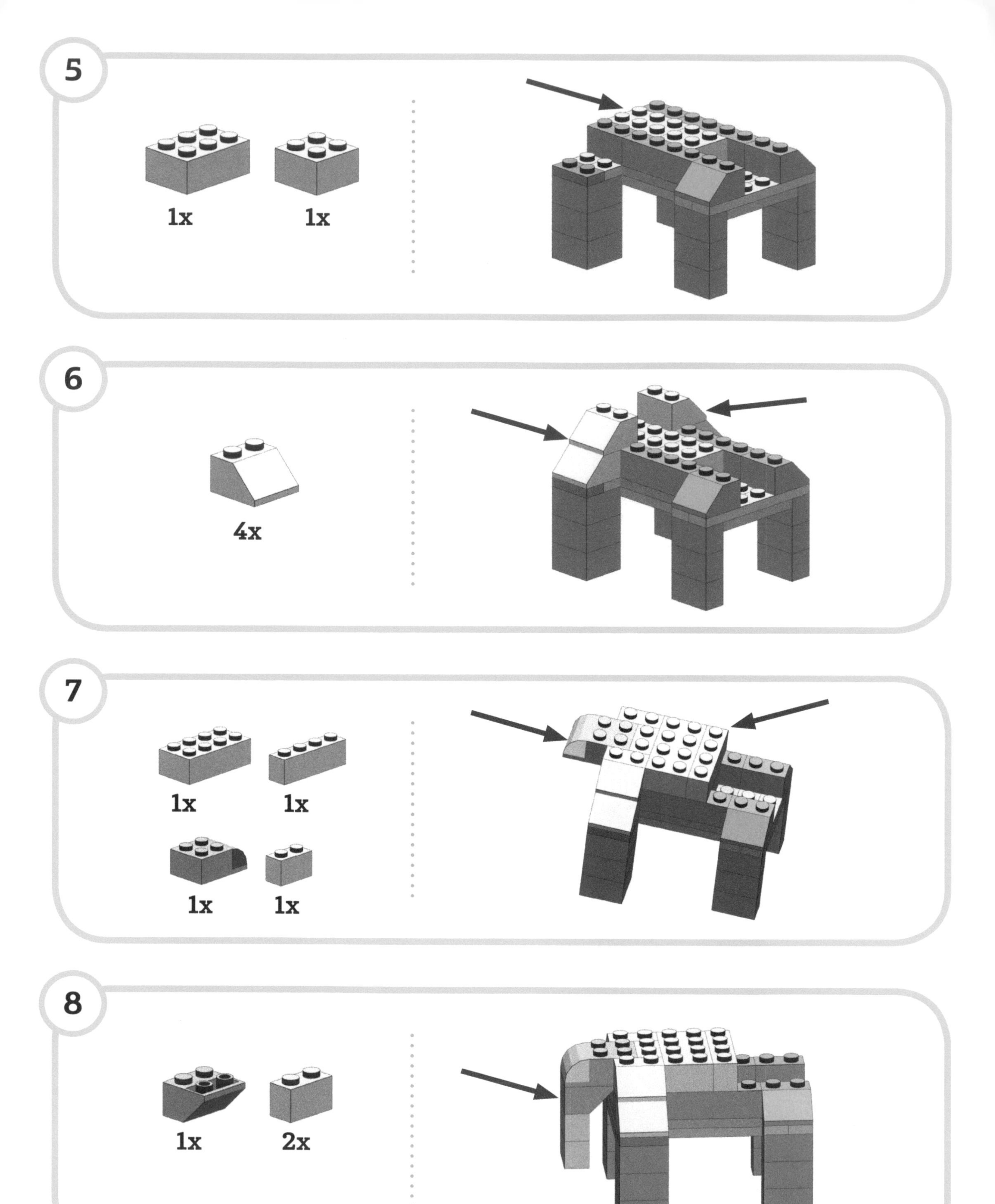
5
1x
1x
6
4x
7
1x
1x
1x
1x
8
1x
2x

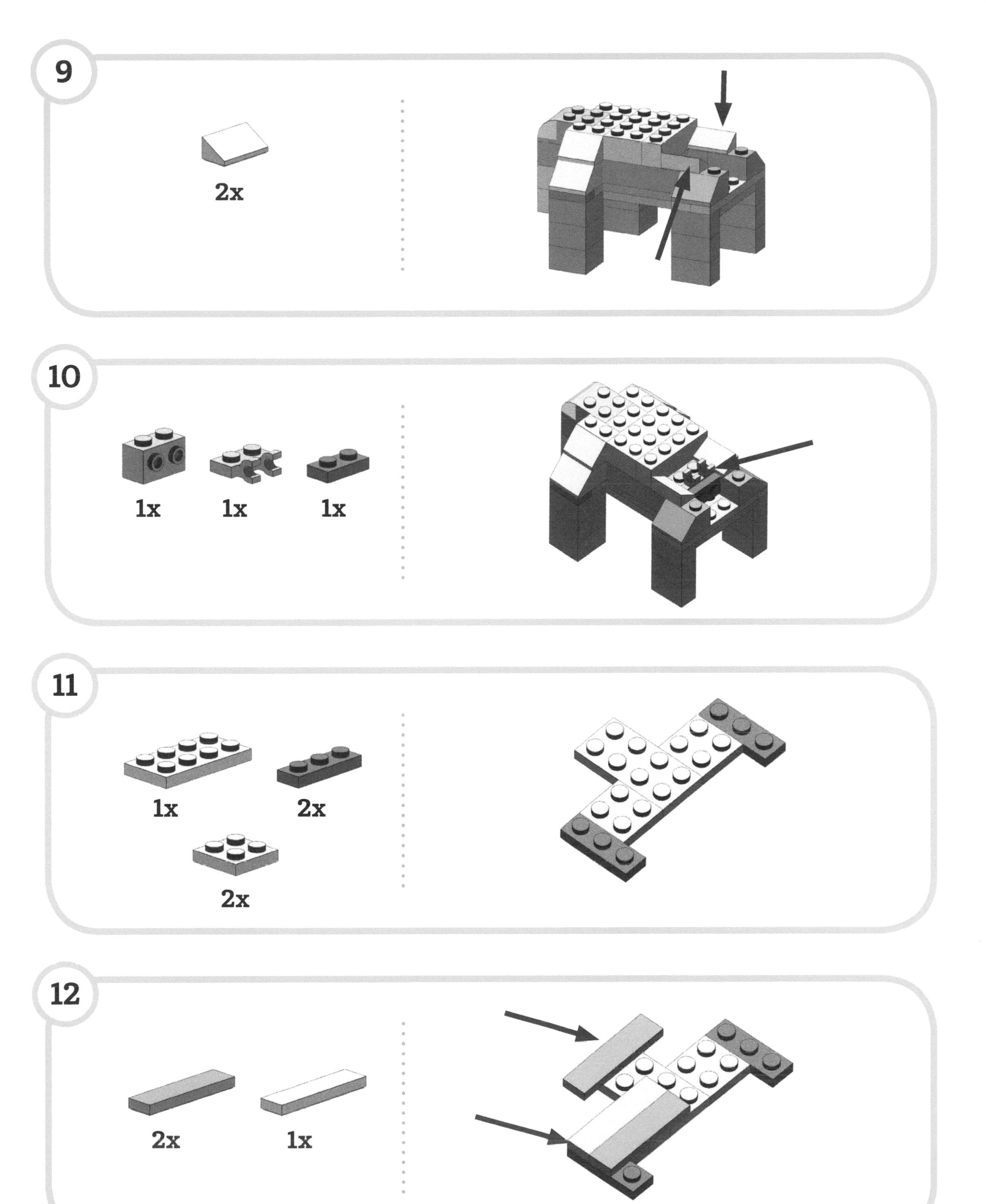
9
2x
10
1x
1x
1x
11
1x
2x
2x
12
2x
1x

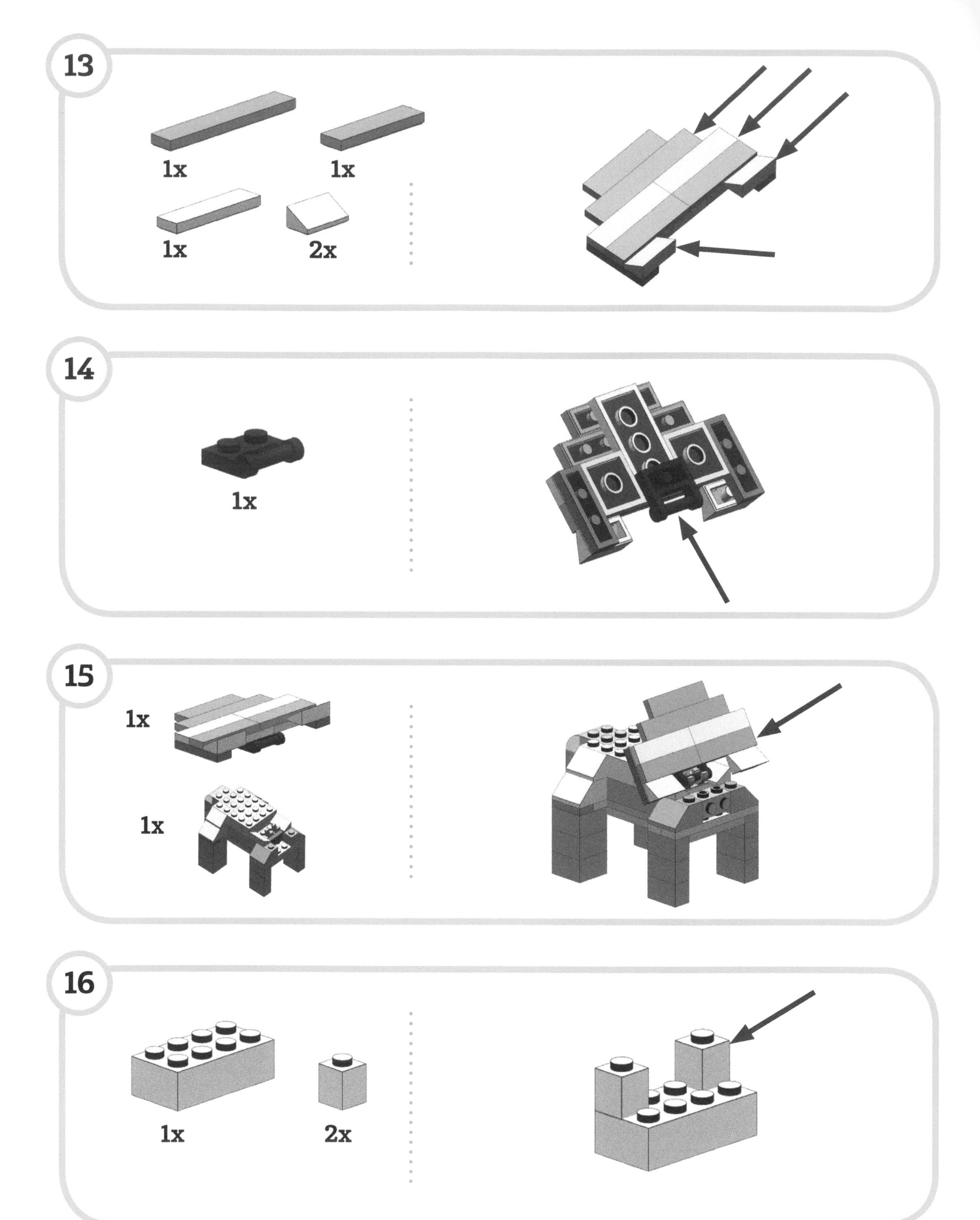
13
1x
1x
1x
2x
14
1x
15
1x
1x
16
1x
2x

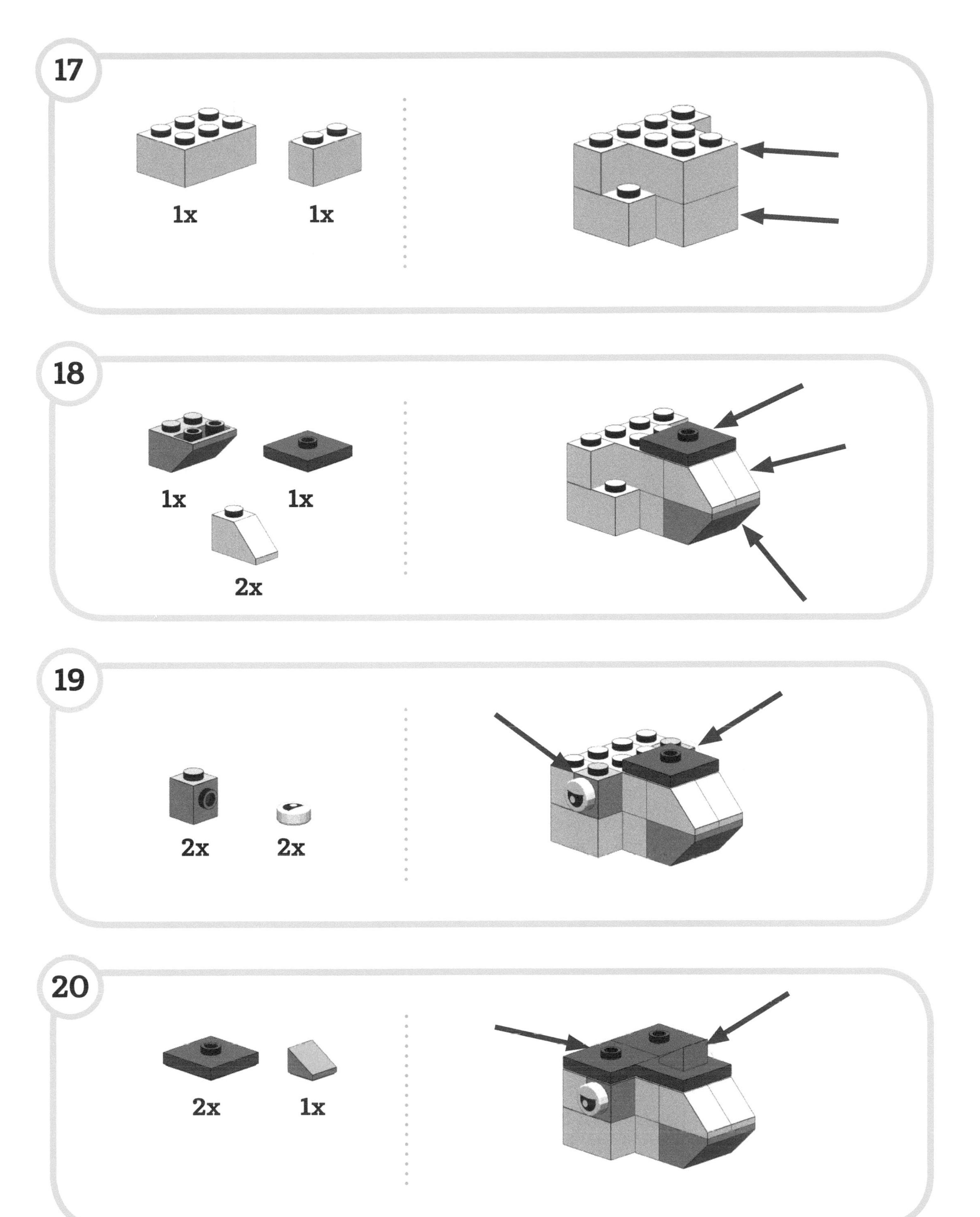
17
1x
1x
18
1x
1x
2x
19
2x
2x
20
2x
1x

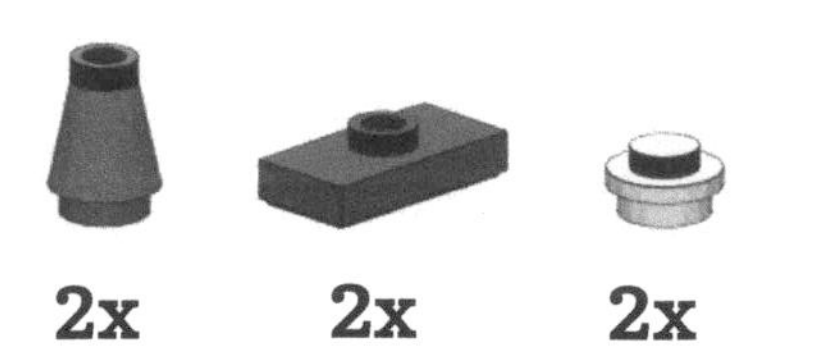
2x
2x
2x

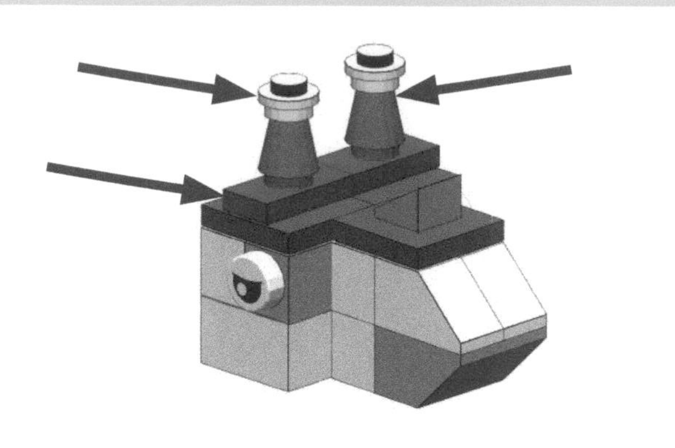

22

1x 1x

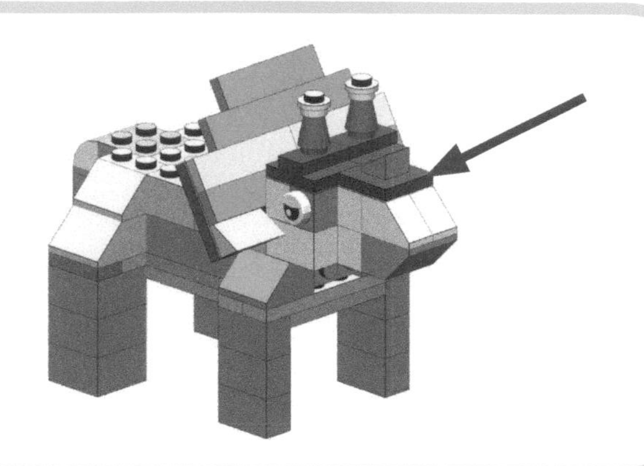

23

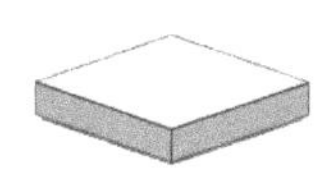

1x

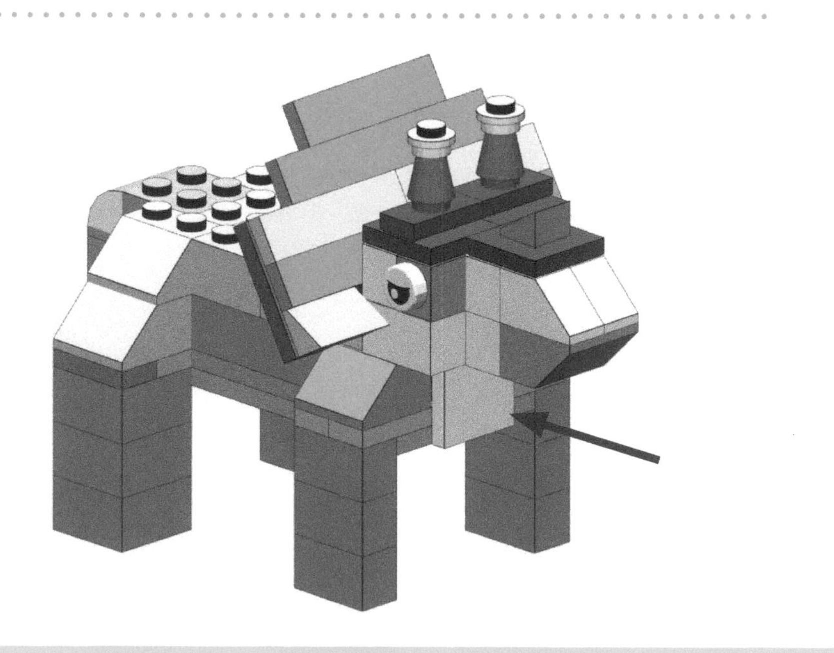

Build a Baby Spinosaurus

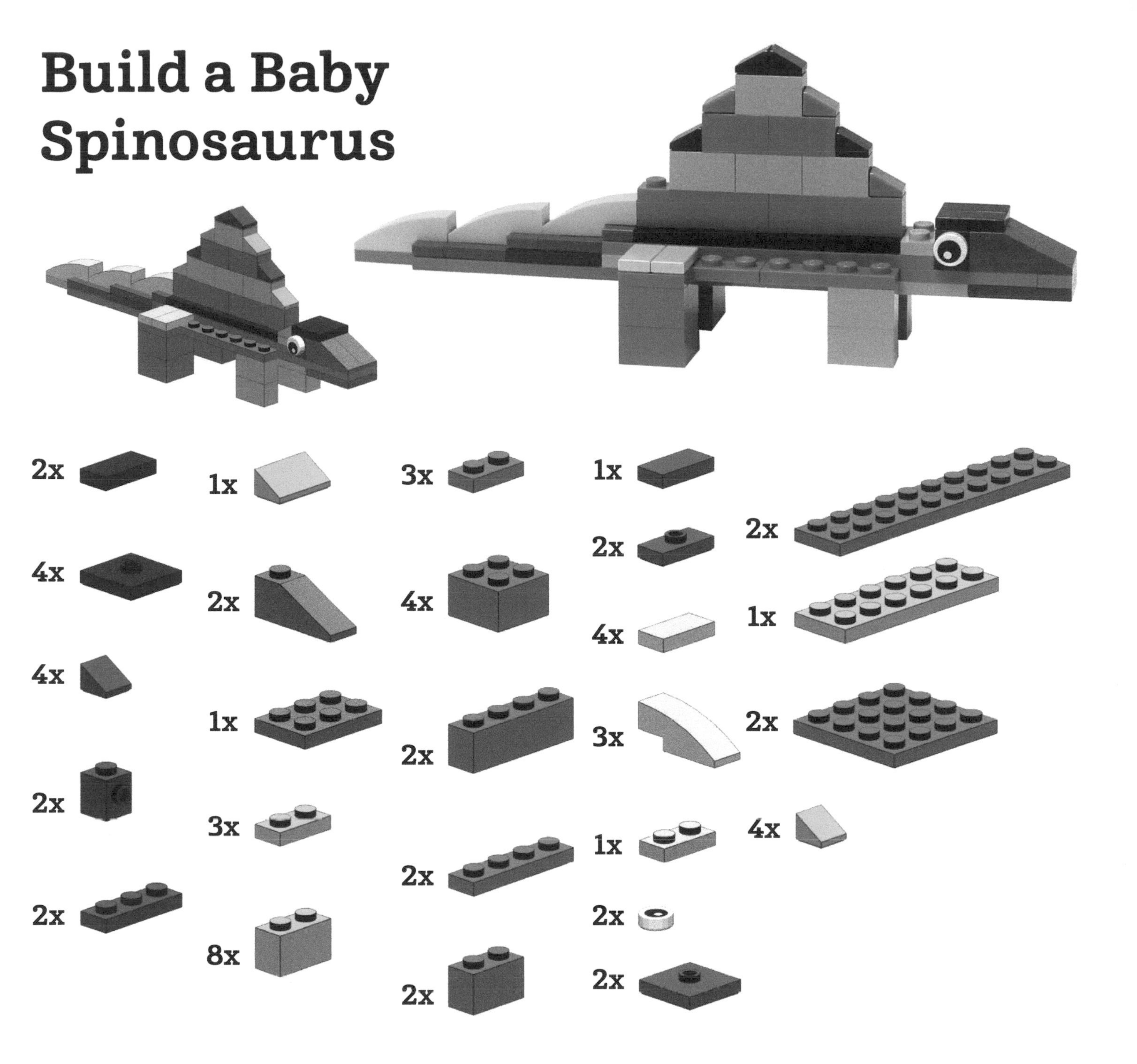
2x
4x
4x
2x
2x
1x
2x
1x
3x
8x
3x
4x
2x
2x
2x
1x
2x
4x
3x
1x
2x
2x
2x
1x
2x
4x

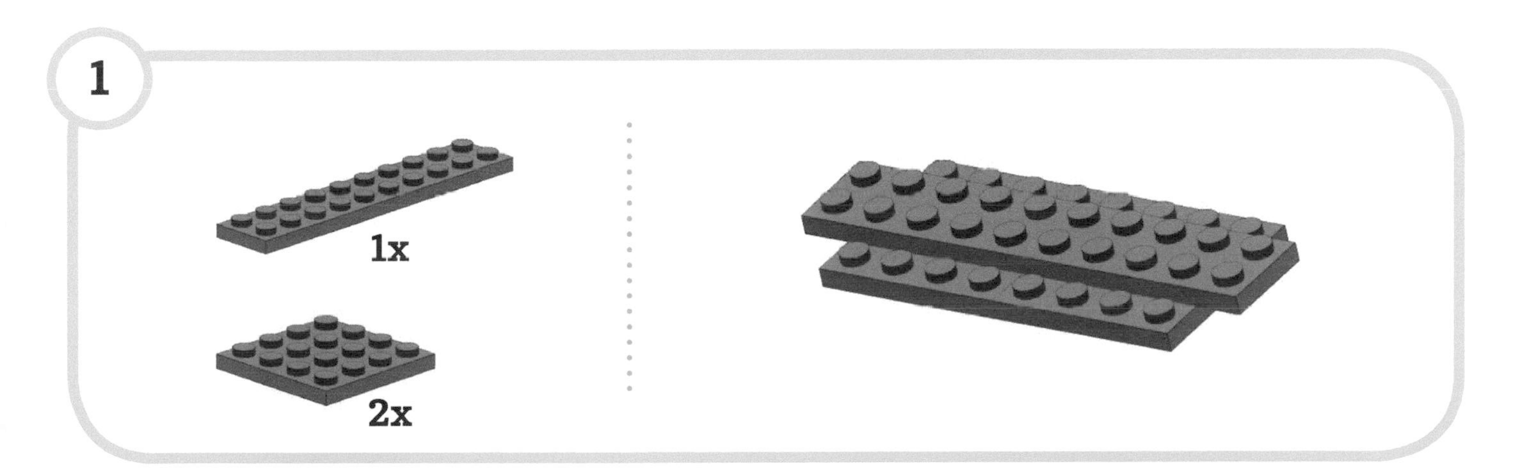
1
1x
2x

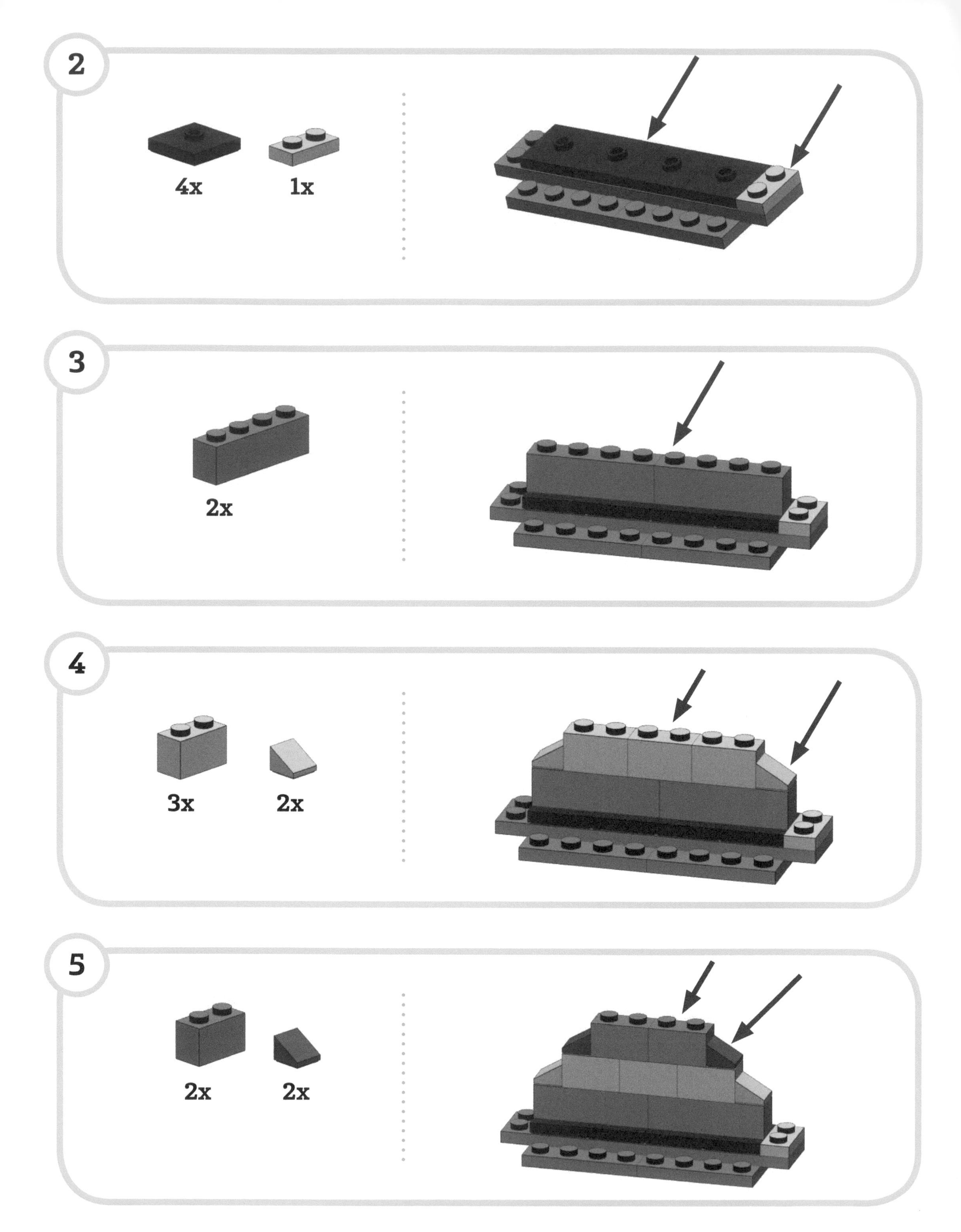
2
4x
1x
3
2x
4
3x
2x
5
2x
2x

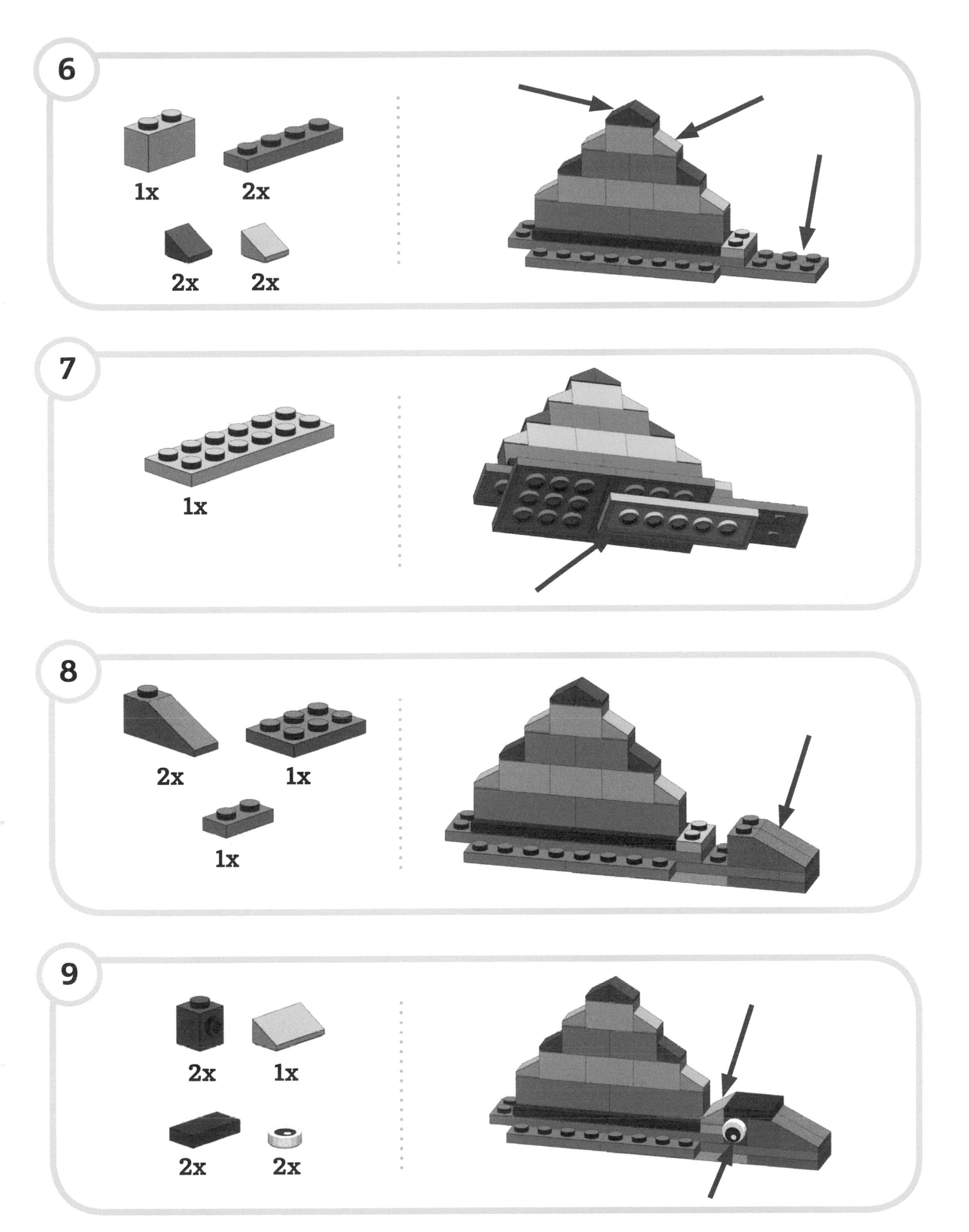

6
1x
2x
2x
2x
7
1x
8
2x
1x
1x
9
2x
1x
2x
2x

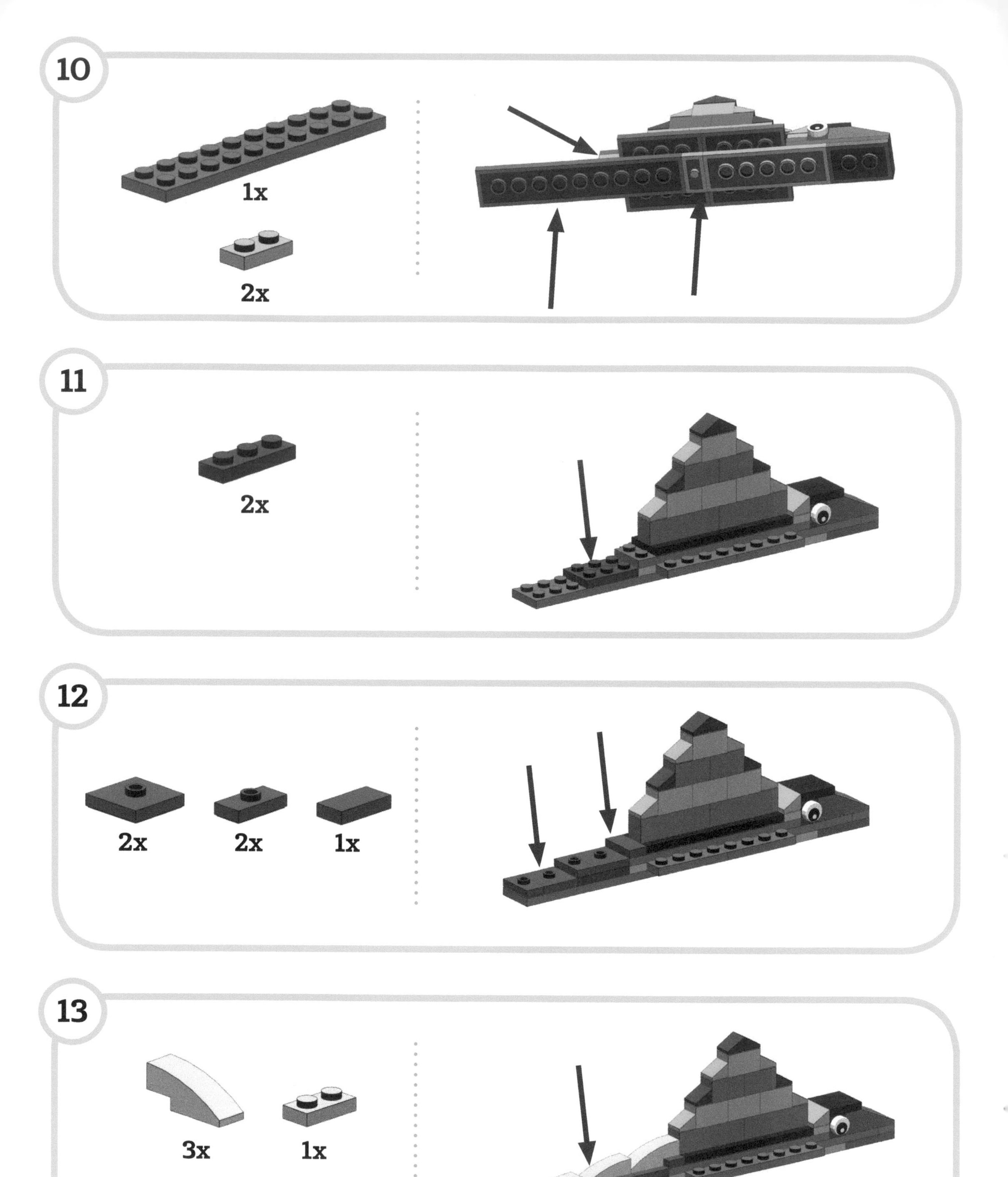
10
1x
2x
11
2x
12
2x
2x
1x
13
3x
1x

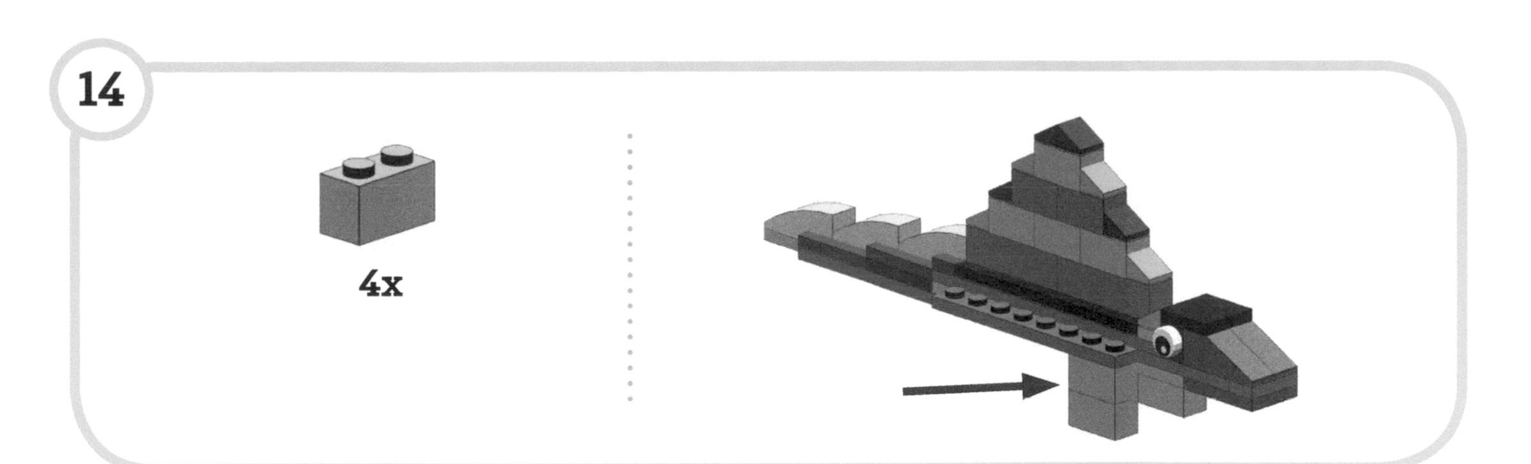
14
4x

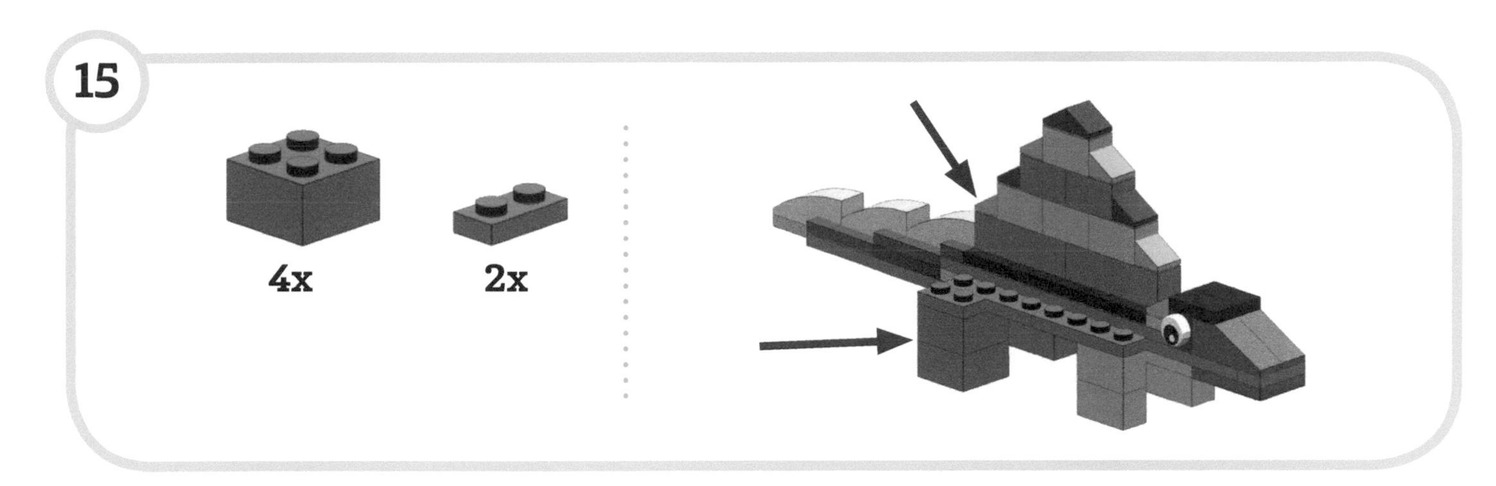
15
4x
2x

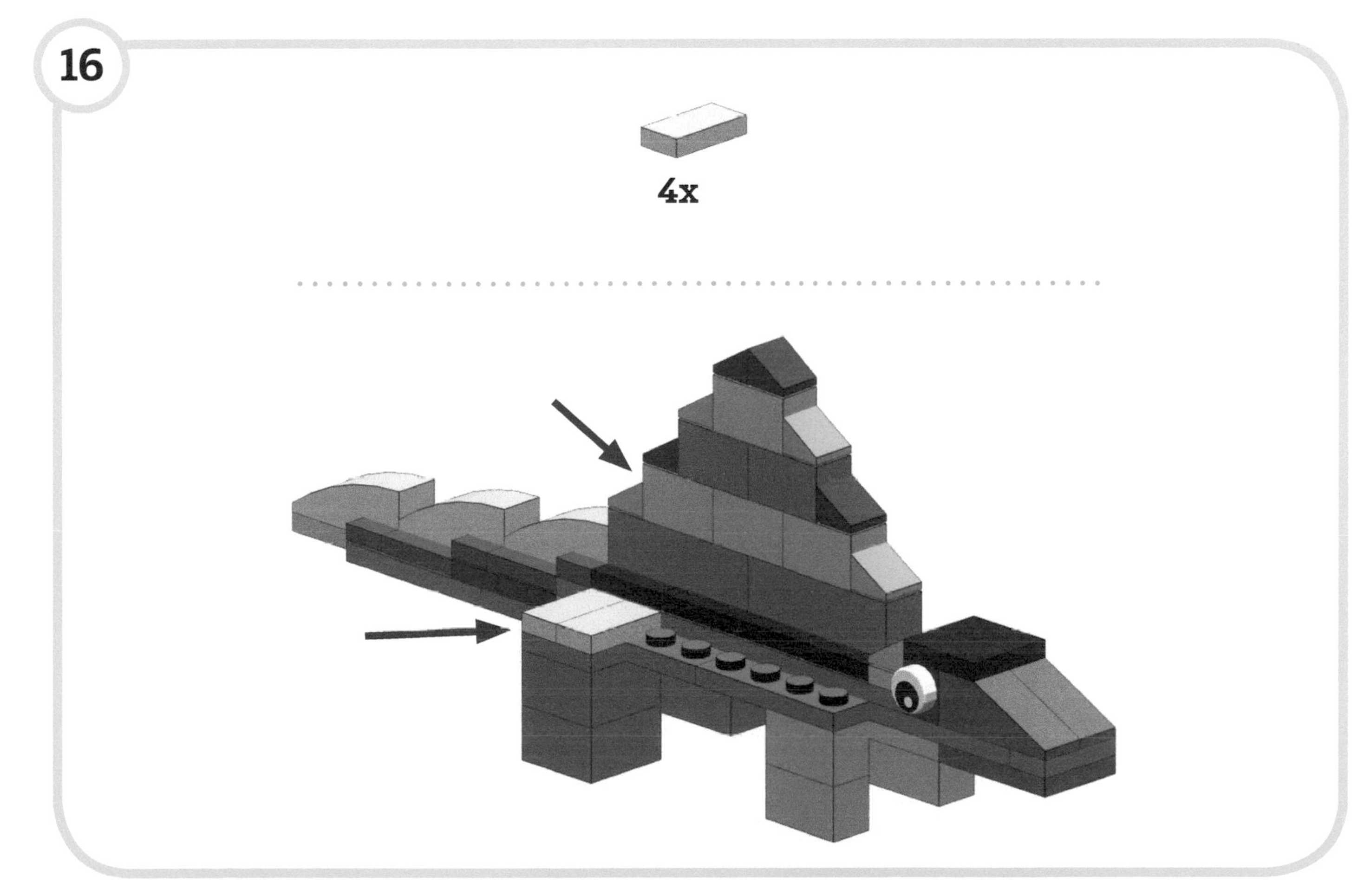
16
4x

Build a Blue Dino Egg

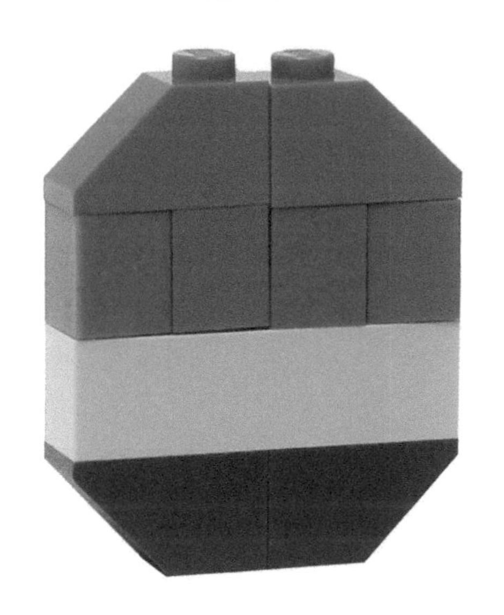

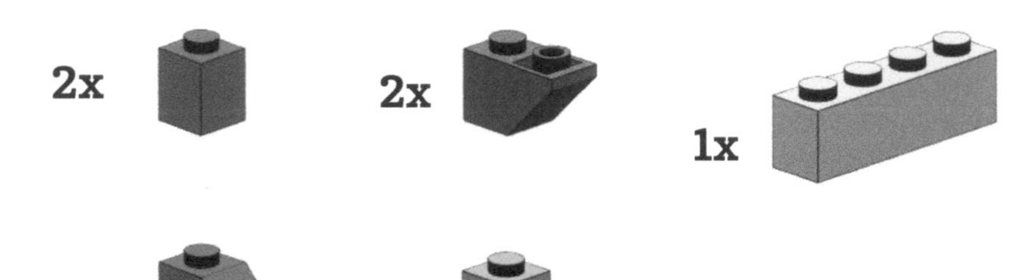
2x
2x
1x
2x
2x

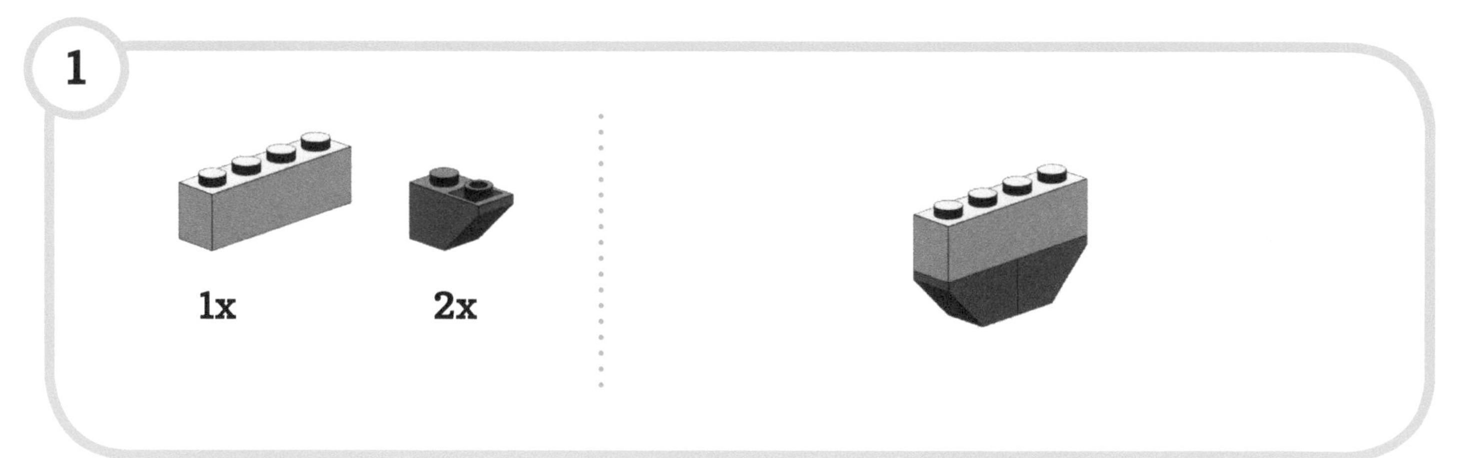
1
1x
2x

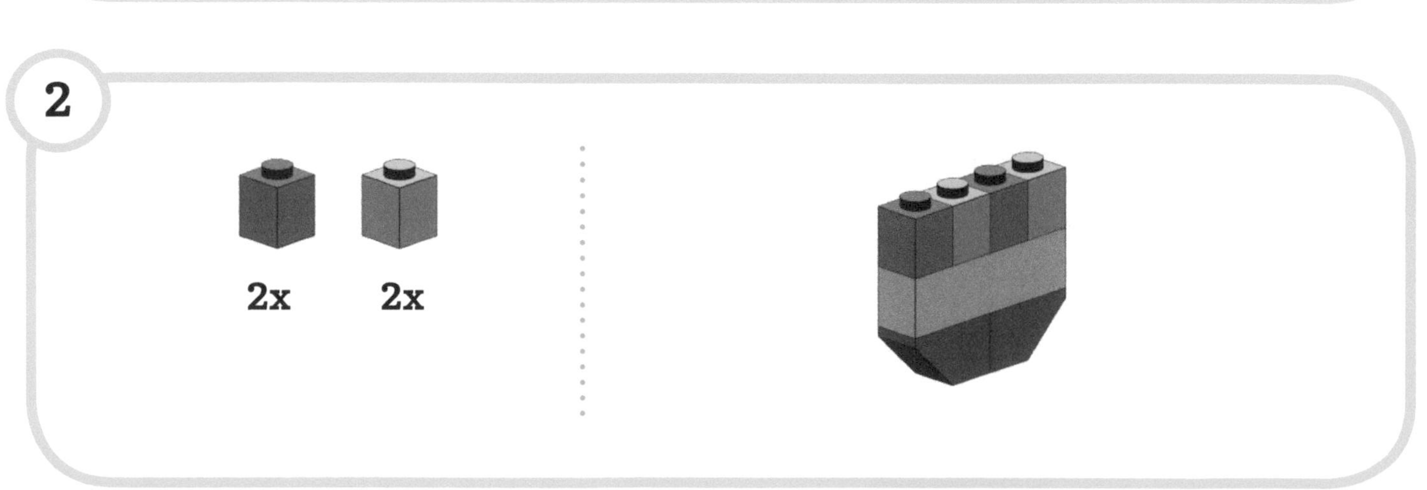
2
2x
2x

2x

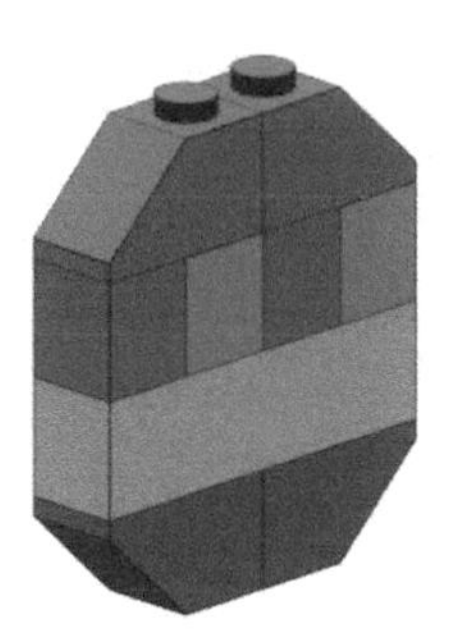

Build a Red Dino Egg

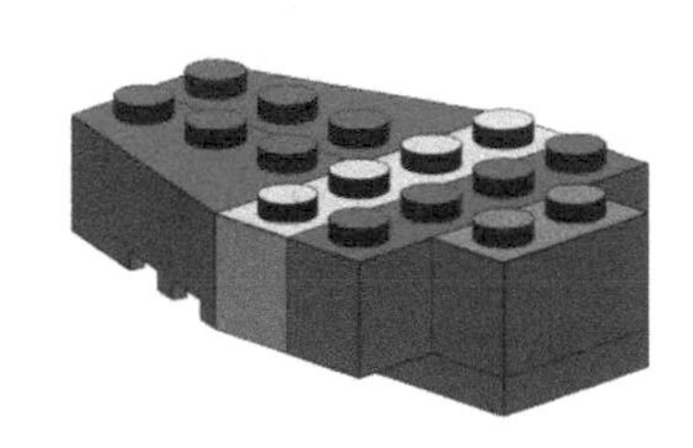

1x 

1x 

1x 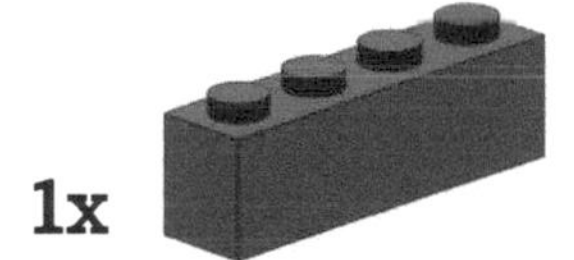

1x 

1x 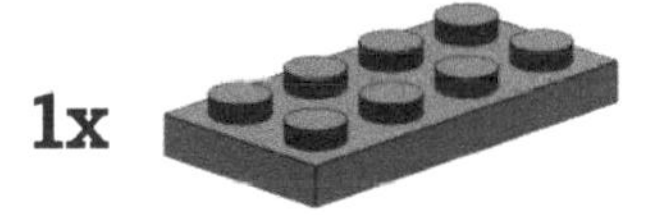

1x 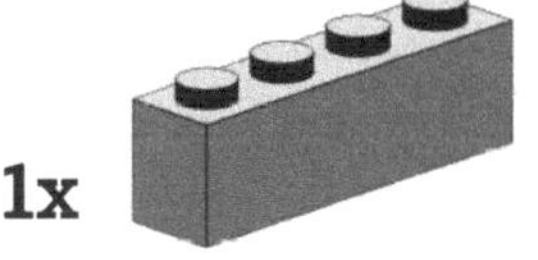

1

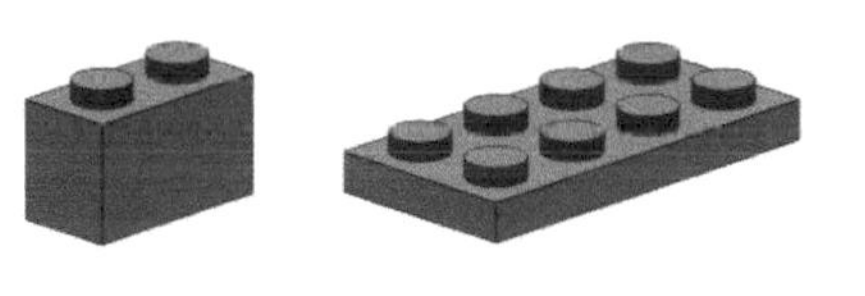

1x 1x

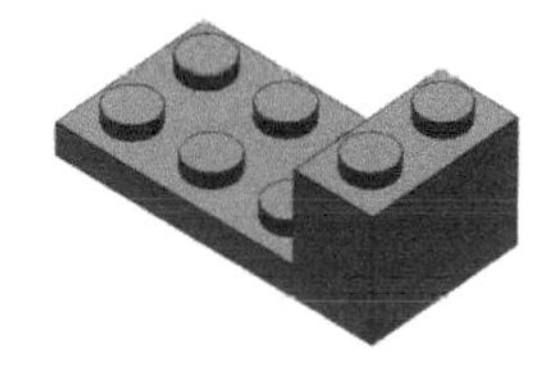

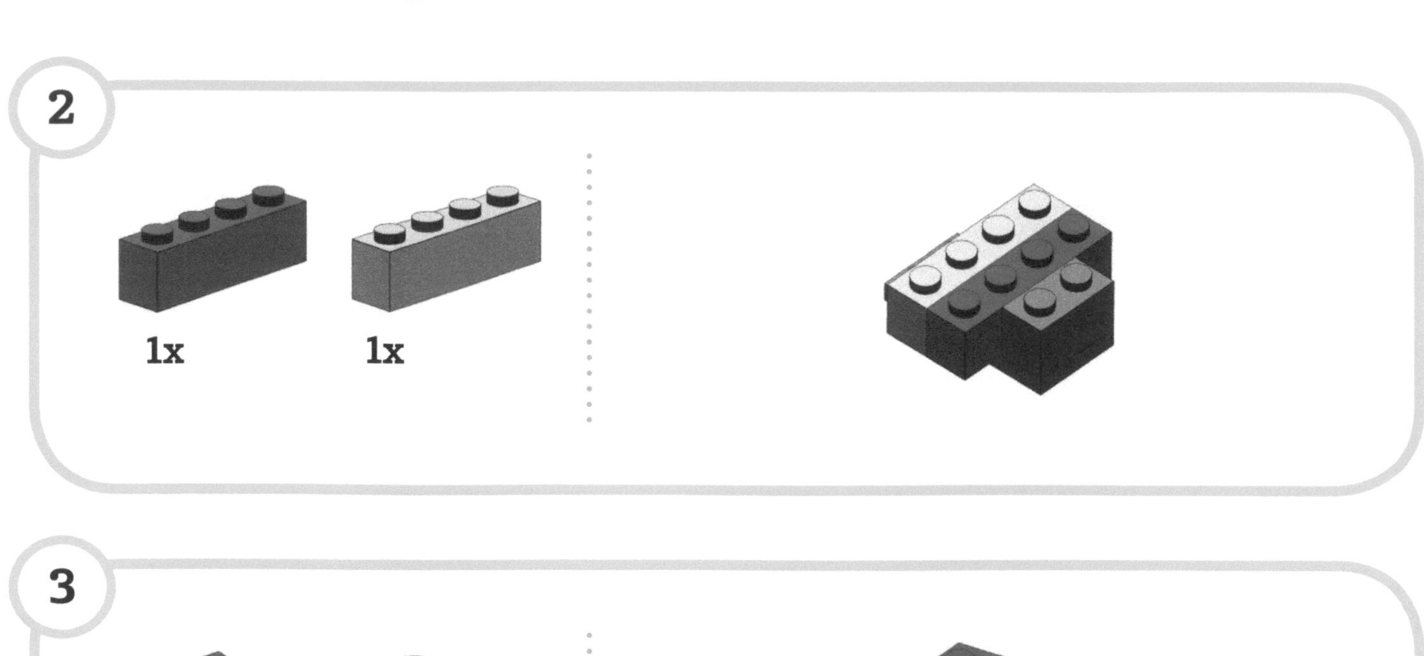
2
1x
1x

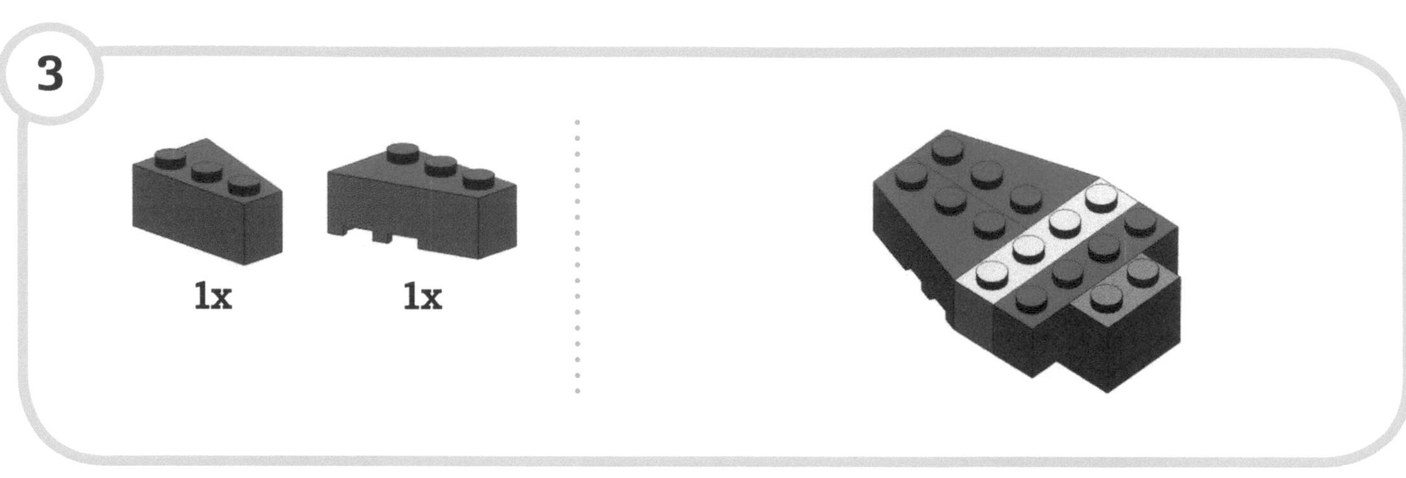
3
1x
1x

Build a Green Dino Egg

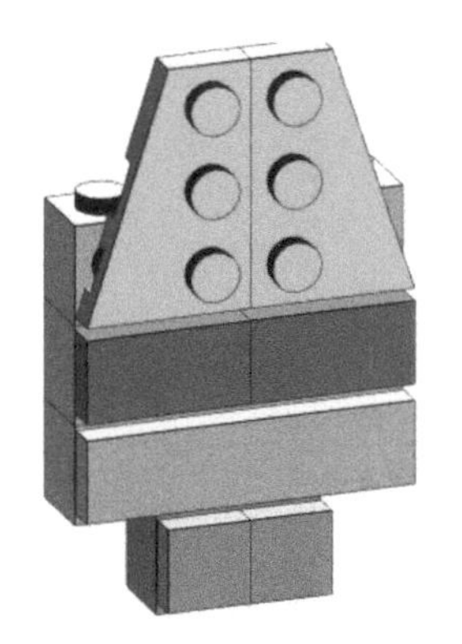

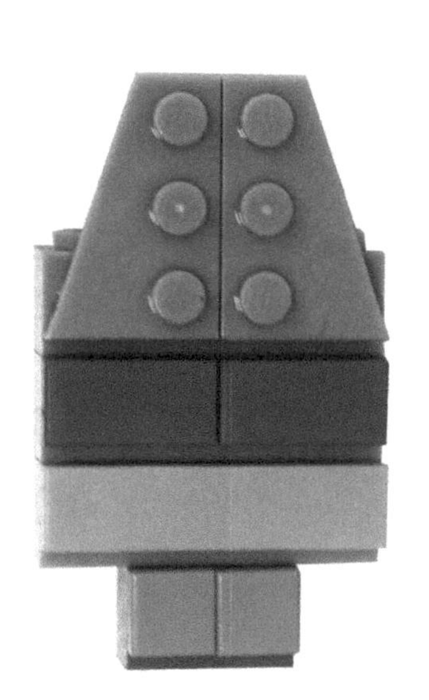

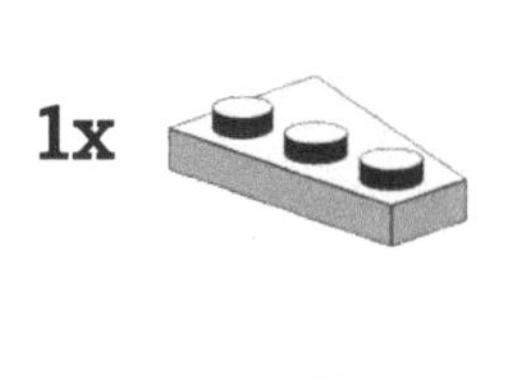
1x

1x

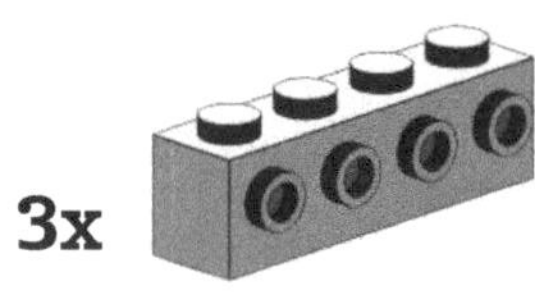
3x

2x

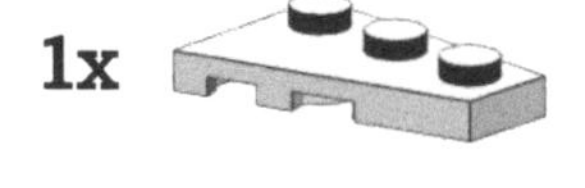
1x

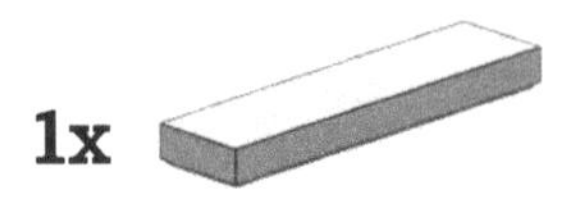
1x

2x

1

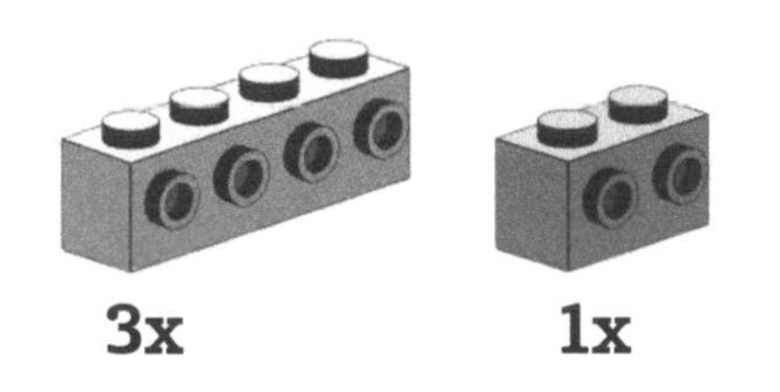
3x
1x

2

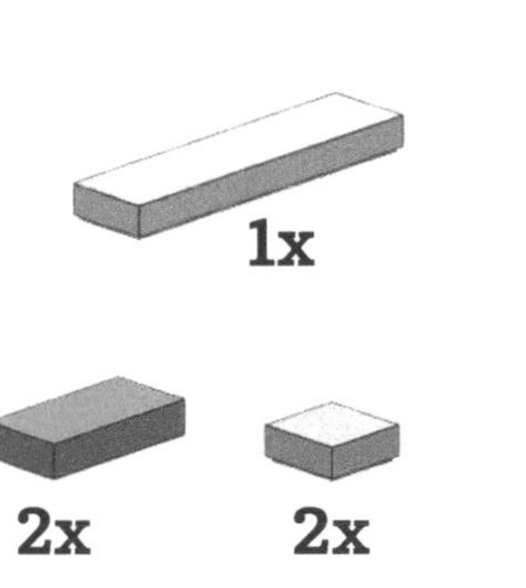
1x
2x
2x

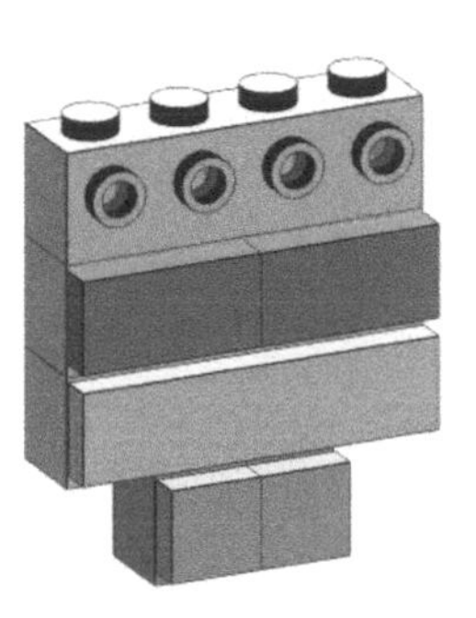

3

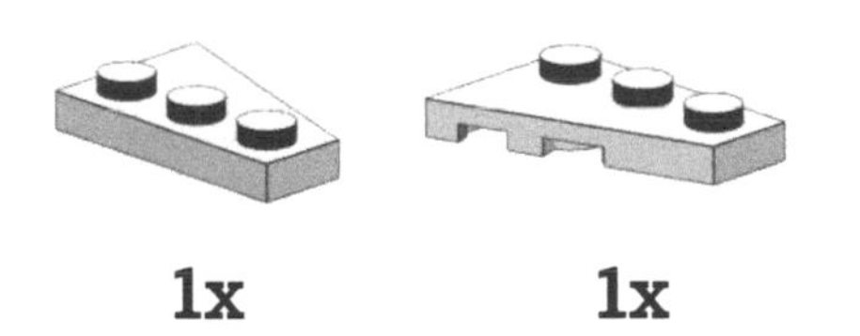
1x
1x

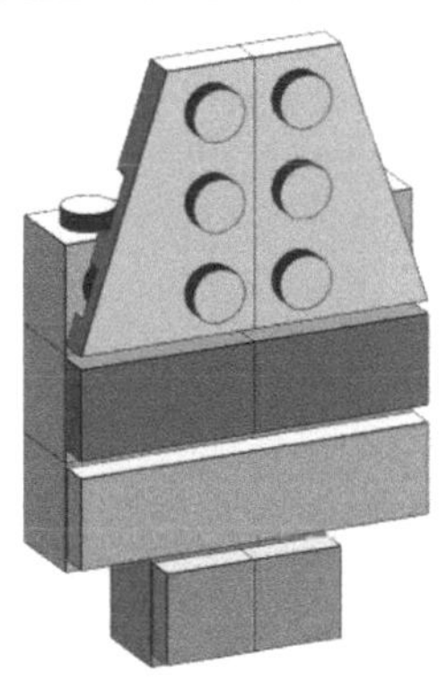

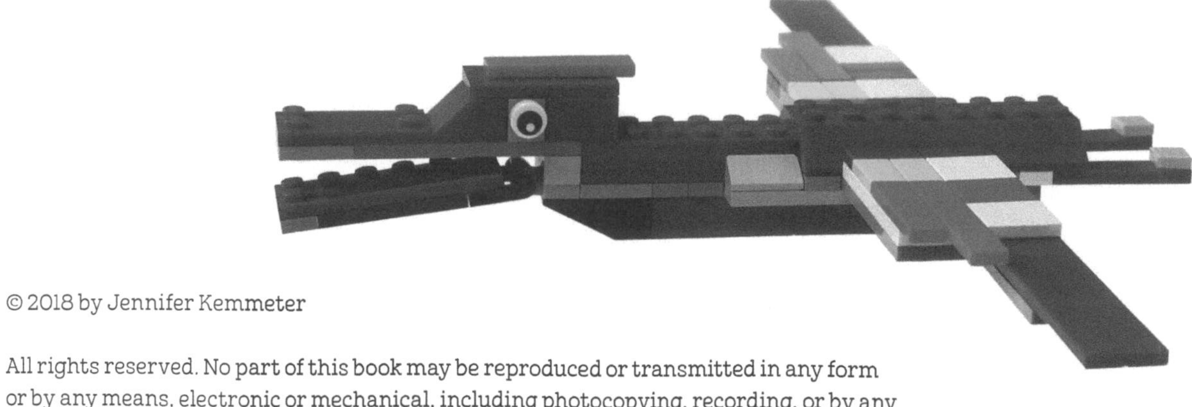

Library of Congress Control Number: 2017956817
ISBN: 9781513261102 (paperback) | 9781513261119 (hardbound) | 9781513261126 (e-book)

Graphic Arts Books

GA
GRAPHIC ARTS BOOKS®

GraphicArtsBooks.com

GRAPHIC ARTS BOOKS
Publishing Director: Jennifer Newens
Marketing Manager: Angela Zbornik
Editor: Olivia Ngai
Design & Production: Rachel Lopez Metzger

Proudly distributed by Ingram Publisher Services.

Printed in the U.S.A.

The author thanks the LDraw community for the parts database it makes available, which is used for making instructions found in the book. For more information on LDraw, please visit ldraw.org.

Make sure your Build It! library is complete

Build It!
VOLUME 1
5+

- Volume 1

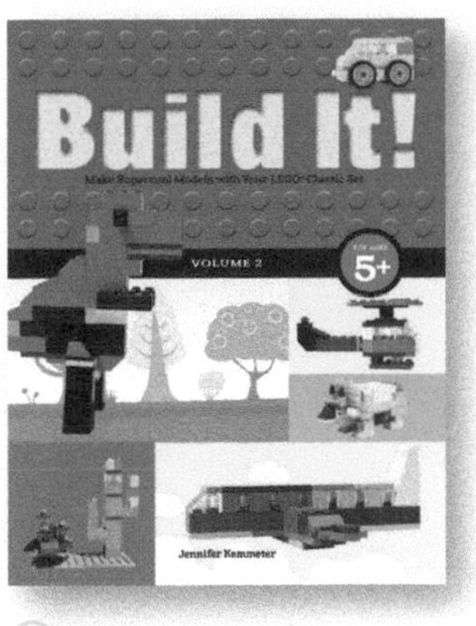
Build It!
VOLUME 2
5+

- Volume 2

Build It!
VOLUME 3
5+

- Volume 3

Build It!
WORLD LANDMARKS
5+

- World Landmarks

Build It!
THINGS THAT FLY
5+

- Things that Fly

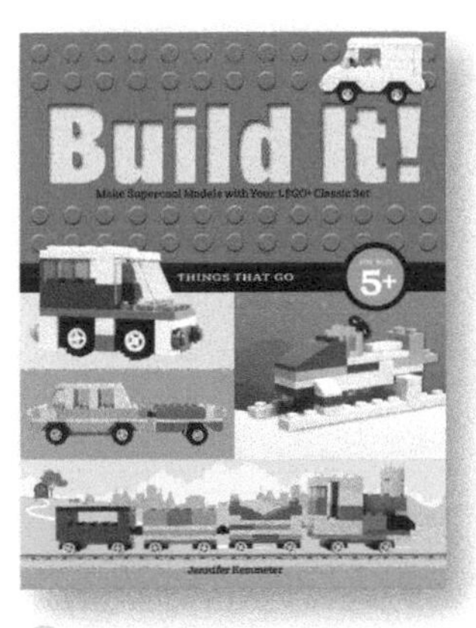
Build It!
THINGS THAT GO
5+

- Things that Go

Build It!
THINGS THAT FLOAT
5+

- Things that Float

Build It!
ROBOTS
5+

- Robots

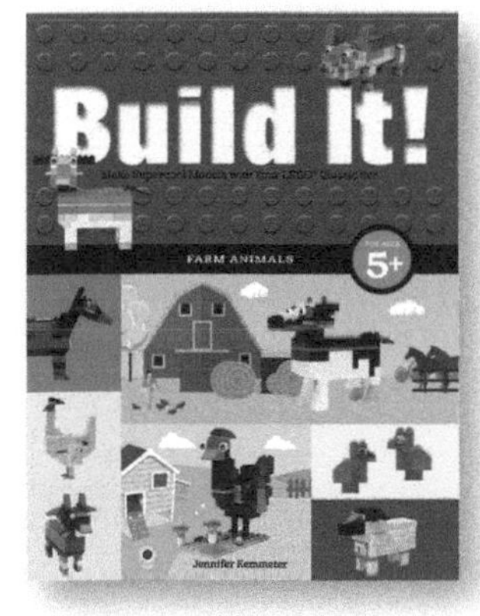
Build It!
FARM ANIMALS
5+

- Farm Animals

Build It!
TRAINS

- Trains

Build It!
SEA LIFE

- Sea Life

Visit GraphicArtsBooks.com for more titles in the series

CPSIA information can be obtained
at www.ICGtesting.com
Printed in the USA
LVHW02s2016270418
575143LV00002B/2/P

9 781513 261102